U0826263

普通高等学校体育系列教材·主编 田祖国

体育艺术类运动教程

主　　编　黄　鑫　陈　芳
副主编　黄　嘉　崔　迪
　　　　郑紫亚
参编人员　赵新秋　皮建英
　　　　姚学英　陈瑞梅

湖南大学出版社·长沙

图书在版编目（CIP）数据

体育艺术类运动教程/黄鑫，陈芳主编．—长沙：湖南大学出版社，2021.12

普通高等学校体育系列教材/田祖国主编

ISBN 978-7-5667-2076-4

Ⅰ.①体… Ⅱ.①黄… ②陈… Ⅲ.①健美操—高等学校—教材 ②体育舞蹈—高等学校—教材 ③瑜珈—高等学校—教材 Ⅳ.①G831.3 ②R793.51

中国版本图书馆 CIP 数据核字（2020）第 240964 号

体育艺术类运动教程

TIYU YISHU LEI YUNDONG JIAOCHENG

主　　编： 黄　鑫　陈　芳

责任编辑： 李　婷

印　　装： 长沙彩帝图文设计有限公司

开　　本： 787 mm×1092 mm　1/16　　**印　　张：** 22.25　　**字　　数：** 584 千字

版　　次： 2021 年 12 月第 1 版　　**印　　次：** 2021 年 12 月第 1 次印刷

书　　号： ISBN 978-7-5667-2076-4

定　　价： 69.00 元

出 版 人： 李文邦

出版发行： 湖南大学出版社

社　　址： 湖南・长沙・岳麓山　　**邮　　编：** 410082

电　　话： 0731-88822559（营销部），88821594（编辑室），88821006（出版部）

传　　真： 0731-88822264（总编室）

网　　址： http://www.hnupress.com

电子邮箱： wanguia@126.com

普通高等学校体育系列教材

总 序

自党的十九大以来，习近平总书记多次在国际会议及教育工作大会上作出重要指示，强调“百年大计，教育为本。教育是人类传承文明和知识、培养青年一代、创造美好生活的根本途径”。在人类社会踏入互联网时代之际，我国教育面向现代化进程随着时代的发展正进行着飞速的转变。学校体育是我国体育事业发展的基础，更是教育事业发展的重要组成部分。在这一基础上，我们根据教育部《中国教育现代化2035》《深化新时代教育评价改革总体方案》文件指导，结合本校办学定位，紧随国家教育导向不断改革和完善学校体育教学体系；遵循新课改背景下的个性化、开放性原则，以前卫的思想开展了线上体育电子教材；坚持将课程思政理念融入教学中，坚持在教材中贯穿以德立身、以德立学、以德施教，坚持培养学生传承中华民族优秀传统文化，坚持和弘扬社会主义核心价值观。我院精心组织编写的“普通高等学校体育系列教材”，意在帮助学生更好地掌握体育基础理论知识和运动技能，培养良好的体育道德精神，正确处理竞争与合作的关系，学会自我测评、提高身体素质，提升体育知识素养、增强体育意识、树立终身体育观念。

本系列教材紧随教育现代化的发展方向，为更好地服务教学，采用线上线下混合式课程教材，强化传统体育教学“精讲多练”的课堂结构，通过传统书籍与线上电子APP（超星学习通、MOOC）联合教学，采用教师视频课程面对面讲解的教学方式，转变传统教材教学单一的模式，优化教学过程中客观条件的限制，提升教学效果，改革传统体育教学重点，提升“立德树人”为核心的教学理念，旨在传授教学技能的同时发挥以体育人的作用，有助于学生更好地掌握体育知识技能，巩固学生建立终身体育的思想。

本系列教材由湖南大学体育学院教师历时三年完成。感谢在本系列教材编写过程中提供参考资料的诸多专家学者，感谢湖南大学出版社编辑人员，感谢参与视频拍摄的研究生、校友，感谢智慧树和超星等网络课程平台工作人员。

由于我们水平有限，教材中难免有错误和纰漏之处，恳请广大读者提出宝贵意见，今后我们会在教学实践过程中不断优化、更新和完善。

教材编委会

2021 年 8 月

编写说明

《普通高校体育艺术类运动教程》以贯彻“素质教育”“健康第一”和“终身体育”为指导思想，适应新世纪社会发展的需要，针对高等学校公共体育课教学的特点，遵循科学性、实用性、创新性的原则进行编写。全书共五个篇章，从理论到实践两方面介绍了形体舞蹈、健美操、啦啦操、体育舞蹈、瑜伽五个项目的基本理论、基本动作、套路实践、比赛与欣赏、专项素质训练、课外点击等内容。教材内容不仅包括系统的理论知识，丰富的套路实践，而且提供所有视频的电子二维码供学生参考。本教材具有以下特点：一是教材的实践部分均由本专业的老师们创编或者选编，独创性和适用性非常突出；二是动作由教材编写者或者体育学院的研究生示范、解说、配音；三是教材以图片、文字、声音、视频的形式立体呈现，实践性强，可以达到直观的教学效果。

由于本教材内容丰富、形式多样，紧贴大学生需求，内容具有明确的梯度设计与选择，也适用于普通高等学校本、专科，中等职业学校及成人教育学院的选修课教学，还可以作为课外体育锻炼和训练的参考用书。

本教材是由湖南大学体育学院相关专业的老师参与编写。主编黄鑫负责制定全书的编写思想和编写体例，汇总参考文献，设计编写框架和目录；此外，主编黄鑫还负责全书的统稿、修改与补充工作，并编写了第一编形体舞蹈及第二编健美操的部分内容，创编或选编所有形体舞蹈的教学视频、部分健美操教学视频；第二主编陈芳编写了第五编瑜伽的所有内容，创编或选编所有瑜伽的教学视频；崔迪编写了第二编健美操的大部分内容，创编或选编部分健美操的教学视频；郑紫亚编写了第三编啦啦操的所有内容，创编或选编所有啦啦操的教学视频；黄嘉编写了第四编体育舞蹈的所有内容，创编或选编所有体育舞蹈的教学视频。体育学院研究生李礼木、邓晓蕾、罗静逸、王玉倩参与了形体舞蹈的资料收集及部分编写，李礼木、杨琳琳、崔玮参与了健美操的资料收集及部分编写，宋靓雯参与了啦啦操的资料收集及部分编写，邓晓蕾参与了体育舞蹈的资料收集及部分编写，俞晓萌参与瑜伽的资料收集及部分编写。

体育学院研究生李礼木、邓晓蕾、杨琳琳、崔玮、俞晓萌示范了相关教学套路。

本教材的编写和出版得到体育学院领导及众多老师的大力支持。赵新秋老师、皮建英老师、姚学英老师对教材的编写思路及选取内容提供了宝贵的指导意见，李礼木、邓晓蕾、崔玮、宋靓雯、杨琳琳、俞晓萌、罗静逸、王玉倩等研究生为本书资料的搜集整理及拍摄付出了辛勤的劳动，在此一并表示衷心的感谢！

限于编者水平有限，对本书的缺点和不足之处，恳请读者予以批评指正。

编写组

2021 年 1 月

目　次

第一编　形体舞蹈

第二编　健美操

第三编　啦啦操

第四编　体育舞蹈

第五编　瑜　伽

第一编　形体舞蹈

第一章　形体舞蹈概述

形体舞蹈课程是随着大学生对高校体育课堂多样化、个体化需求的背景下，逐渐兴起的体育艺术类课程。本章对形体舞蹈的概念进行了阐释，对形体舞蹈课程开设的作用与意义，以及形体舞蹈训练所要遵循的原则进行了说明。

第一节　形体舞蹈概念

形体舞蹈是现代体育科学和现代艺术科学相结合而形成的产物，是时代发展所赋予的，经过艺术化再创造所产生的一门体育课程。它是体育与艺术的交叉融合，是形体内容与舞蹈内容的融合与并列，旨在利用艺术与体育的融合促使学生通过体育活动达成强身健体、提高艺术审美的目的。

国内对形体舞蹈的理解和实践操作主要分为三类形式：一是表层概念的结合，认为形体舞蹈就是体育与舞蹈相结合的体育活动形式，不是作为一个独立的运动项目存在，而是在实践操作中形成的一种约定成俗的理解与叫法；二是某种具有指向性的项目化概念，认为形体舞蹈就是具有艺术评定要求和标准的评分类运动项目；三是认为形体舞蹈是一种经过艺术化的身体活动或体育运动，是具有艺术特征的某一类体育项目或运动项目。综合分析，形体舞蹈属于体育运动的范畴，是体育与丰富的舞蹈艺术形式多维结合的表现。从学科范畴上来看，形体舞蹈以体育学科为基础，依据“健康第一”的学校体育教育理念，育体是主要目的。形体舞蹈课程是在体育自身的内在要求下，借助于各种艺术化的方式来开展丰富多彩的体育活动。

综上，本教材认为形体舞蹈是以形体训练与舞蹈训练为内容，以发展学生身心健康、提高学生审美旨趣的大众活动形式。形体舞蹈课程是体育学科与艺术学科融合发展的产物，体育艺术化是其核心灵魂所在。

第二节　形体舞蹈锻炼的作用与意义

形体舞蹈锻炼的作用与意义主要表现在：增强体质机能；培养良好气质，塑造健美体型；提高素质和能力；锤炼意志，培养情操四个方面。

一、增强体质机能

（一）提高运动系统的机能

形体舞蹈锻炼是人体各肌肉群与各关节相互配合、协调活动的过程。经常参加形体舞蹈锻炼，不但可以使肌肉面积和力量增大、弹性提高，还可以消耗多余的脂肪，使体态变得健美有力，实现身体的曲线美。通过形体舞蹈练习，还能促进骨骼的正常发育，使骨密质增厚、骨骼变粗，提高骨骼抗弯曲、抗压、抗拉、抗扭转等性能。同时，可以增大关节与韧带运动的幅度，提高灵活性和稳定性，这对人体的生长发育十分有利。

（二）提高心血管系统机能

形体舞蹈以其灵活多变的动作、欢快动感的音乐，增强了人们参加锻炼的兴趣，在不知不觉中延长了锻炼的时间，而锻炼的时间是提高人体心血管功能的关键。另一方面，经常进行形体舞蹈锻炼，可使心肌纤维变粗、心肌增厚、心腔容量增大、心肌和血管的弹性增强，从而提高心脏的收缩力和血管的舒张能力，使得心搏有力，输出量增加。

（三）提高呼吸系统的机能

形体舞蹈锻炼的特点是在一定的时间和音乐节奏控制下，要完成较大力度和幅度的动作，锻炼过程中既有运动量的保证，又有科学的、有益于人体的呼吸方法。形体舞蹈练习中吸气和吐气的方式方法，可以提高呼吸深度和频率，使得每次呼吸的气体交换量得到增加，既有利于呼吸肌的休息，又可提高呼吸系统的功能储备，从而保证在激烈运动时，满足气体交换的需要，提高人体的机能水平。

（四）提高消化系统的机能

优美的环境和动听的旋律，是形体舞蹈特有的运动氛围。在进行形体舞蹈锻炼时，愉快兴奋的环境可以抑制忧虑、抑郁的情绪，并在大脑皮层的调节下，使脾胃功能得到增强。形体舞蹈的髋部活动较多，会使腹肌和膈肌的运动幅度加大，对胃肠道产生“按摩作用”，会使腹腔血液循环旺盛，胃肠消化与吸收的功能增加，消化液分泌增多，有助于增强食欲，促进营养的吸收和利用。

（五）提高神经系统的机能

形体舞蹈动作丰富多彩，参与锻炼的身体器官全面，具有高度的协调性和精确性等特点。形体舞蹈动作要求迅速有力、转换敏捷，经常锻炼可提高中枢神经系统的机能水平，促进大脑皮层兴奋，改善和提高了中枢神经的活动能力。人们伴着欢快的音乐跳形体舞蹈，不仅能消除心理紧张情绪，忘记疲劳与烦恼，达到最佳心理状态，而且能培养人的奋发向上、追求美好未来的健康心理。

二、培养良好气质，塑造健美体型

（一）矫正形体

体态可以分成体型和姿势，由于长期的不良习惯可导致圆肩、耸肩、含胸、驼背、头部前倾、高低肩、“O”形腿、“X”形腿等不良体态。形体舞蹈可从姿态、力量、行为习惯等方面对上述体态进行矫正，形成正确的身体姿势。

（二）塑造健美的身体形态

形体美是现代社会人们追求美的一个重要方面，也是人们参加各种健身锻炼所追求的一个重要目标。形体舞蹈动作以“健、力、美”为特征，具有全面性和针对性等特点。通过形体舞蹈练习，可发达肌肉、减少体脂、柔和曲线，达到塑造形体美的效果。

（三）培养高雅的气质风度

气质是人的个性特征之一，风度是人的言谈、举止、态度的表现。不同的运动项目对于人的气质、风度的形成有不同的影响。在形体舞蹈的运动过程中，要求身体保持端庄、挺拔，精神饱满愉快，动作协调优美，将外形美与内在美融为一体，体现出个体的勃勃生机与良好气度。因此，经常参加形体舞蹈锻炼不仅能使学生具有完美的身体姿态，而且有助于培养学生活泼开朗的性格和高雅的气质风度。

三、提高素质和能力

（一）培养审美与创造素养

形体舞蹈的审美教育主要是通过形体舞蹈的练习、欣赏与创编，提高学生对自然美、社会美、艺术美等方面的感受能力、鉴赏能力与创造能力。形体舞蹈给人们带来身体的健康、肌肉的匀称、体态的高雅、动作的优美，以及各种表演、比赛带来的成就感、欢快的情绪及美的体验，可以培养学生良好的体育审美和情趣，提高音乐、舞蹈等艺术素养。同时，形体舞蹈的一个显著特点就是创新性。它不但要求动作设计、团体队形变化、造型等方面要有所创新，还鼓励在形体舞蹈表演风格、音乐、服饰等方面大胆探索，促使学生挖掘与表现不同形式的人体美、健康美、动作美、姿态美，这些活动均能丰富学生的想象力，发展创造思维。

（二）增强社会的适应能力

形体舞蹈锻炼增强了学生的社交能力，很多人通过舞蹈结识了很多朋友，共同享受形体舞蹈所带来的无穷乐趣。可见，形体舞蹈锻炼不仅能够强身健体，同时还具有娱乐功能，可使人在锻炼中得到一种精神享受，满足人们的心理需要，促进人与社会的和谐发展，提高人的社会适应能力。

四、锤炼意志，培养情操

（一）锤炼顽强的意志

意志是人类特有的一种心理现象，是人们在社会实践活动中为了满足其目的，根据对事物的认识确定某种明确的目标，并力求实现的心理状态。形体舞蹈是一项要求力度和柔韧性的身体练习，相关练习要求学生克服韧带拉伸的疼痛和肌肉的不适，甚至有可能的运动损伤，可见参加形体舞蹈锻炼是锤炼意志的重要途径之一。

（二）培养情操

在人类社会的发展过程中，形成了人类许多的社会性情感，如道德感、理智感和美感等，它们统称为情操。形体舞蹈项目健康、活力，充满浓郁的艺术性，长期从事该项运动可以培养学生从形态美到心灵美的审美情趣和思想观念。形体舞蹈既需要个人技巧，又需要团队协作，在练习过程中大家相互配合，相互合作，既可以培养学生的集体主义精神，又能培养情操。

第三节　形体舞蹈训练的原则

形体舞蹈训练对人体的健康大有好处，健康是美的基础。它不同于球类、游泳等运动，也与健美、技巧、体育舞蹈等项目有区别。它一方面能锻炼身体，另一方面可以有重点地塑造人体的形态，培养良好的姿态。它使学生在掌握形体锻炼和舞蹈练习的基本知识、动作技能的同时，提高形体的美感，培养良好的气质。因此，在形体舞蹈训练中，学生不仅要遵循体育锻炼的原则，同时也需尊重舞蹈训练的相关要求，实际上，这两方面在某种意义上是一致的。其遵循的主要原则有：

一、针对性原则

不同的个体有不同的体形状况，因此进行形体训练时，每一位学生需要在教师和专业人士的指导下，根据自己的实际情况，科学地制定训练计划，才能取得良好的效果。

二、全面性原则

人体是一个有机的整体，各器官系统的机能是有联系的。形体训练的内容与手段要兼具多样性和全面性，才能使身体机能全面加强，素质全面提高，形体日趋完美。

三、循序渐进原则

人的形体塑造是一个渐变的过程，所以，训练负荷的安排要由易到难、由简到繁、由小到大地逐步提高，从而使形体始终朝着理想的方向发展。同时，人的形体变化远非一朝一夕可达，更非一蹴而就，也不是一劳永逸，而是长时间训练的积累，是坚持不懈的结果。因此，有志于塑造健美形体的人，还必须牢记：贵在坚持，持之以恒才是“硬道理”。

另外，在形体训练的前后一定要做好准备活动和整理运动。注意预防运动损伤，避免运动过量，给肌肉充分的休息时间。只有关注好自己的身体状况，防患于未然，才能使形体练习达到事半功倍的效果。

第二章　形体舞蹈基本动作及组合

形体舞蹈基本动作是身体各部分协调运动所形成的各种富于节奏感、表现力和优美造型的韵律性动作，是形体舞蹈基础训练的重要内容，也是进行风格各异、复杂多样的舞蹈套路练习的基础，主要包括基本姿态、把杆训练、基本步伐、转体动作、跳跃动作及各种风格小组合。通过各类基本动作及小组合练习，培养学生优美的姿态，良好的协调性、节奏感和表现力，增强控制身体的能力。

第一节　形体舞蹈基本动作

一、基本姿态

形体舞蹈的基本姿态包括了基本形态、脚位和手位三种。

（一）基本形态

1. 坐姿

（1）交叉盘腿坐（图 2-1）。

目的：改善腿部、踝部、髋部的柔韧性，使两腿、两髋变得柔软。

动作要领：坐地开胯，双腿交叉屈，盘腿。沉肩后背垂直上提，尾椎离开地面。双手叉腰，臀、背、肩、颈为一条直线且垂直于地面，双眼平视正前方。

图 2-1　交叉盘腿坐

（2）直腿坐（图 2-2）。

目的：练习绷脚、直膝，加强腿部肌肉能力，塑造上体直立的优美姿态。

动作要领：坐地，双脚并拢前伸，绷脚面，膝盖伸直紧贴地面，小腿内旋，脚踝夹紧。沉肩收腹立腰，后背垂直上提，尾椎离开地面。双臂自然伸展，指尖轻轻点地，双眼平视正前方。

图 2-2　直腿坐

（3）对脚盘坐（图 2-3）。

目的：改善腿部、踝部、髋部的柔韧性，使两腿、两髋变得柔软。

动作要领：坐地开胯，脚心相对，收到裆处，双膝尽量靠向地面。沉肩立腰，后背垂直上提，尾椎离开地面，双眼平视正前方。

（4）跪坐（图 2-4）。

目的：拉伸股四头肌，改善踝部柔韧性，规范脊柱形态。

动作要领：双膝跪地，脚跟并拢，脚背贴地，臀部坐在脚踝上，膝盖及腿部并拢。沉肩收腹立腰，后背垂直上提。双手背于体后或自然平放两腿上，双眼平视正前方。

图 2-3　对脚盘坐

图 2-4　跪坐

2. 蹲姿

（1）单膝蹲（图 2-5）。

目的：提高腿部肌肉力量和膝关节的稳定性，提高平衡能力，训练良好的身体姿势。

动作要领：一脚在前，全脚掌着地，膝盖不超过脚尖。另一脚在后，前脚掌着地，膝盖不触地，臀部落在后脚上。胯部正直，沉肩收腹立腰开胸，双手叉腰，双眼平视正前方。

（2）后撤步半蹲（图 2-6）。

目的：锻炼腿部肌肉力量及膝关节稳定性、身体灵活性与平衡性，训练良好的身体姿势。

动作要领：右脚向左脚左后方撤步，左脚全脚踩地，大腿自然外开，内侧夹紧，膝盖顺着脚尖方向往下蹲到 1/2 的位置（即两膝盖重叠蹲到最大限度），同时重心慢慢移到两脚之间。胯正，沉肩收腹立腰，后背垂直上提，双手叉腰，双眼平视正前方。

图 2-5　单膝蹲

图 2-6　后撤步半蹲

（3）后撤步全蹲（图 2-7）。

目的：改善腿部、踝部、髋部柔韧性，提高平衡能力，训练良好的身体姿势。下蹲时心脏血流量相对充沛、有利于气血通畅。

动作要领：右脚向左脚左后方撤步，左脚全脚踩地，大腿自然外开，内侧夹紧，膝盖顺着脚尖方向往下经过半蹲的位置后，后脚的膝盖往旁挤出使大腿交叉（保持大腿内侧夹紧不留空隙）继续往下蹲到最大限度，同时重心慢慢移到两脚之间，胯正，沉肩收腹立腰，后背垂直上提，双手叉腰，双眼平视正前方。

图 2-7　后撤步全蹲

3. 站姿

目的：训练良好的身体姿势，保持躯干的直立和重心的稳定，进一步加强腿脚的肌肉控制能力。

动作要领：双脚正步位，全脚平放，重心落在脚弓前端，骨盆前倾。双腿内侧夹紧，髋尽量向上提。中段保持直立，挺胸立腰开肩，颈部伸直，收下颌。这样做不仅身姿挺拔优美、稳定，而且还有利于向走步、跑步、提踵等动作过渡。

4. 走姿

目的：防止身体的变形走样，预防颈椎疾病，训练正确的身体姿势。

动作要领：上体、头部均保持直立时的姿势。两脚跟内侧走在一条直线上，脚尖稍向外，由脚跟过渡到全脚掌之后，受力中心点应在大脚趾和二脚趾之间，两臂保持站立时的姿势，并由上臂带动有控制地前后摆动。摆臂幅度不宜过大，前摆约30°角，后摆不超过臀部的后缘。走步是否协调主要表现在臂和腿的配合上，正确的做法是摆臂至最高点时脚跟落地。

5. 手型

（1）圆手型（图2-8）。

目的：掌握形体舞蹈基本手型，培养舞感，规范舞蹈动作，为形体舞蹈课程的学习打好基础。

动作要领：四指并拢，食指微翘，拇指与四指相对，虎口自然收紧。

（2）兰花指（图2-9）。

目的：掌握形体舞蹈基本手型，培养舞感，规范舞蹈动作，为形体舞蹈课程的学习打好基础。

动作要领：五指并拢，大拇指朝向内，中指稍向下，小指稍向外，仅小指和无名指之间有缝隙，食指、中指及无名指的第一指节轻微靠拢，形成以中指为主要用力点，其余三指指尖上翘的形态。

图2-8 圆手型

图2-9 兰花指

（二）脚位

目的：掌握形体舞蹈基本脚位，培养舞感，规范舞蹈动作，改善胯部柔韧性，训练臀部、腿部肌肉力量，提高协调性，为形体舞蹈课程的学习打好基础。

1. 五个脚位（图2-10）。

一位脚　二位脚　三位脚　四位脚　五位脚

图2-10 五个脚位

一位脚：在正步位的基础上，以脚后跟为轴，从髋关节开始，由脚趾尖带动的同时向外旋转 90°，成一水平线。

二位脚：同一位脚要求相同，两脚后跟之间相距一个脚的距离。

三位脚：双脚向外打开，前脚脚后跟位于后脚脚心处，双脚相互紧贴。

四位脚：在五位脚基础上，前脚向前迈一步，两脚间相距一竖脚。

五位脚：前脚脚跟与后脚趾尖持平，两脚成等号形状，完全紧贴，脚尖分别向外。

注：四位脚难度较大，可放在最后学习。

2. 丁字步（图 2-11）

两脚站立，一脚脚尖朝斜前方。另一脚脚跟靠在前脚窝处，两脚脚尖均对斜前方。

五位脚

图 2-11　丁字步

（三）手位

（1）目的：掌握形体舞蹈基本手位，培养舞感，规范舞蹈动作，提高身体的协调性与柔韧性，增加舞者的形体美，训练手臂、肩部肌肉力量，为形体舞蹈课程的学习打好基础。

（2）动作要领（图 2-12）：

一位手：两手弧形手臂体前下垂，手心相对，相距大约十厘米，两手与小腹相距一拳。

二位手：保持一位手的形态，由小指主动向上抬起带动手臂上举至肋骨的最下端，指尖相对。

三位手：保持二位手的形态，双臂向上举至额头的前上方，手心对准自己的眼睛。

四位手：一手保持在三位，另一手从三位上右小指带领从前面切至二位手位置。

五位手：一手保持在三位，另一手从二位由指尖带领向旁打开。

六位手：一手在旁保持不动，另一手从三位上由小指带领从面前切至二位手位置。

七位手：一只手在旁不动，另一只手从二位由指尖带领向旁打开，双臂略低于肩，手心相对。

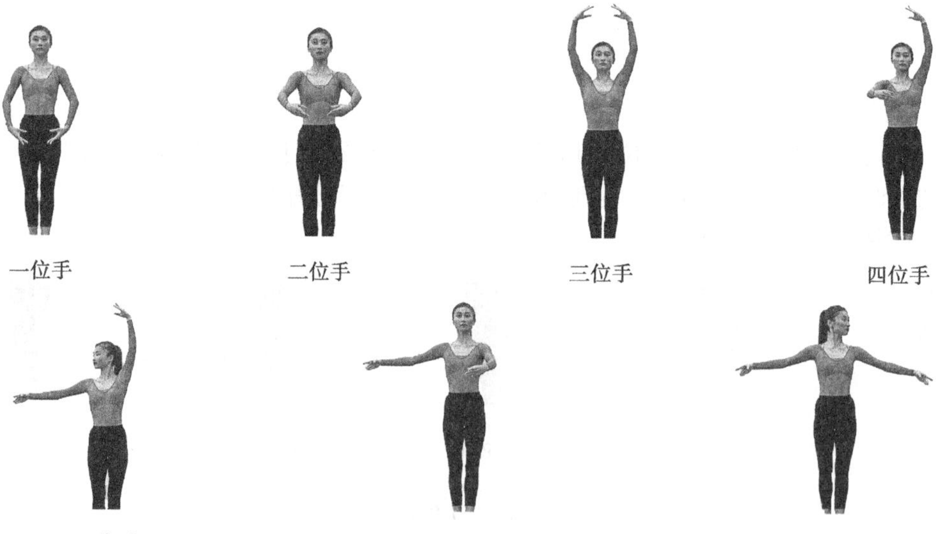

一位手　二位手　三位手　四位手

五位手　六位手　七位手

图 2-12　手位

二、把杆练习

把杆练习主要内容包括扶把、擦地、蹲、小踢腿、划圈、小弹踢、压腿、大踢腿。通过把杆训练可以形成正确姿态，有效掌握腿、脚、躯干、上肢的柔韧性、灵活性、力度性和直立性，保持躯干的直立和重心的稳定，进一步加强腿脚的外开及肌肉控制能力，让全身的关节肌肉得到训练，为形体舞蹈课程的学习打好基础。

（一）扶把

双手扶把：动作要领是身体正对把杆，离把杆约半步远，双手与肩同宽，轻扶把杆，双肘、两肩自然下垂，上身自然直立，重心稍前倾。

单手扶把：动作要领是身体侧对把杆，离把杆约半步远，左手轻扶把杆，位于身体前侧，然后经左转向另一侧至右手扶把。扶把的手不要过于用力，以免影响身体的直立与重心的稳定。

（二）擦地

（1）目的：训练脚和腿的力量。

（2）动作要领：

前擦地（图2-13）：单手扶把杆，双脚呈一位脚，另一手叉腰。重心在主力腿上，动力腿膝盖用力伸直，绷脚向前擦出，脚跟前顶带动脚尖、脚心、脚掌逐次离开地面，脚尖点地，脚尖和主力腿成一条直线，动力腿的脚尖要对准主力脚的脚跟，收回时用脚尖带动，经过脚掌、脚心、脚跟、沿地面擦回。

图2-13　前擦地

旁擦地（图2-14）：单手扶把杆，双脚呈一位脚，另一手叉腰。重心在主力腿上，动力腿绷脚向旁擦出，脚跟往前顶，脚跟、脚心、脚掌逐次离开地面，脚尖点地，脚尖和主力腿成一条直线，收回时又依次将脚掌、脚心、脚跟、全脚着地，擦地收回。

图2-14　旁擦地

后擦地（图2-15）：单手扶把杆，双脚呈一位脚，另一手叉腰。重心在主力腿上，动力腿绷脚向后擦出，脚跟往前顶，脚跟、脚心、脚掌逐次离开地面，脚尖点地，动力脚的脚尖对准主力脚的脚跟方向，收回时又依次将脚掌、脚心、脚跟、全脚着地，擦地收回。

图 2-15　后擦地

（3）技术要点：①擦地时，上身保持正直，挺胸、收腹、立腰、收臀、两腿外开；②擦地过程中两胯上提保持平行，重心始终在主力腿上，主力腿保持稳定，不坐胯；③动力腿擦出或收回时，全脚放于地面的时间尽量长一些；④动力腿擦出的过程脚部要平出，动力脚擦出要有无限拉长延伸的感觉，脚尖点地在最远处，不能离开地面。

（三）蹲

（1）目的：通过训练加强腿在缓慢动作过程中肌肉控制能力，使他们最大限度地拉直与弯曲。

（2）动作要领：

一位脚半蹲（图 2-16）：双手扶把，一位脚直立体态准备。全脚踩地，脚趾紧抓地面，膝盖始终保持打开（顺着脚尖方向），腿部收紧，向下蹲到最大限度（不起脚后跟），拉长跟腱；起的时候，脚用力推地板，腿部肌肉向上拉；练习过程中尾椎骨始终垂直脚后跟，同时保持上半身的直立状态。

图 2-16　一位脚半蹲

一位脚全蹲（图 2-17）：双手扶把，一位脚直立体态准备。全脚踩地，脚趾紧抓地面，膝盖始终保持打开（顺着脚尖方向），腿部收紧，向下蹲，蹲到极限时稍抬脚跟，起的时候，先落脚后跟再推地伸直。蹲时尾椎骨始终垂直脚后跟，臀部不能坐到脚跟上，膝盖始终保持打开（顺着脚尖方向），同时保持上半身的直立状态。

（3）技术要点：躯干始终保持正直，注意外开，勿憋气；蹲和起的过程要连贯、平稳，不可以断断续续和向前跪膝盖；髋部保持稳定，双腿同时进行下蹲动作，双脚保持五个脚趾抓地，腰部始终收紧立直，尾椎垂直于地面，不能撅臀，下蹲和直立的过程要有对抗力，腿在起直时不能划圈。

注：可一位、二位、四位、五位练习。

图 2-17　一位脚全蹲

（四）小踢腿

（1）目的：训练脚腕、脚背的爆发力，为小跳做准备。

（2）动作要领：

小踢前腿（图 2-18）：单手扶把，一位脚直立体态准备。动力腿脚部由脚趾领脚跟前推，经过一位前擦地后由脚尖带动快速往正前方直膝踢出约离地 25°，脚尖向远处拉长，在空中有一刹那停留，全绷脚，膝盖与大腿外开，同时保持胯部平正，忌送胯和坐胯，内侧肌收紧。返回时由脚跟领脚趾，再经过擦地快速收回，其他要求不变。

图 2-18　小踢前腿

小踢旁腿（图 2-19）：单手扶把，一位脚直立体态准备。动力腿脚部由脚趾领脚跟前推，经过一位旁擦地后快速往正旁直膝踢出约离地 25°，全绷脚，膝盖与大腿外开，同时保持胯部平正，忌送胯和坐胯，内侧肌收紧。返回时由脚跟领脚趾随，再经过擦地快速收回，其他要求不变。

图 2-19　小踢旁腿

小踢后腿（图 2-20）：单手扶把，一位脚直立体态准备。动力腿脚部由脚跟领脚趾前推，经过一位后擦地后快速往正后直膝踢出约离地 25°，全绷脚，膝盖与大腿外开，同时保持胯部平正，忌送胯和坐胯，内侧肌收紧。返回时由脚趾领脚跟随，再经过擦地快速收回，其他要求不变。

图 2-20　小踢后腿

（3）技术要点：保持主力腿至上半身的直立体态不受动力腿的影响，始终保持动力腿和主力腿（包括膝盖）的同时外开及腿部肌肉的收紧；动力腿踢起时不能用大腿肌肉带动，腿部要外开。

（五）划圈

（1）目的：使主力腿重心更加稳定，动力腿相对灵活。

（2）动作要领：

准备：动作要领是左手扶把，右手七位手准备，双脚一位脚准备，保持上身挺立，大腿用力夹紧；

前——旁：动作要领是重心在主力腿上，动力腿由脚尖带动沿地面前擦地出去，往右方划圆弧至旁擦位置后，收回一位；

旁——后：动作要领是重心在主力腿上，动力腿由脚尖带动沿地面旁擦地出去，往斜后方划圆弧至后擦位置后，收回一位；

前——后：动作要领是重心在主力腿上，动力腿由脚尖带动沿地面前擦地出去，往右方划圆弧至旁擦位置后，往斜后方划圆弧至后擦地位置后，收回一位。

（3）技术要点：主力腿脚跟紧贴地面并始终保持外开，主力胯向上提起不要晃动；动力胯保持不动，且两胯平行，动力脚经一位时脚尖打开，动作过程中脚尖向外划至所能达到的最远点，绷直腿，脚尖不离开地面。

（六）小弹踢

（1）目的：训练脚的力量及小腿的灵活性。

（2）动作要领：

前小弹踢（图 2-21）：单手扶把，一位脚直立体态准备。重心在主力腿上，动力腿包住主力腿的脚踝骨，脚跟朝前上方，膝盖外开向旁，由脚跟带动向前射出 25°，力量集中在脚尖上，回的时候脚尖先回，回到包脚的位置。

图 2-21　前小弹踢

旁小弹踢（图 2-22）：单手扶把，一位脚直立体态准备。重心在主力腿上，动力腿包住主力腿的脚踝骨，脚跟朝前上方，膝盖外开向旁，由脚跟带动向旁射出 25°，力量集中在脚尖上，回的时候脚尖先回，回到包脚的位置。

图 2-22　旁小弹踢

后小弹踢（图 2-23）：单手扶把，一位脚直立体态准备。重心在主力腿上，动力腿放在主力腿后边，两个脚腕紧贴，动力腿脚背和脚趾往后打开，膝盖外开向旁，由脚跟带动向后射出 25°，力量集中在脚尖上，回的时候脚跟先回，回到脚腕紧贴的位置。

图 2-23　后小弹踢

（3）技术要点：膝盖和腿部收紧，不能甩膝盖；注意动作的速度、力量和灵敏度；注意保持主力腿至上半身的直立体态不受动力腿的影响。

（七）压腿

（1）目的：练习腿部韧带的柔韧性。

（2）动作要领：

前腿（图 2-24）：身体斜 45°面向把杆站位，左手扶把，右手一位。右腿经前吸腿绷脚伸出，有控制地将脚腕放在把杆上。同时右手上三位，右脚搭在把杆上，直膝、绷脚、外开。左腿直立与地面保持垂直，两胯、两肩摆正。小腹贴大腿，用上身贴向右腿，右手指尖带动头顶向右脚尖方向延伸。然后上身回到正直，右手回到三位。两腿交替反复多次进行练习。

图 2-24　前腿

旁腿（图 2-25）：身体斜 45°面向把杆站位，右手扶把、左手一位。右腿经旁吸腿绷脚伸出，有控制地将脚腕放在把杆上。同时左手上三位，右脚搭在把杆上，直膝、绷脚、外开。左腿直立与地面保持垂直，两胯、两肩摆正。步骤和压前腿一样，只是下旁腰压右腿，用右耳朵贴右腿面，左手触碰右脚尖。两腿交替反复多次进行练习。

图 2-25　旁腿

后腿（图 2-26）：身体侧对把杆站位，左手扶把，右手一位。右腿向后抬起伸直、绷脚，将右脚的脚腕放在把杆上，同时右手经二位到三位，双跨摆正，双肩摆正，左脚绷直站立、外开，主力腿下蹲，身体保持不动。两腿交替反复多次进行练习。

图 2-26　后腿

（3）技术要点：三个方向的压腿首先要求腿直、髋正。压前腿时两脚尖正对前方，下压时腰部前伸，胸去触碰小腿；压旁腿时要求髋往前顶，身体保持在一个面上；压后腿时两腿保持在一个直线上，上体后仰。

（八）大踢腿

（1）特点：强调主力腿的稳定及动力腿大幅度的爆发力。

（2）目的：练习腿的幅度与力度，为大跳做准备。

（3）动作要领：

前踢：单手扶把，大八字位直立体态准备。动力腿脚部由脚趾领脚跟推，脚跟带动腿部经过前擦地后，绷脚快速往正前上方直膝踢出，膝盖与大腿外开，同时保持胯部平正，忌送胯和坐胯，内侧肌收紧。快踢后迅速收到脚尖前点地，再经过擦地快速收回，其他要求不变。

旁踢：双手扶把，大八字位直立体态准备。动力腿脚部由脚趾领脚跟推，脚背带动腿部经过旁擦地后，绷脚快速往正旁上方直膝踢出，膝盖与大腿外开，同时保持胯部平正，忌送胯和坐胯，内侧肌收紧。快踢后迅速收到脚尖旁点地，再经过擦地快速收回，其他要求不变。

后踢：单手扶把，大八字位直立体态准备。动力腿脚部由脚跟领脚趾随，脚尖带动腿部经过后擦地后，绷脚快速往正后上方直膝踢出，手经体前至三位手，膝盖与大腿外开，同时保持胯部平正，忌掀胯和坐胯，内侧肌收紧。快踢后迅速收到脚尖后点地，再经过擦地快速收回，其他要求不变。

（4）技术要点：大踢腿时要求讲究踢腿的速度、力量和高度；注意保持主力腿至上半身的直立体态不受动力腿的影响，始终保持动力腿和主力的腿膝盖和腿的同时外开及腿部肌肉的收紧。

三、基本步伐

步伐是身体移动情况下进行形体训练的基础，其中一部分又是转体和跳跃的准备动作。形体舞蹈基本步伐主要包括柔软步、足尖步、滚动步、弹簧步，其练习目的是养成良好的走路姿势，加强学生对腿部肌肉力量的控制，进一步训练身体的协调性、节奏感及表现力，展示动态的形体美，也为形体舞蹈课程的学习打好基础。

（一）柔软步

它是所有步伐的基础。走步的摆动腿外旋，膝、踝趾绷直向前迈出，从脚尖柔软地过渡到全脚掌着地（脚尖略向外），重心随之前移，然后换另一腿开始。走时躯干和头保持正直，两臂自然前后摆动，并可配合各种手臂动作进行练习。

（二）足尖步

从双脚提踵站立开始，一脚向前迈出（动作同柔软步），然后从脚尖过渡到前脚掌站立，再换另一腿做。做动作时要始终保持高提踵姿态，重心平稳地前移。注意步幅不宜过大，亦可屈膝做。

（三）滚动步

动作要领是由右（左）脚站立，左（右）腿屈膝向前，绷足尖垂直触地开始，重心向上提起，经提踵，交替为左（右）腿站立，右（左）腿屈膝向前，足尖垂直触地，如此反复交替为滚动步。脚掌滚动时应有控制，好像在克服一种无形的阻力。要求动作连贯、柔和并富有弹性。

（四）弹簧步

该步伐是各种跳步、站立舞姿和跪的基础。有普通弹簧步、前举腿弹簧步和弹簧步跳等。做法如下：

普通弹簧步：从提踵立开始，左腿向前做柔软步，落地时稍屈膝，重心移至左脚，同时右腿放松于左腿旁（稍屈膝、不触地），接着左腿充分伸直并立踵，同时左腿前下举绷直。整个动作要柔和连贯，富有弹性。

前举腿弹簧步：动作基本同普通弹簧步。当落地腿伸直立踵时，后腿屈膝前举，然后落地屈膝。

弹簧步跳：动作同上，仅在支撑腿屈膝后用力蹬地向上跳起，空中保持前举腿姿势即可。

四、转体动作

转体动作的主要内容包括点转、双脚转体、平转、吸腿转、单脚转体、踏步翻身、点步翻身、吸腿翻身。学习特殊的形体舞蹈转体技术动作，能有效提高身体的协调性、灵活性与平衡性，增强方向感，加强对身体肌肉力量的控制，规范舞蹈技术动作。

（一）点转

（1）动作：轴心脚平踩，身体重心放在轴心脚上，动力腿的脚尖点地，起到找方向的作用。可以在一圈中切分四点，即动力腿脚尖 90°点地一次转，也可以在一圈中切分两点，即动力腿脚尖 180°点地一次转。

（2）技术要点：留头、甩头方向明确；重心稳在轴心腿；

（二）双脚转体

（1）动作：左右脚交替平踩，身体重心放在两脚上，眼睛看斜上位置，头微微后仰，两脚的交替平踏的速度逐渐加快，旋转速度也由慢到快，同时身体与手的位置要保持不变；

（2）技术要点：双腿膝盖微弯、缓冲；两脚交替的动作要平稳；旋转中身体没有上下起伏；保持旋转位置不变。

（三）平转

（1）动作：①左脚前点地，左手胸前准备；右手与肩平行，下巴对齐左肩；②左手打平，与肩膀平行，下巴对齐左肩；迈左脚，上右脚；注意留头，下巴对齐右肩；双脚“小八字”立踵，脚跟并拢；③头上经过360°转头；双手、双脚、身体保持不动；

（2）技术要点：脚、胯、肩、头协调配合，掌握旋转节奏；脚跟最大限度提起，留头、甩头，全身收紧。

（四）吸腿转

（1）动作（以右脚旁吸腿为例）：①将右腿踏于后方，把后右腿的膝盖盘于前左腿膝盖窝；②主力腿（左腿）蹬直；动力腿（右脚）推地后贴腿吸左脚，胯部打开，右脚膝盖朝向右侧，左脚立踵；③顺时针旋转，双手于胸前交叉。

（2）技术要点：①右脚向后踏步时，重心在前左脚，后右脚半脚掌推起来，夹臀；②右脚吸腿时大拇指轻轻触碰左脚；③旋转时，留头、甩头要迅速。

（五）单脚转体

（1）动作做法（以前上步、右脚前吸腿为例）：左脚前上步、微蹲，右脚脚跟离地、随左脚下蹲幅度屈腿，重心落于双腿，手臂六位（左手在旁，右手在前，双手掌心朝下）；双脚蹬地、直膝、立踵，重心移至左脚，由右手带动转体，逆时针转动90°时，双手在七位，掌心朝下，右脚此时并未离地；经过90°后右脚吸腿（小腿与大腿、大腿与身体均成90°），双手弯曲于胸前，肘关节与肩同高；④左脚落下，双脚并拢，屈膝缓冲。

（2）技术要点：立踵旋转，重心上提；右脚控制、不晃动；适当留头、甩头。

（六）踏步翻身

（1）动作：左丁字步准备，撤左脚成踏步蹲，两大腿夹紧，上身前倾45°，左手按掌，右手侧旁；下右旁腰，向左翻身，同时左手臂由手指带领甩直打开，双手成一垂直线，再继续翻至后腰，双手与地面平行，重心在双脚上，继续翻成左旁腰，最终翻到正前方，成右脚踏步，重心在左脚上。

（2）技术要点：在全蹲上做翻身，身体不要有起伏，腰腹要有高强度的控制，成后腰时用板腰顶胯、顶臀，重心不能前后移动，翻身过程中头要向前，留头、甩头；手臂始终打直不耸肩；

（七）点步翻身

（1）动作：以侧腰旁点步、手臂平侧位、头顶对前方为准备姿态，动作腿经吸腿向支撑腿外侧点步，支撑腿做半脚掌的挪动，完成以腰为轴心、手臂立圆轨迹的连续翻转动作。

（2）技术要点：手在四个点的位置，上着天，下着地，左右顶着墙；一只脚立踵顶高不放下来，一只脚每次点在正侧方向上；翻的过程中大腰保持直立，胸腰上挑，髋关节保持直立和一个平面不转动，并且留头甩头；双手呈立圆状态，不随意摆动；脚点到位，立踵完成翻转，脚尖点到正侧位；提跨、立大腰、胸腰上挑，在一个平面上完成腰的翻转。

（八）吸腿翻身

（1）动作：以侧腰旁点步、手臂平侧位、头顶对前方的准备姿态，动作腿前吸腿，支撑腿保持半脚掌，完成以腰为轴心、手臂立圆轨迹的连续翻转动作。

（2）技术要点：主力腿直立踵，脚跟要往前推，动力腿尽量吸起，不能下降，立踵、顶胯、手轮圆要同时进行，取得吸翻的动力。

五、跳跃动作

跳跃动作包括直腿小跳、分腿跳、并步跳、猫跳、击足跳、变身跳、跨跳等。学习特殊的形体舞蹈技术动作，可以提高身体的协调性、灵活性与平衡性，增强方向感，可以锻炼舞者腿部的肌肉力量，规范舞蹈动作。

（一）直腿小跳

（1）动作：脚站一位，双手一位手，眼睛平视前方，下巴微抬，胯根转开，胯与肩处四点平行向前，收腹，夹臀；起跳时，先进行一位蹲（微蹲），膝盖朝脚尖方向，进行蓄力，由脚跟推脚背，脚尖抓地，有弹性的推跳起来，在空中时身体保持正直，直膝绷脚，脚跟并拢，离地一拳即可；落回时，脚尖、前脚掌、全脚掌依次落地，最后到一位蹲（微蹲）缓冲，站起收回。

（2）技术要点：直腿小跳从开始到结束始终保持身体直立，脚下一位、两腿外开；脚背用力推地，跳起空中两腿伸直、绷脚背，胯部保持外开，脚跟并拢；落地时脚尖、前脚掌、全脚掌依次落地，脚下保持一位。

（二）分腿跳

在直腿小跳的基础上，双脚分开60°至90°。

（三）并步跳

（1）动作：上半拍左脚向前一个柔软步着地成弓步，重心随即前移，下半拍左脚蹬地跳起，两腿伸直，右脚靠拢在左脚后，空中成“丁”字形，并腿的瞬间脚面绷直。

（2）技术要点：用力蹬地，达到一定腾空高度，在空中做并腿动作，重心前移，落地柔和。

（四）猫跳

（1）动作：从五位脚半蹲开始，右脚离开地面，提到左腿膝盖旁，同时左腿单腿往上起跳，在起跳中，左腿迅速追逐右腿，经膝盖前的位置，同时右腿向右悄悄打来，准备落地，右脚落地后，左腿迅速地回到前五位位置，半蹲。

（2）技术要点：跳起时要轻，落下时没有过大的声音，如同猫咪跳下时一样轻盈。

（五）击足跳

（1）动作（以左侧为例）：双手七位手，掌心朝下；右脚向前迈步微蹲，准备蹬起，左脚向旁小踢腿，脚背朝前；右脚蹬腿离地后，左脚保持不动，右脚迅速向左摆动击打左腿；落地时，左脚保持不动，右脚前脚掌、脚跟依次落地，膝盖微蹲缓冲。

（2）技术要点：主力腿充分蹬地；摆动腿在踢腿后，腿部肌肉紧张，静态发力，保持不动；前脚掌、脚跟依次落地，膝盖微蹲缓冲。

（六）变身跳

（1）动作：左脚前点地，一位手准备；右腿90°起跳，手臂从一位至三位，空中直立转体（向左）180°，左腿落地的同时右腿经旁向后伸，左腿呈半蹲姿势，双臂三位。

（2）技术要点：腾空时，双腿继续抬高伸直，依赖大腿前群肌肉做静力性支持工作；当人体总重心上升到最高点时，转动髋关节（不转动腰部），在转动髋关节的同时，变换上身，使前腿变成后腿；手臂保持不动。落地时缓冲，上体挺直，前脚掌先着地，过渡到足跟贴地。

（七）跨跳

（1）动作（以左脚跨跳为例）：左脚前点地，七位手准备，左脚在前的并步跳一次后，右脚向前一步蹬地跳起，同时左腿伸直向前上方摆动跨出，踢到 90°以上，右腿快速推起 90°以上，空中两腿绷直，有空中停顿时间，同时六位手（右臂在前，左臂在旁，掌心朝下），接着左脚以前脚掌先着地，迅速过渡到全脚掌着地，并稍屈膝，注意稳定性及控制能力。

（2）技术要点：腾空时，双腿直膝绷脚、继续抬高，上体正直，脊椎向上延伸，下颚微抬；落地时缓冲，上体挺直，前脚掌先着地，过渡到足跟贴地。

注：跳跃动作的难度较大，需要依靠腿部的肌肉能力进行训练，舞姿会对跳跃起到辅助作用，因此练习跳跃动作时，一定要注意上身与下肢的配合。

第二节 形体舞蹈基本动作组合

形体舞蹈基本动作组合是在基本形体动作的基础上，根据练习目的、学生年龄、音乐风格等特点，将基本动作有选择的编排组合在一起，形成不同形式不同风格的一套组合。这一方面增加了练习的难度，强化动作技术技能；另一方面提高了学生的兴趣，使形体训练的形式和内容进入一个更高的阶段。

一、手位组合

（1）目的：熟练掌握七个手位的动作，在规范与美化手臂形态的同时，使手位动作与整个身体动作协调配合，提高肌肉的“伸长”意识以及控制肌肉的能力。规范舞蹈动作，增强舞感。

（2）动作要领：

准备：姿势直立，一位脚、一位手，眼睛平视前方；

第一个八拍（图 2-27）：

第 1-2 拍：右脚前擦地，手臂从一位至二位，眼随手动。

第 3-4 拍：双脚下蹲移动重心至右脚，左脚拇指点地，手臂从二位至五位（左手在上），下颚微抬，眼睛平视前方。

第 5-6 拍：下蹲，重心移至双脚，手臂从五位至六位（左手在前、右手在旁），眼随左手。

第 7-8 拍：双腿伸直，重心移至左脚，右脚趾点地，手臂从五位至七位，眼随左手。

图 2-27　手位组合（第一个八拍）

第二个八拍：

第 1-4 拍：左脚下蹲，右脚前擦地，伸直、拇指点地。左手从七位至一位，右手从七位至三位，头右转、眼睛平视。

第 5-6 拍：双脚经下蹲移重心至右脚，左腿伸直后点地。左手由一位至二位，右手向后绕圈经一位至二位，眼随左手。

第 7 拍：双手保持二位手，左脚擦地收回成一位脚。

第 8 拍：双手保持二位手，左脚前擦地。

第三个八拍：

第 1-2 拍：双脚经蹲移重心至左脚，右脚伸直后点地，手臂从二位至六位（右手在前、左手在旁），眼随右手。

第 3 拍：双脚经蹲移重心至两腿间，手臂保持六位。

第 4 拍：双脚经蹲移重心至右脚，左脚伸直前点地，手臂从六位至七位，眼随右手。

第 5-8 拍：右脚下蹲，左脚伸直点地，手从七位至三位，头右转，眼睛平视。

第四个八拍：

第 1-2 拍：双脚经蹲移重心至左脚，右脚伸直后点地，手臂保持三位手，头微低。

第 3-4 拍：重心不变，头慢慢抬起，双手掌心朝上慢慢打开至七位手。

第 5-6 拍：右脚擦地收回成一位脚，右肘向下成一位手，眼随左手。

第 7-8 拍：提踵转体 90°后落下，收左脚成一位脚。

第五至八个八拍：同第一至四个八拍，动作反向。

二、地面组合——腿脚训练

（1）目的：地面组合指坐或躺在地面上进行的一系列身体训练，它对初学者非常有益。其练习方式可使下肢不负重，易放松，避免动作僵硬和紧张，有利于更好地体会练习时肌肉的拉扯感。地面组合还能有效提高腿部肌肉力量，培养学生规范的绷脚、直膝等基本舞姿形态，提高腿部的外开能力、协调性与灵活性，提高形体舞蹈专业运动技能。

（2）动作要领：

第一个八拍：双腿伸直坐地，两手轻轻在身体两侧点地，左脚、右脚交替勾脚三次，两拍一换，先勾右脚。

第二个八拍（图 2-28）：双脚单数拍勾脚、双数拍绷脚。

1、3、5、7　　2、4、6、8

图 2-28　腿脚训练（第二个八拍）

第三个八拍（图 2-29）：第 1-4 拍双脚脚跟靠拢，勾脚尖开始逆时针绕环一周，第 4 拍双脚并拢保持绷脚。第 5-8 拍顺时针绕环一周。

1、5　　2、6　　3、7　　4、8

图 2-29　腿脚训练（第三个八拍）

第四个八拍：同第一个八拍。

第五个八拍（图 2-30）：第 1-2 拍吸右腿，右脚尖点地置于左脚膝盖处；第 3-4 拍踢右小腿，脚背绷；第 5-6 拍收回右小腿，脚尖点地置于左脚膝盖处；第 7-8 拍右脚贴着地板伸直，绷脚。

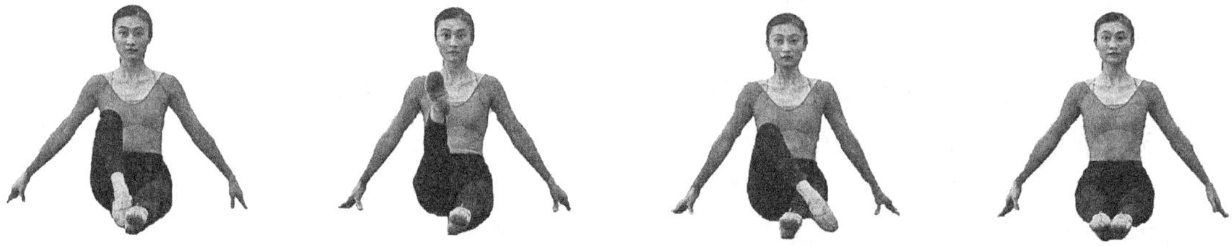

1-2　　3-4　　5-6　　7-8

图 2-30　腿脚训练（第五个八拍）

第六个八拍：左腿重复第五个八拍动作。

第七个八拍（图 2-31）：身体微微向后，双手撑地位置向后移。第 1-2 拍吸腿，两脚膝盖靠紧；第 3-4 拍蹬直双腿，绷紧脚背；第 5-6 拍双腿收回屈膝点地；第 7-8 拍贴着地面伸直双腿，绷脚。

1-2 、5-6　　3-4　　7-8

图 2-31　腿脚训练（第七个八拍）

第八个八拍：同第七个八拍。

第九个八拍（图 2-32）：右脚单腿环动，右脚脚背及右腿向外旋转，右腿贴着地面沿逆时针方向环绕半周，腿至斜上举时直腿下落，绷脚直膝。

图 2-32　腿脚训练（第九个八拍）

第十个八拍：同第九个八拍，动作反向。

第十一个八拍：左右腿同时向外旋转，双腿分别贴着地面沿顺时针方向和逆时针方向各环绕半周，双脚的位置环绕至上举时并拢下落回地面，绷脚直膝。

第十二个八拍：同第九个八拍，动作反向。

三、地面组合——柔韧训练

（1）目的：柔韧训练共 30 个 8 拍，其练习目的是在提高腿部肌肉力量的同时，增加腿部、胯部的柔韧性与灵活性，培养学生规范的绷脚、直膝等基本舞姿形态，增强学生对肌肉力量的控制，掌握形体舞蹈专业运动技能的训练方法。

（2）动作要领：

预备姿势：双腿伸直坐于地板，三位手上举。

第一个八拍（图 2-33）：第 1-2 拍膝盖伸直双脚并拢，腰背挺直前伸，双手向前延伸触脚尖；第 3-4 拍抬上体，吸气；第 5-8 拍重复第 1-4 拍动作。

第二个八拍：重复第一个八拍动作。

第三个八拍（图 2-34）：双手抱脚，胸部尽量前伸贴小腿，双膝挺直，两脚并拢，保持一个八拍。

1-2、5-6　3-4、7-8

图 2-33　柔韧训练（第一个八拍）

1-8

图 2-34　柔韧训练（第三个八拍）

第四个八拍（图 2-35）：第 1-4 拍抬上体，三位手上举；第 5-8 拍双脚向两侧打开，两腿伸直，绷脚尖，脚面向上。双臂经下举后成右手体前撑地，左手经侧上举，掌心朝内，眼视前方。

1-4　5-8

图 2-35　柔韧训练（第四个八拍）

第五个八拍（图 2-36）：第 1-2 拍向右侧压旁腿，开髋。身体向右屈，左手去碰右脚，右耳贴右腿；第 3-4 拍抬起上体，左臂上举；第 5-8 拍重复第 1-4 拍动作。

1-2、5-6　3-4、7-8

图 2-36　柔韧训练（第五个八拍）

第六个八拍：第 1-6 拍保持侧开腿姿势，右手碰左脚，耳贴左腿；第 7-8 拍抬起上体换左手。

第七个八拍：同第五个八拍动作，动作反向。

第八个八拍：第 1-6 拍保持侧开腿姿势，左手碰右脚，耳贴右腿；第 7-8 拍收脚，对脚盘坐，双手抓住左右脚踝，上体直立。

第九个八拍：第 1-2 拍弓背，额头贴脚；第 3-4 拍腹部尽力贴近地面；第 5-8 拍重复第 1-4 拍动作。

第十个八拍：重复第九个八拍动作。

第十一个八拍（图 2-37）：身体向前趴，双手伸直并向前延伸，腹部尽力贴近地面。

第十二个八拍：第 1-4 拍上体直立，两手下举置于腹前；第 5-8 拍双腿前伸直腿坐，两臂侧下举。

第十三个八拍：第 1-2 拍吸右脚至膝盖处；第 3-4 拍踢右小腿至前举腿，绷脚；第 5-6 拍收右小腿至左膝；第 7-8 拍前伸右腿，双腿并拢，绷脚背。

图 2-37 柔韧训练（第十一个八拍）

第十四个八拍：大踢腿，眼视前方。第 1-2 拍右腿大踢腿；第 3-4 拍回落；第 5-8 拍重复第 1-4 拍动作。

第十六个八拍：重复第十三、十四个八拍动作；第十六个八拍的第 7-8 拍向左转 90°，左手手肘于左侧身体下方撑地，身体面向左侧，背挺直，右手腹前撑地。左髋与左腿外侧成一直线贴地，双腿并拢，膝盖伸直。

第十七个八拍（图 2-38）：第 1-2 拍吸右脚至膝盖处，膝盖朝上；第 3-4 拍右腿小踢，绷紧脚背；第 5-6 拍收回小腿至膝盖处；第 7-8 拍右脚贴着左腿伸直，绷紧脚背。

1-2、5-6　　3-4　　7-8

图 2-38 柔韧训练（第十七个八拍）

第十八个八拍（图 2-39）：踢右旁腿，目视前方。第 1-2 拍右腿侧踢；第 3-4 拍右腿快速落回原位；第 5-7 拍重复第 1-4 拍动作；第 8 拍向后转身 180°转至左侧撑，身体面向左侧，背挺直，左手放身体前方撑地，右手肘于右侧身体下方撑地；左髋部与左腿外侧成直线，双腿并拢，膝盖伸直。

第十九个八拍：重复第十七个八拍动作。

第二十个八拍：踢左旁腿，重复第十八个八拍动作。

1-2、5-6

3-4

图 2-39　柔韧训练（第十八个八拍）

第二十一个八拍：俯卧，双手弯曲收回在胸两侧撑地，两腿伸直并拢。第 1-4 拍双手慢慢推直，抬头起身，往后卷腰，眼视头顶，脖颈伸长；第 5-8 拍双手弯曲，身体落回地面。

第二十二个八拍：重复第二十一个八拍动作。

第二十三个八拍（图 2-40）：双手推起身体，膝盖、小腿、脚保持不动，臀部向后坐于脚踝上，头贴地板，双手与肩同宽，直臂贴于地面，放松腰部。

图 2-40　柔韧训练（第二十三个八拍）

第二十四个八拍：第 1-4 拍不动，第 5-8 拍身体重心前移成跪撑，抬头，目视前方，向后伸直右脚，脚背点地。

第二十五个八拍（图 2-41）：踢右后腿，连续踢三次，第 1-2 拍踢腿，第 3-4 拍落下，第 5-8 拍重复第 1-4 拍动作。

1-2、5-6

3-4、7-8

图 2-41　柔韧训练（第二十五个八拍）

第二十六个八拍：第 1-4 拍重复踢腿动作，第 5-6 拍收回右腿，第 7-8 拍向后伸直左腿，脚背点地。

第二十七个八拍：重复第二十五个八拍动作。

第二十八个八拍：第 1-4 拍重复踢腿动作；第 5-8 拍双手重心后移至腿上，膝盖、小腿、脚保持不动，臀部向后坐于脚踝上，头贴地板，双手与肩同宽贴在地上伸直，放松腰部。

第二十九个八拍：第 1-4 拍重心前移至手掌上，顶胯贴地，双脚伸直，抬头往后下腰；第 5-8 拍双手慢慢弯曲，身体缓慢下放，回到地面，调整呼吸。

第三十个八拍：重复第二十一个八拍动作。

结束。起身跪坐，双手叉腰。

四、爵士组合

（1）目的：爵士组合主要是由形体舞蹈基本步伐构成，共 20 个 8 拍。其目的是锻炼腿部肌肉力量，提高身体协调性与灵活性，培养学生的舞感和乐感，提高形体舞蹈专业运动技能。

（2）动作做法：

第一、二个八拍（图 2-42）：双脚并拢左右摆胯（向左摆胯时，重心在左脚，右脚轻点地，向右摆胯同理），双手自然垂于体侧。

图 2-42　爵士组合（第一、二个八拍）

第三个八拍（图 2-43）：左脚前漫步（第 1 拍左脚向前上一小步，重心随之前移；第 2 拍右脚原地踏一步，重心移至右脚）；左脚后漫步（第 3 拍左脚后撤一小步，重心随之后移；第 4 拍右脚原地踏一步，重心移至右脚）；第 5-6 拍左脚前漫步；第 7-8 拍左脚收回，双脚并拢。

第四个八拍：与第三个八拍动作相同，方向相反。

第五个八拍：左脚右前方漫步（第 1 拍左脚向右前方上一小步，重心随之前移；第 2 拍右脚原地踏一步，重心移至右脚）；左脚侧漫步（第 3 拍左脚向左侧上一小步，重心随之后移；第 4 拍右脚原地踏一步，重心移至右脚）；第 5-6 拍左脚右前方漫步；第 7-8 拍左脚收回，双脚并拢。

1-2、5-6　　3-4　　7-8

图 2-43　爵士组合（第三个八拍）

第六个八拍：与第五个八拍动作相同，方向相反。

第七、八个八拍（图 2-44）：第 1-2 拍左脚右前方漫步；第 3-4 拍左脚收回，双脚并拢。第 5-8 拍与第 1-4 拍动作相同，方向相反。

1-2　　3-4、7-8　　5-6

图 2-44　爵士组合（第七、八个八拍）

第九个八拍（图 2-45）：身体转向右侧，左脚向前移动（当左脚踩地时，左脚屈膝下蹲，右脚点地，降低重心；右脚踩地时，右脚直膝）4 次。

第十个八拍：与第九个八拍动作相同，方向相反。

第十一个八拍：第 1-4 拍右脚后背腿跳两次；第 5-8 拍与第 1-4 拍动作相同，方向相反。

第十二个八拍：与第十一个八拍动作相同，方向相反。

1、3、5、7　　2、4、6、8

图 2-45　爵士组合（第九个八拍）

第十三个八拍（图 2-46）：向右跳转 90°，双脚打开与肩同宽；双手叉腰，左右摆胯各 2 次。

第十四个八拍：与第十三个八拍动作相同，方向相反。

第十五个八拍：第 1-2 拍左脚吸腿跳；第 3-4 拍左脚前踢腿；第 5-8 拍与第 1-4 拍动作相同，方向相反。

第十六个八拍：与第十五个八拍动作相同。

第十七个八拍：第 1 拍双脚跳起后左脚在右脚前点地，膝盖内扣；第 2 拍双脚跳起后左脚在右脚前点地，膝盖外展；第 3 拍双脚跳起后左脚弹踢向左前方；第 4 拍跳回，双脚并拢。第 5-8 拍与第 1-4 拍动作相同，方向相反。

第十八个八拍：与第十七个八拍动作相同。

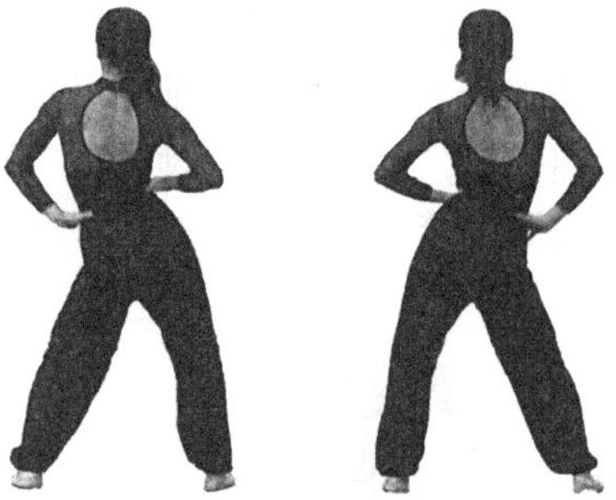

图 2-46　爵士组合（第十三个八拍）

第十九个八拍：转向右侧，左脚在前的并步跳 4 次，同时左手直臂逆时针绕一圈。

第二十个四小拍：第 1-3 拍左脚前点地，第 2-4 拍臀部向左顶髋。

1-3　　2-4

图 2-47　爵士组合（第二十个四小拍）

第三章　形体舞蹈套路实践

形体舞蹈套路是在难美项群①体育项目的基本动作和芭蕾舞基本动作的基础上，将体育与舞蹈的基本元素、典型舞姿以及二者的潮流元素结合起来，根据大学生的身体条件及兴趣爱好，创编具有不同难度、不同风格、适合高校体育课堂教学的成套动作。

形体舞蹈套路包括静姿态波浪操、形体身韵操、形体华尔兹、形体爵士舞等。青年姿态波浪操适合没有舞蹈基础或者具有初级舞蹈水平的学生学习，供大学一年级学生使用，其中关于基本姿态、手臂的摆动与绕环、身体波浪、舞姿、造型、动律、节奏、呼吸等训练，可以为学生奠定扎实的基础。形体身韵操具有傣族舞风格特征，婀娜多姿、舞姿优美，强调律动，在青年姿态波浪操的基础上进一步强化节奏、律动与表现。形体华尔兹优雅大方，动作细腻，需要学生具有较好的运动能力与控制能力，转体与跳跃等技术动作，提高了学生的舞蹈专项技能。形体爵士舞深受青年学生的喜爱，动作干净利落、复杂多变，风格酷帅，是一种急促又富动感的节奏型舞蹈，要求学生具有较强的爆发力和协调性。

第一节　青年姿态波浪操

青年姿态波浪操是形体舞蹈课程第一学期的教学内容，共 7 节 29 个 8 拍，适合没有舞蹈基础或者具有初级舞蹈水平的学生学习。其练习目的是：（1）初步了解和掌握波浪操的动作内容、风格及技术特征；（2）提高身体的柔韧性、协调性与灵活性；（3）培养动作的节奏感、韵律感，提高形体舞蹈专项运动技能；（4）规范姿态，形成良好的气质，塑造形体美。

一、动作做法

预备姿势：直立

（一）第一节：4×8 拍

第一个八拍（图 3-1）：

第 1-2 拍：左手向前摆动后落回，掌心向下；

第 3-4 拍：左手向侧摆动后落回，掌心向下；

第 5-8 拍：同第 1-4 拍，动作反向。

第二个八拍（图 3-2）：

第 1-2 拍：双手向前摆动后落回，圆手型，掌心向下；

---

① 难美项群：它是以竞技能力主导因素作为分类标准的项群体系中的类别之一，主要包括体育舞蹈、健美操、啦啦操、艺术体操、跳水、花样滑冰、花样游泳、武术套路等竞技体育项目。

第 3-4 拍：双手向侧摆动后落回，圆手型，掌心向下；

第 5-8 拍：第 5-6 拍双手摆动至三位，第 7 拍经侧绕至侧平举，弧形手，掌心朝上，哒拍吸气翻肘侧平举，第 8 拍收回。

1　　2、4、6、8　　3　　5　　7

图 3-1　第一个八拍

1　　2、4、8　　3

5-6　　7　　哒

图 3-2　第二个八拍

第三、四个八拍：与第一、二个八拍动作相同，方向相反。

（二）第二节：4×8 拍

第一个八拍（图 3-3）：

第 1-2 拍：左手摆至右斜上方，掌心向下，身体稍右转，眼视左手延长线；

第 3-4 拍：左手收回，经过一位手向左斜后摆至侧下举，弧形手，掌心朝内；
第 5-6 拍：左手经体前逆时针绕至左下举，掌心朝外，眼随手动；
第 7-8 拍：左手向侧波浪一次后收回。
第二个八拍（图 3-4）：
第 1-2 拍：双手摆至右斜上方，掌心向下，身体稍右转，眼视两手延长线；
第 3-4 拍：双手经过一位手向左斜后摆至侧下举，弧形手，掌心朝下；
第 5-6 拍：双手经体前逆时针绕，经三位上举绕至一位，眼随手动；
第 7-8 拍：双手向侧摆至左手提前屈臂平举，掌心朝下，右臂侧平举，眼视右手。

图 3-3　第一个八拍

图 3-4　第二个八拍

第三、四个八拍：与第一、二个八拍动作相同，方向相反。

（三）第三节：4×8 拍

第一个八拍（图 3-5）：

第 1-2 拍：左手侧波浪至斜下举，掌心向下，眼视左手，第 2 拍收回；

第 3-4 拍：左手侧波浪至上举，掌心向下，眼视左手，第 4 拍收回；

第 5-8 拍：同第 1-4 拍，动作反向。

1　　2、4、6、8　　3　　5　　7

图 3-5　第一个八拍

第二个八拍（图 3-6）：

第 1-2 拍：左脚向前迈步成左弓步，右腿伸直点地，两手直臂经体侧至前交叉，左手在上，掌心朝外；

第 3-4 拍：下肢动作不动，双手翻腕掌心朝上摊开至侧平举，眼随右手；

第 5-7 拍：右脚并左脚，足尖步后腿，双手侧平举手臂波浪；

第 8 拍：两脚落地成右丁字步，一位手。

1-2　　3-4　　5-7　　8

图 3-6　第二个八拍

第三、四个八拍：与第一、二个八拍动作相同，方向相反。

（四）第四节：4×8 拍

第一个八拍（图 3-7）：

第 1-2 拍：左脚向前迈步，重心落在前腿，右腿伸直后点地。左手经体前打开至斜上方，掌心朝外，抬头挺胸；

第 3-4 拍：右脚并左脚屈膝后挺直，身体做螺旋波浪一次，哒拍时左手臂绕至左上举，第 4 拍手臂落至下举；

第 5-8 拍：同第 1-4 拍，动作反向。

图 3-7　第一个八拍

第二个八拍（图 3-8）：

第 1-2 拍：左脚后退一步，右脚伸直点地，重心在左脚。两手经体前打开至斜上方，掌心朝外，抬头挺胸；

第 3-4 拍：右脚并左脚屈膝，身体前波浪，双手经体前交叉绕至侧平举，掌心向下；

第 5-6 拍：身体前波浪，两手经体前向后大绕环至下举；

第 7-8 拍：右腿直立，吸左腿平举，大脚趾紧贴右膝，低头含胸，身体前屈手臂前摆与地面平行，掌心向下。第 8 拍收回成直立姿势。

图 3-8　第二个八拍

第三、四个八拍：与第一、二个八拍动作相同，方向相反。

（五）第五节：4×8 拍

第一个八拍（图 3-9）：

第 1-2 拍：左柔软步，左臂侧平举，右臂前举，掌心朝下；

第 3-4 拍：右柔软步，右臂侧平举，左臂前举，掌心朝下；

第 5-6 拍：左脚向左迈步，身体侧波浪，哒拍时两手臂经下向左上摆；

第 7-8 拍：重心继续左移落在左脚，右脚侧点地，两腿伸直，身体略向右倾，双手小波浪推至左手上举，掌心朝外，右手前举，掌心朝下，眼视左前方。

第二个八拍（图 3-10）：

第 1-2 拍：屈左腿，右腿经一位脚向左前方擦出点地，两膝靠紧。两手臂经一位，左臂前下举，右臂后上举，掌心朝下，身体略前倾，眼视左下方；

第 3-4 拍：左腿伸直，右腿经一位脚向右后擦出，重心落在左脚，两手臂经一位手，左臂上举，右臂前举，掌心朝外，身体略后倾，眼视左前方；

第 5 拍：右脚向前交叉上一小步，双膝微屈，双臂腹前交叉，含胸低头；

第 6 拍：右脚提踵立，提左膝，左脚大脚趾贴近右膝内侧，左膝朝右前方，左手摆至侧平举，掌心朝下，右臂上举，掌心朝外，眼视左手延长线；

第 7-8 拍：左脚向右前迈大步成盖步，重心前移，右腿伸直后点地，右臂从上举向后绕环一周至右前方，左臂经前绕环至后下举，掌心朝下，身体稍左转，眼视左臂延长线。

图 3-9　第一个八拍

图 3-10　第二个八拍

第三、四个八拍：同一、二个八拍，方向相反。

（六）第六节：4×8 拍

第一个八拍（图 3-11）：

第 1-2 拍：左脚向左迈步，移重心至左脚，右脚侧点地，两腿伸直，两臂经一位手，左臂侧平举，右臂前举，掌心朝下，眼视前方；

第 3-4 拍：同第 1-2 拍，方向相反；

图 3-11　第一个八拍

第 5-6 拍：双脚屈膝向左移重心，右脚并左脚提踵立，双手经右向左绕环至三位上举；

第 7-8 拍：左脚向左迈一步，移重心至左脚，两臂经右、下摆至左手臂侧平举，右臂胸前屈，掌心朝下，眼视左手延长线。

第二个八拍：同第一个八拍，方向相反。

第三个八拍（图 3-12）：

第 1-2 拍：左脚向前迈步，移重心至左脚，右脚后点地，两腿伸直，两臂经一位手，左臂侧平举，右臂前举，掌心朝下，眼视前方；

第 3-4 拍：屈膝移重心至右脚，左脚侧点地，两腿伸直，身体右转 90°面向 3 点方向，两臂经一位手摆至侧平举，掌心朝下，眼视右手延长线；

第 5-6 拍：双脚屈膝向前移重心，右脚并左脚提踵立，双手经左向右绕环至三位上举；

第 7-8 拍：左脚向前迈一步，移重心至左脚，右脚后点地，两腿伸直，两臂经右、下摆至左手臂侧平举、右臂前举，掌心朝下，眼视右手延长线。

第四个八拍：同第三个八拍，方向相反。

图 3-12 第三个八拍

（七）第七节：5×8 拍

第一个八拍（图 3-13）：

第 1-2 拍：左脚向左迈步重心移至左脚，右脚侧点地，两腿伸直，身体稍右转以胸带动左手臂摆至侧上举，掌心朝外，右臂自然下垂；

第 3-4 拍：同第 1-2 拍，方向相反；

第 5-6 拍：右脚并左脚平转 360°，两臂胸前平屈，掌心朝内；

第 7-8 拍：左脚向左滑步，左腿屈右腿伸直侧点地，两臂经提前交叉至左手斜上举、右手斜下举，掌心朝下，身体稍右倾，眼视右手延长线。

1-2　　3-4　　5　　6　　7-8

图 3-13　第一个八拍

第二个八拍（图 3-14）：

第 1-2 拍：第 1 拍右脚向后撤一步，两臂自然摆至下举；第 2 拍向上纵跳，左脚前踢至斜下举，两臂摆至前举，掌心朝下；

第 3-4 拍：身体左转 90°，左脚向后撤一步跳起，右脚侧踢至斜下举，双手顺时针绕至右手于侧平举，左手胸前平屈，掌心朝下，身体稍右倾，掌心朝下；

第 5-7 拍：第 5 拍右脚在左脚前交叉上步，屈膝，同时双手经体前交叉打开至前举，掌心向上；第 6-7 拍小碎步逆时针跑弧线转至正面，双臂继续向双侧打开至侧平举，眼睛跟随左手；

第 8 拍：右脚向右迈一步成开立，两手肘关节向上抬起后掌心朝下，落至下举。

图 3-14　第二个八拍

第三、四个八拍：同第一、二个八拍，方向相反。

第五个八拍（图 3-15）：

第 1-2 拍：左脚向左迈步后微微下蹲，重心移至左脚，右腿伸直侧点地，右手直臂体前摆至胸前屈，右手摸左肩，眼视右肩后方；

第 3-4 拍：同第 1-2 拍，方向相反；

第 5-6 拍：左脚向前迈步，重心前移至左脚，右脚后点地，两腿伸直，身体向前波浪，两臂经体前交叉向外侧摆至斜上举，掌心朝下；

第 7-8 拍：双脚、重心不变，双手在斜上方做一次波浪成结束造型，眼视左下方。

图 3-15　第五个八拍

二、技术要点

（1）手型：成套保持圆手型，弧形手。

（2）呼吸：练习时强调气息的配合。通常手臂向外向上时吸气，回落时呼气。

（3）摆动：以肩为轴，带动手臂做向前、向后、向侧及上下摆动。

（4）手臂波浪：以手部的上提、下压运动模拟波浪动作。“上提”时手肘、手腕、手掌依次上提，手成抓握状；“下压”时，手肘、手腕、手掌依次下沉，并使手腕和手掌打开，手指上翘。练习时要求波浪完整、圆滑（不可中断），有延伸之感。要特别注意小关节参与活动，充分体现柔软与流动的特点。手臂波浪可在各种基本位置上去做，可双臂同时做，亦可单臂做或两臂依次做。

（5）躯干波浪：躯干波浪能发展躯干的柔韧性、灵活性和协调性，使舞蹈动作活化并丰富。做波浪动作时，上下肢和身体的各关节有的弯曲，有的伸直，而这种弯曲和伸直动作是同时进行的，也就是说当一个关节还在弯曲时，相邻的关节已开始伸直，即“波浪形”动作的“浪峰”是逐渐移动的，动作要缓慢而连贯，流畅而柔和。躯干波浪有向前、向后、向侧的波浪和螺旋形波浪等。

①身体向前的波浪：预备姿势为低头、含胸、弓背、屈膝半蹲、两臂前举。动作方法是由膝关节开始，髋、腰、胸、颈依次向上伸展，同时两臂柔和地经两侧向后向上绕至上举，并抬头挺胸立踵。

②身体向后的波浪：动作与向前的波浪相反。由挺身立踵两臂上举开始，膝、髋、腰、胸、颈各关节依次前屈，至低头含胸弓背半蹲姿势，同时两臂经后、下绕至前举。

③身体侧波浪：由右腿站立，左脚侧点地，两臂左侧上举开始，上体先左侧屈，髋部稍向右移，然后屈后膝重心逐渐左移，膝、髋、腰、胸、颈依次向左上方挺伸，成左腿站立，右脚尖点地，上体稍右侧屈，同时两臂随身体动作经下柔和地摆至左侧上举，抬头眼看手。

④螺旋形波浪：由腿部开始发力，膝、髋、腰、胸、头依次向波浪方向挺出。上体和下肢反向位移，保持动作平衡，形成S形弯曲。全身各关节由下至上依次弯曲，随之依次伸展的动作要连贯、松弛、幅度大。

三、评价标准

分值	评价内容
10—9.0	(1) 熟练掌握成套动作； (2) 姿态优美，动作准确规范，手臂摆动与身体波浪技术正确； (3) 音乐配合好，动作协调； (4) 动作完成质量高，成套有良好的表现力。
8.9—8.0	(1) 熟练掌握成套动作，有轻微错误； (2) 姿态良好，动作较为准确规范、手臂摆动与身体波浪技术正确； (3) 音乐配合良好，动作较为协调； (4) 动作完成质量比较高，成套有较好的表现力。
7.9—7.0	(1) 熟练掌握成套动作，有部分错误； (2) 姿态一般，动作较为规范，手臂摆动与身体波浪技术完成不好； (3) 音乐配合一般，动作较为协调； (4) 动作完成质量一般，成套有一般的表现力。
6.9—6.0	(1) 成套动作不太熟练，有部分错误； (2) 姿态一般，动作不太规范，手臂摆动与身体波浪技术不好； (3) 口令下能独立完成动作，动作不太协调； (4) 动作完成质量较差，成套有一般的表现力。
6.0分以下	(1) 成套动作不熟练，有多处错误； (2) 动作不规范、手臂摆动与身体波浪技术不好； (3) 口令下不能独立完成动作，或者动作很不协调； (4) 动作完成质量差，成套有较差的表现力。

第二节　形体身韵操

形体身韵操是形体舞蹈课程第二学期的教学内容，共 8 节，适合没有舞蹈基础或者具有初级舞蹈水平的学生学习。其练习目的是：（1）初步了解和掌握形体身韵操的动作内容、风格及技术特征；（2）了解形体身韵操旋转、起伏、造型、律动、“三道弯”等技术技巧，提高学生的身体协调性、灵活性和平衡性；（3）强化学生的身体感受力，提高节奏感和韵律感；（4）规范姿态，形成良好的气质，塑造形体美；（5）培养学生的舞感、乐感及动作表现力，提高形体舞蹈专业运动技能。

一、动作做法

（一）第一节：4×8 拍

预备姿势（图 3-16）：全蹲，左脚踏步在前，身体正对前方，双手掌形。左手在左髋前下按，右手立腕，掌心朝右，沉肩开胸。

图 3-16　预备姿势

第一个八拍（图 3-17）：

第 1-4 拍：向上站起；第 5-8 拍：向下全蹲。

第二个八拍（图 3-18）：

第 1-2 拍：右脚并左脚。右手伸至左斜上方，指尖朝前，掌心和大拇指朝上，压手腕；

第 3-4 拍：左手同第 1-2 拍伸至右斜上方，交叉，左手在前，稍高于右手；

第 5-8 拍：右脚向右跨一步，臀部右顶，重心落至右脚，左脚点地，双膝微屈。双手翻掌经腹前打开至胯的左右两边，掌心朝上伸至右斜上方，眼视右上方。

1-4　　5-8

图 3-17　第一个八拍

1-2　　3-4　　5-8

图 3-18　第二个八拍

第三个八拍（图 3-19）：

第 1-4 拍：屈膝下蹲，双手随着往下，右臂拉至下举，左臂至平举，掌心朝上；

第 5-8 拍：向上蹲起，双手伸至右斜上方，掌心向上，眼视右上方。

1

2

3-4

5-6

7-8

图 3-19　第三个八拍

第四个八拍（图 3-20）：

第 1-2 拍：左脚踢臀后并右脚，双手向下压到髋部左右两边后由掌型变成屈掌型，向上拉直；

第 3-4 拍：右脚踢臀后并左脚，双手向上回拉至脸部两侧；

第 5-6 拍：左脚踢臀后并右脚，手臂举至头顶；

第 7-8 拍：右脚踢臀后并左脚，两手下落至身体两侧。

1-2

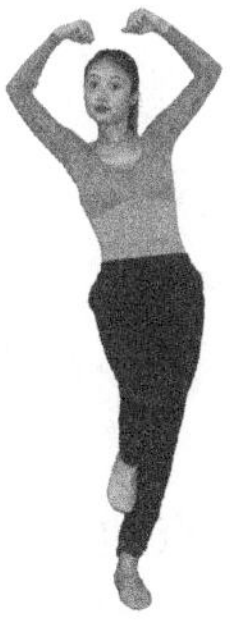

3-4

1-5

2、6

3

4　　5-6　　7-8　　7　　8

图 3-20　第四个八拍

（二）第二节：4×8 拍

第一个八拍（图 3-21）：

第 1-2 拍：双脚微屈向左上方顶髋，右手前伸至左平举后落下，左臂下举；

第 3-4 拍：双脚微屈向右上方顶髋，左手前伸至右平举后落下，右臂下举；

第 5-6 拍：第 5 拍动作同第 1-2 拍，第 6 拍动作同第 3-4 拍；

第 7-8 拍：动作同第 1-2 拍。

1-2、5、7-8　　3-4、6

图 3-21　第一个八拍

第二个八拍（图 3-22）：

第 1-4 拍：右脚向右边跨一步，臀部向右顶，重心落至右脚，左脚侧点地，屈膝稍内扣。身体微向左倾。双手经下伸至右斜上方，翘腕掌心朝上，左手在头部右前方，右手略高于左手，眼视右手；

第 5 拍：身体转向左前方，左脚膝盖和脚尖向左转，左脚点地，重心落在右脚，双脚膝盖弯曲向下屈伸，塌腰、撅臀。左手经前向身体左下方伸展，掌型手，眼视左手；

第 6 拍：双膝快速伸直，臀部向左上方提起，左脚绷脚尖转向右边，左手向左髋下按，手肘朝左，指尖朝右，大拇指朝下，食指轻轻靠在髋部，右手翻掌经胸前至身体右侧与肩同高，指尖朝下，掌型手，眼视正前方；

第 7-8 拍：动作同第 5 拍，节奏两拍一动。

1-4　　5、7-8　　6

图 3-22　第二个八拍

第三个八拍（图 3-23）：

第 1-2 拍：左手向下翻掌经过腹前至右髋前侧，手指尖前伸，右手经体前伸直再向右髋收回，左脚后踢臀部后轻落至右脚前，左转 90°；

第 3-4 拍：左脚踢臀部往前迈步至右脚前，下巴转向左肩，眼睛看左下方，左转 90°；

第 5-6 拍：动作同第 1-2 拍，继续左转 90°；

第 7-8 拍：右脚并左脚，上肢保持不动。

1-2、5-6　　3-4　　7-8

图 3-23　第三个八拍

第四个八拍（图 3-24）：

第 1-2 拍：第 1 拍左脚轻落在右脚旁，身体自然律动配合，第 2 拍左脚后踢臀部，右腿微屈膝弹动，双手举过头顶，指尖相对，抬头看手；

第 3-4 拍：同第 1-2 拍，动作反向；

第 5-6 拍：同第 1-2 拍；

第 7-8 拍：左脚下落并右脚，两臂下举，第 8 拍时转回正前方。

1、3、5、7　　2、6　　4、8

图 3-24　第四个八拍

（三）第三节：4×8 拍加 4 小拍

第一个八拍（图 3-25）：

第 1-2 拍：双脚屈膝并拢向下，弹动一次，同时双手拉至髋两侧，曲掌型，大拇指朝外；

第 3-4 拍：第 3 拍右脚向前虚点地，双膝微屈，左手前举，右手臂上举，双手掌型手朝外；

第 5-6 拍：动作同第 1-2 拍；

第 7-8 拍：动作同第 3-4 拍，动作反向。

1-2、5-6　　3-4　　7-8

图 3-25　第一个八拍

第二个八拍（图 3-26）：

第 1-2 拍：双脚屈膝并拢弹动一次，同时双手收至髋两侧，掌型手朝上；

第 3-4 拍：右脚向右侧伸屈膝点地，左脚膝盖对前稍屈膝，臀部下坐重心落在左脚。转手提腕，左手落至左髋旁边，掌型手朝下，右手斜下举，掌型手，身体稍向右倾，眼视右手；

第 5-8 拍：保持第 3-4 拍舞姿，身体节奏性弹动两次。右手经侧平移至前举，掌型手，眼随手动。

1-2　　3-4　　5-6　　7-8

图 3-26　第二个八拍

第三个八拍（图 3-27）：

第 1-2 拍：右脚向左交叉，同时两手收至髋两侧，曲掌型；

第 3-4 拍：左脚向左侧伸屈膝点地，右脚膝盖对前稍屈膝，臀部下坐重心落在右脚。转手提腕，右手落至右髋旁边，掌型手朝下，左手斜下举，掌型手，身体稍向左倾，眼视左手；

第 5-6 拍：左脚向左斜前上步，右脚屈膝勾脚向后，掌型手，左臂摆至胸前平举，掌心朝右，右手过左手内侧向左上方穿出，手肘架在左手上，掌心朝上指尖朝左前；

第 7-8 拍：左手保持不变，右手继续向下穿，向左前方快速小跑。

1-2　　3-4　　5-8

图 3-27　第三个八拍

第四个八拍（图 3-28）：

第 1-2 拍：双脚并拢立踵，身体对左斜前方，双手掌型收于锁骨之上，指尖朝下手背朝外，眼睛低头看脚；

第 3-4 拍：身体下蹲屈膝并拢，双手经下向前穿至前举，掌型手，前指尖朝上，眼看斜前方；

第 5-8 拍：小碎步快速后退，上肢动作保持不动。

第五个四拍（图 3-29）：

第 1-4 拍：屈膝，以右脚为轴心原地向右转一周，右手架在右髋旁，左手在身体左侧平举，掌型手，指尖朝外侧。

1-2　　3-4、5-8

图 3-28　第四个八拍

图 3-29　第五个四拍（1-4）

（四）第四节：4×8 拍

第一个八拍（图 3-30）：

第 1-4 拍：右脚向右跨步，同时出右胯下坐，屈膝降重心，左腿伸直侧点地。两手向右伸至斜上举，掌型手，掌心朝上，身体向左后方倒，抬头眼睛看手的延长线。第 4 拍完成后抢半拍趁势收左脚并右脚；

第 5-8 拍：向右前迈一步，双手向里翻腕指尖朝下，左手经髋向左摆至侧平举，掌型手，右手摆至右髋前，掌心朝下，指尖朝左，第 8 拍回正。

1-4　　5-6　　5　　7-8

图 3-30　第一个八拍

第二个八拍：

第 1-4 拍：左脚经过右脚，右跨一步，向右转 180°，成左脚屈膝坐胯，右腿伸直侧点地，重心落在左脚。两手向左伸至斜上举，掌型手，掌心朝上，身体后仰，眼视左手。第 4 拍完成后抢半拍趁势收右脚并左脚；

第 5-6 拍：右脚向前迈一步，双手向里翻腕指尖朝下，左手经髋向左摆至侧平举，掌型手。右手摆至右髋前，掌心朝下，指尖朝左；

第 7-8 拍：右脚不动，收左脚，双手下举。

第三个八拍（图 3-31）：

第 1-2 拍：右脚向右跨步，屈膝降重心，重心移至两脚，同时右手往右边推出至侧下举，手臂伸直与髋平，眼视右手；

第 3-4 拍：左腿经屈腿后踢至前交叉上步，屈膝律动，右手回拉至下举；

第 5-8 拍：动作同第 1-4 拍；

1、5　　2、6　　3、7　　4、8

图 3-31　第三个八拍

第四个八拍（图 3-32）：

第 1-4 拍：右脚前伸，前脚掌点地，身体向右转向正前方。同时双手由侧至前举，右手前上举左手前下举，一边转体一边拉至两侧，手肘稍弯曲，掌型手；

第 5-8 拍：左脚经后踢后向左侧上步，过原位快速，半脚掌点地，右脚膝盖对前稍曲，臀部坐在右腿上。转手提腕，右手向右侧拉至左髋旁，掌型手，指尖朝左，左手侧平举，掌型手，身体向左稍倾。

1-4

5-8

图 3-32　第四个八拍

（五）第五节：4×8 拍加 4 小拍

第一至四个八拍动作同第四节，动作相反。

第五个四拍：

第 1-4 拍：以左脚为轴左转两周，左手侧下举置于左髋旁，右手拉至侧平举，掌型手，眼视左手。

（六）第六节：4×8 拍

第一个八拍（图 3-33）：

第 1-2 拍：左脚向左迈步下蹲，同时双手经右落至腹前；

第 3-4 拍：身体向左转 90°，右脚向左脚前伸成半脚掌点地，双膝曲。两手经腹前绕至左手屈臂上举，右手屈臂前下举，嘴型手，“嘴尖”朝内，眼视左手；

第 5-6 拍：双脚膝盖伸直，两手稍下拉，手腕上顶手型后屈，嘴型手的“嘴尖”向上，头转向正前方；

第 7-8 拍：动作同第 3-4 拍。

1-2

3-4、7-8

5-6

图 3-33　第一个八拍

第二个八拍（图 3-34）：

第 1-2 拍：左脚向左迈步，同时臀部向左送，重心移至左脚，稍屈膝，右脚屈膝勾脚侧下举。右手经下顺时针画圆至右下举，掌型手，指尖朝上，手肘朝下，左手拉至斜平举，掌心朝外，身体上仰向右倾，头左转眼视上方；

第 3-4 拍：臀部向右送，左髋，重心回移至右脚，左脚屈膝勾脚内扣，身体前屈向左前倾，眼视左脚，右手并左手，手腕相对，右手掌型手指尖朝下，左手上移至左胸前，掌型手指尖朝上，双手胳膊肘向左右两边打开；

第 5-6 拍：左脚下踩，左脚向左迈步，同时臀部向左送，重心移至左脚，稍屈膝，右脚大拇指轻点地，上肢动作同第 1-2 拍；

第 7-8 拍：右脚并左脚，左转 180°，双手下举，身体稍前压。

图 3-34　第二个八拍

第三个八拍（图 3-35）：

第 1-2 拍：左脚向前迈一步，臀部向左送，重心落至左脚，右脚大脚趾轻点地，双膝稍曲。双手提腕，掌心向上翻开，手指往手腕处向下折叠，双臂经体前伸至斜上举，身体后仰，眼视双臂延长线；

第 3-4 拍：下肢不动，双手经腹前摆至前下举，眼视双手；

第 5-6 拍：以左脚为轴向右转 180°，右脚向后上步，臀部右送，重心落至右脚，手腕在体前绕腕一周，手肘打开朝右，眼视双臂延长线；

第 7-8 拍：重心后移至右脚，左脚屈膝微回收点地。左臂摆至斜下举，右臂摆至上举，掌型手，身体稍向左倾，眼视下方。

图 3-35　第三个八拍

第四个八拍（图 3-36）：

第 1-4 拍：左脚向前上一步，右脚并左脚，左手上举，右手落至腹前下举，掌型手；

第 5-8 拍：屈膝半蹲，第 5 拍至第 7 拍时双手按右、左、右依次在体前绕环，手指并拢，第 8 拍左臂绕至斜上举，右臂绕至斜平举，掌型手。抬头、塌腰、撅臀，眼视左手。

1　　4　　5　　8

图 3-36　第四个八拍

（七）第七节：4×8 拍加 4 小拍

第一个八拍（图 3-37）：

第 1-4 拍：身体右转面对右斜前方，左腿绷脚轻轻前踢，右脚立踵，双脚膝盖伸直，双手从身体左右两侧向前抬起至胸前，掌心朝上；

第 5-8 拍：左脚落在右脚前成踏步位，右脚半脚掌点地，脚后跟朝上，膝盖靠紧，双手往左抹，掌心朝前，左手在上，右手在下，身体和下巴向右边探出，眼视前方。

1-4　　5-8

图 3-37　第一个八拍

第二个八拍（图 3-38）：

第 1-2 拍：右脚向右迈步与肩同宽，同时下蹲身体前倾，背部、颈部拉长伸直，低头眼视下方，双手经胸前向两侧拉开成屈臂平举，掌型手；

第 3-4 拍：左脚收在右脚后成踏步位，左手翻掌经左髋向左前方推直，右手从右髋前拉回至下举屈肘，塌腰、撅臀、抬下巴，双手变成掌型，眼视右前方；

第 5-8 拍：律动颤膝，两拍一动，上体舞姿保持不变。

1-2　　3-8

图 3-38　第二个八拍

第三个八拍（图 3-39）：

第 1-2 拍：左脚后屈踢臀部，双膝屈伸一次，向左转 90°，右手经上举下按至右髋前，左手经下伸至平举再向左侧打开，掌型手，指尖朝外；

第 3-4 拍：右脚后屈踢臀部，双膝屈伸一次，向左转 90°，上肢动作保持不动；

第 5-8 拍：腿部动作同第 1-4 拍，左转 180°面向正前方，右手下按在右髋前，左手伸至侧平举，掌型手，指尖朝外。

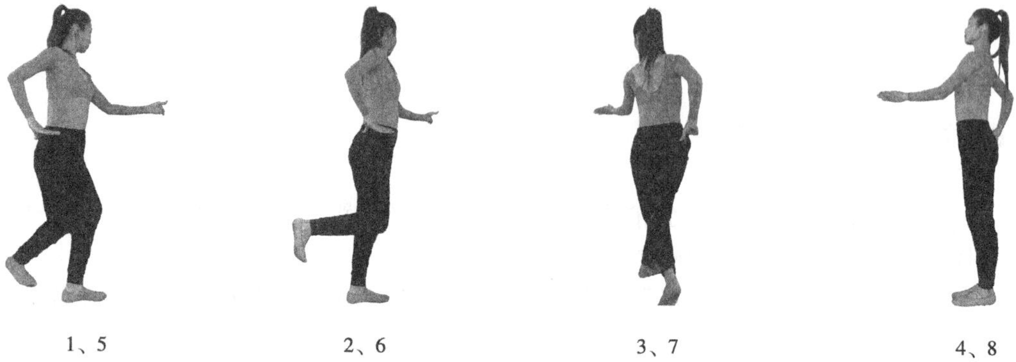

图 3-39　第三个八拍

第四个八拍（图 3-40）：

第 1-2 拍：左脚向左伸，右脚屈膝后踢，双膝弯曲稍内靠，臀部向左侧摆，路线成“U”形，同时双腿屈伸一次，右手下按在右髋前，左手伸至侧平举，掌型手，手上举时提腕，下举压腕，指尖朝外；

第 3-4 拍：动作同第 1-2 拍，方向相反；

第 5-8 拍：动作同第 1-4 拍，方向相反。

图 3-40　第四个八拍

第五个四拍（图 3-41）：

第 1-2 拍：屈腿降重心，两手向左伸下摆至腹前，右脚向左迈一步；

第 3-4 拍：左脚向右侧前方上步，半脚掌点地，双膝屈，重心落在后腿；两手继续上摆，右臂屈臂上举，左臂屈臂体前举，双手嘴形，“嘴尖”朝内，眼视右手。

1-2　　3-4

图 3-41　第五个八拍

（八）第八节：2×8 拍

第一个八拍（图 3-42）：

第 1-4 拍：立踵小碎步快速往左斜后方退，手向外伸开；

第 5-8 拍：两脚并拢，手伸直向左右两边打开后，向中间双手合十于头顶，慢慢下移至胸前。

第二个八拍（图 3-43）：

第 1-8 拍：右脚向旁脚跟点地，膝盖向右打开，左腿微屈。两手经上举向两侧打开，左手斜上举，右手前举，轮指手型；屈膝，重心下降，眼视右前方。

1-4　　5-6　　7-8

图 3-42　第一个八拍

图 3-43　第二个八拍（1-8）

二、技术要点

（1）旋转：原地旋转时两脚的交换频率及步伐大小要一致，旋转状态下位置与重心保持平稳。舞姿优美，梗头沉肩，胸背延伸挺拔。

（2）三道弯：“三道弯”指胸、腰、膝盖三个弯曲弧度，也指手指、手腕、手肘的三个弯曲弧度。成套动作中需要尽可能把“三道弯”表现出来。

（3）膝盖动律：膝盖配合音乐有着不同的动律，有单一向上或向下的动律，有行进中向上或向下的动律。成套动作中需把舞姿与动律协调配合练习。

（4）手脚协调：保持手部造型，表现“三道弯”的舞姿，在此基础上协调上下肢动作。如左右移动或向前向后行进时，整体动作表现悠然自得、行云流水般的感觉。

（5）基本舞姿：梗头，肩、胸延展。手指并拢伸直，大拇指分开，指尖灵气有力度。手腕与手肘灵活，胸腰与腰部线条流畅。膝盖与脚步配合灵活，步伐轻盈灵动。

三、评价标准

分值	评价内容
10—9.0	(1) 熟练掌握成套动作； (2) 动作准确规范，舞姿优美，手型、手位正确，身体姿态与手型都有明显“三道弯”舞姿，旋转、起伏、造型等技术技巧完成好； (3) 音乐与动作协调，节奏清晰，韵律强； (4) 步伐轻盈，膝关节动律好，动作节奏与身体韵律好； (5) 动作完成质量高，成套有良好的表现力。
8.9—8.0	(1) 熟练掌握成套动作，有轻微错误； (2) 动作准确较规范，舞姿较优美，手型、手位正确，身体姿态与手型都有明显“三道弯”舞姿，旋转、起伏、造型等技术技巧完成良好； (3) 音乐与动作较协调，节奏较清晰，韵律好； (4) 步伐较轻盈，膝关节有动律，动作节奏与身体韵律较好； (5) 动作完成质量比较高，成套有较好的表现力。
7.9—7.0	(1) 熟练掌握成套动作，有部分错误； (2) 姿态一般，动作不太规范，舞姿一般，身体姿态与手型都有明显“三道弯”舞姿，旋转、起伏、造型等技术技巧完成一般； (3) 音乐与动作较协调，节奏一般，韵律较好； (4) 膝关节有动律，动作节奏与身体韵律一般； (5) 动作完成质量一般，成套有较为一般的表现力。
6.9—6.0	(1) 成套动作不太熟练，有部分错误； (2) 姿态较差，动作不规范，舞姿一般，身体姿态与手型“三道弯”舞姿不明显，旋转、起伏、造型等技术技巧完成不好； (3) 口令下能独立完成动作，动作不太协调； (4) 动作完成质量较差，成套有一般的表现力。
6.0 分以下	(1) 成套动作不熟练，有多处错误； (2) 动作不规范，技术技巧差； (3) 口令下不能独立完成动作，或者动作很不协调； (4) 动作完成质量差，成套有较差的表现力。

第三节　形体华尔兹

形体华尔兹是形体舞蹈课程第三学期的教学内容，共 8 节，适合具有一定舞蹈基础的学生学习。其练习目的是：(1) 初步了解和掌握形体华尔兹的动作内容、风格及技术特征；(2) 发展身体素质，提高身体协调性、灵活性和平衡性；(3) 强化学生的身体感受力和动作表现力，提高身体的控制能力；(4) 规范姿态，形成良好的气质，塑造形体美；(5) 培养学生的舞感、乐感，提高形体舞蹈专业运动技能。

一、动作做法

预备姿势：提踵直立。

(一) 第一节：左右华尔兹 (8×3 拍)

第 1×3 拍：向左的华尔兹步，左臂摆至侧平举，右臂摆至前举，圆手型，掌心向下；

第 2×3 拍：向右的华尔兹步，右臂摆至侧平举，左臂摆至前举，圆手型，掌心向下；

第 3×3 拍：左脚向左立转 360°，两臂依次经提前绕至三位手上举；

第 4×3 拍：向左的华尔兹步，两臂经右、下摆至左臂侧平举，右臂前举，圆手型，掌心向下；

第 5–8 个 3 拍：同第 1–4 个 3 拍，唯动作反向。

（二）第二节：前进后退华尔兹（8×3 **拍**）

第 1×3 拍：左脚向前的华尔兹步，左臂侧平举手臂波浪一次，挺胸立腰，眼视左手；

第 2×3 拍：右脚向前的华尔兹步，右臂侧平举手臂波浪一次，挺胸立腰，眼视右手；

第 3×3 拍：左脚向前的华尔兹步，左臂侧平举手臂波浪一次，挺胸立腰，眼视左手；

第 4×3 拍：右脚向前的华尔兹步，第 3 拍时右脚并左脚，右臂侧平举手臂波浪一次，挺胸立腰，眼视右手；

第 5×3 拍：左脚向后的华尔兹步，身体略左转，带动左臂体前右臂体后柔和回收，再摆至侧平举，眼视左侧；

第 6×3 拍：右脚向后的华尔兹步，身体略右转，带动右臂体前左臂体后柔和回收，再摆至侧平举，眼视右侧；

第 7×3 拍：同第 5×3 拍；

第 8×3 拍：同第 6×3 拍，唯第 3 拍时右脚并左脚。

（三）第三节：交叉华尔兹（8×3 **拍**）

第 1×3 拍：第 1 拍左脚向左前方上步，重心降至最低点，第 2 拍右脚向前上一小步，升重心，第 3 拍左腿并右腿，重心上升至最高位，同时右转 90°面向 2 点方向；左臂侧平举，右臂经体前绕环至三位手上举，眼视右上方；

第 2×3 拍：同第 1×3 拍，唯右脚向右前上步；

第 3×3 拍：同第 1×3 拍；

第 4×3 拍：同第 2×3 拍，第 3 拍右脚并左脚，右臂摆至上举成三位手，正对前方；

第 5×3 拍：第 1 拍左脚向左后方退一步，重心降至最低点，第 2 拍右脚向后退一小步，升重心，第 3 拍左腿并右腿，重心上升至最高位，同时右转 90°面向 2 点方向；两臂向侧打开再回至三位手上举；

第 6×3 拍：同第 5×3 拍，唯右脚向右后退步；

第 7×3 拍：同第 5×3 拍；

第 8×3 拍：同第 6×3 拍，唯第 3 拍时右脚并左脚。

（四）第四节：综合华尔兹（8×3 **拍**）

第 1×3 拍：向左前的华尔兹步，两臂摆至斜上举，掌心向下；

第 2×3 拍：向右后的后退华尔兹步，左臂摆至腹前一位手，右臂摆至后上举，掌心向下；

第 3×3 拍：左脚向左的华尔兹步，左臂摆至侧上举，右臂摆至下举，掌心朝外；

第 4–6 个 3 拍：同第 1–3 个 3 拍，唯动作反向；

第 7×3 拍：左脚向左的华尔兹步，左臂摆至侧平举，右臂摆至前举，掌心向下；

第 8×3 拍：同第 7×3 拍，唯动作反向。

（五）第五节：转体华尔兹（8×3 **拍**）

第 1×3 拍：左脚向左前上步，左转 90°华尔兹，两臂二位手，眼视前方；

第 2×3 拍：右脚向右后退一步，继续左转 90°华尔兹，两臂三位手，眼视前方；

第 3×3 拍：左脚向左前上步，继续左转 90°华尔兹，左臂经二位手至七位手，右臂三位手不动，眼随左手；

第 4×3 拍：右脚向右后退一步，继续左转 90°华尔兹，右臂经二位手至七位手再绕至三位手上举，左臂摆至三位手，眼随右手；

第 5×3 拍：左脚向前，左转 180°的华尔兹，左臂经体前绕环至三位手上举，右臂不动；

第 6×3 拍：右脚向后退一步，继续左转 180°的华尔兹，右臂经体前绕环至三位手上举，左臂不动；

第 7×3 拍：左脚向前，继续左转 180°的华尔兹，左臂经体前绕环至三位手上举，右臂不动；

第 8×3 拍：右脚向前的华尔兹步，第 3 拍右脚后退并左脚，两臂经下举向侧摆至三位手上举。

（六）第六节：跳步华尔兹（8×3 拍）

第 1×3 拍：第 1 拍左脚抢半拍提左膝向下踩，同时小跳右脚直腿前踢 25°，双臂经前下摆，左臂在腹前一位手，右臂斜上举；第 2 拍右脚顺势往前上步，重心前移上升，双臂保持第 1 拍姿势不动；第 3 拍左脚顺势前跨一小步于右脚前，重心上升至最高位，双臂保持第 1 拍姿势不动；

第 2×3 拍：第 1 拍右脚向左脚前上一小步跳起左转 180°屈膝落地，重心下降至最低点，落地的同时左脚直腿向左斜后方摆至 45°，双臂经腹前交叉成左手臂直臂斜后举、右臂摆至斜上举，上体直立；第 2 拍左脚顺势后退一小步，重心上升，手臂保持第 1 拍姿势；第 3 拍右脚顺势后退一小步于左脚后，重心上升至最高位，手臂保持第 1 拍姿势；

第 3×3 拍：同第 1×3 拍，唯第 1 拍左转 180°；

第 4×3 拍：同第 2×3 拍；

第 5×3 拍：左脚向前的并步跳，两臂侧平举；

第 6×3 拍：右腿前踢跳起，向左转体 180°变身跳，左腿屈膝落地缓冲，右腿直腿后举，两手臂后引经前摆至三位手上举；

第 7×3 拍：右脚向右跨一步屈膝下蹲，左脚靠拢右脚，大脚趾点地，重心落在右脚上，右手臂自然下垂，左手臂上举，掌心朝外；

第 8×3 拍：第 1 拍左脚向左跨一步成左弓步，左臂经提前绕环至侧平举，掌心向下，右臂自然下落至斜下举；第 2 拍左腿蹬回，重心回移；第 3 拍左腿并右腿，两臂回收下举。

（七）第七节：8×3 拍

第 1×3 拍：左脚向左开立，两腿经屈后伸直，重心移至左脚，右脚侧点地；身体略向左转，左手臂体后下举，右手臂提前下举，眼视左前方；

第 2×3 拍：同第 1×3 拍，唯动作反向；

第 3×3 拍：左脚向左迈一步，向左立转 360°，两手臂一位手下举；

第 4×3 拍：同第 1×3 拍；

第 5–8 个 3 拍：同第 1–4 个 3 拍，唯动作反向。

（八）第八节：结束（8×3 拍）

第 1×3 拍：左脚向左开立，两腿经屈后伸直，重心移至左脚，右脚侧点地；两手臂经前交叉向侧打开成侧平举，掌心朝上，眼视左手；

第 2×3 拍：右腿向左后伸成交叉步，身体前倾，屈膝略下蹲；右手下落至腹前，掌心朝内，左手体后，掌心朝后；

第 3×3 拍：右脚向右擦地成侧点地，两腿伸直，重心落在左脚上，两臂向侧打开成侧平举，掌心朝下，眼视左手；

第 4×3 拍：右脚擦地收回成左丁字步，两臂下举；

第 5–8 个 3 拍：同第 1–4 个 3 拍，唯动作反向。

二、技术要点

（1）华尔兹动作优雅、变化多样，有向前、向后、向侧、转体和跑、跳的华尔兹步等。基本华尔兹步由一个弹簧步和两个足尖步组成，要求重心的升降自然、圆润流畅，动作连贯、起伏柔和，保持重心的稳定和步法的滑动性。

（2）华尔兹发力和推动平稳柔和有控制，先降重心后出腿，脚步移动的同时重心随之跟随。整体的动作要求重心升降协调连贯、动作柔和舒展。

（3）华尔兹的第一步，先降重心后出腿，迈腿时前腿（动力腿）沿着地面经直腿伸的过程，且脚趾落地时还要有一种再往前伸的延长感，蹬后腿（主力腿）跟随，有一种蹬跨的感觉但是不能跳跃。

（4）掌握好节奏。抢半拍降重心出腿，第 1 拍时腿已迈出，第 2 拍重心上升，双膝还处在稍屈的状态，第 3 拍的前半拍重心至最高点，随即在后半拍降重心。注意重心在最高点时提踵，膝关节挺直，但不要僵硬，控制身体的平衡。

（5）保持正确的身体姿态。头部端正，后背挺拔，上半身放松。

（6）重心的升降与呼吸相结合。升重心时吸气，降重心时呼气。

三、评价标准

分值	评价内容
10—9.0	（1）熟练掌握成套动作； （2）姿态优美，动作准确规范，华尔兹步及身体重心起伏技术正确，不同方向的华尔兹步、转体、变身跳等动作技术合理； （3）音乐配合好，动作连贯、柔和、协调、有控制； （4）动作完成质量高，成套有良好的表现力。
8.9—8.0	（1）熟练掌握成套动作，有轻微错误； （2）姿态良好，动作较为准确规范，华尔兹步及身体重心起伏技术较正确，转体、变身跳等动作技术较为合理； （3）音乐配合良好，动作较为协调； （4）动作完成质量比较高，成套有较好的表现力。
7.9—7.0	（1）能比较熟练的完成成套动作； （2）姿态优美，动作较为准确，华尔兹步及身体重心起伏技术一般，不同方向的华尔兹步、转体、变身跳等动作技术较为合理； （3）音乐配合尚可，动作有停顿，但未失去控制； （4）动作完成质量一般，成套有闪光点。

续表

分值	评价内容
6.9—6.0	（1）成套动作不太熟练，有部分错误； （2）姿态一般，动作不太规范，华尔兹步不太协调； （3）口令下能独立完成动作，动作不太协调； （4）动作完成质量较差，成套表现一般。
6.0 分以下	（1）成套动作不熟练，有多处错误； （2）姿态差，动作不规范，华尔兹步技术不合理； （3）口令下不能独立完成动作，或者动作很不协调； （4）动作完成质量差，成套有较差的表现力。

第四节　形体爵士舞

形体爵士舞是形体舞蹈课程第四学期的教学内容，共 8 节，适合具有良好舞蹈基础的学生学习。其练习目的是：（1）初步了解和掌握形体爵士舞的基本理论知识、动作内容、风格及技术特征；（2）通过形体爵士舞动感、干净利落、复杂多变的身体动作，提高学生的节奏感、协调性和表现力，激发学生对舞蹈的练习兴趣；（3）提高学生创造美、表现美的意识和能力；（4）规范姿态，形成良好的气质，塑造健美体型；（5）培养学生的舞感和乐感，提高形体舞蹈专业运动技能。

图 3-44　预备姿势

一、动作做法

预备姿势（图 3-44）：脚跟靠拢，“小八字”站，提踵。双手背在体后，五指并拢，掌心朝后，沉肩开胸，抬头正视前方。

（一）第一节：4×8 拍

第一个八拍（图 3-45）：

第 1-4 拍：左右脚交替向前，屈膝降重心，膝盖朝外；双手背在体后，双肩交错前顶，眼视前方；

1-4　　5-6　　7-8

图 3-45　第一个八拍

第5-6拍：第5拍左脚向前弹踢至斜下举，右脚直膝提踵。左手背在体后，右手经前拉至上举，稍压腕，掌心朝前，下颚由低头再上抬；第6拍左脚并右脚屈膝下蹲，两臂下举；

第7-8拍：同第5-6拍，唯动作反向。

第二个八拍（图3-46）：

第1-2拍：左脚向左侧屈膝点地，屈膝下蹲，重心在右脚，左臂体侧下举，掌心朝内，右臂上举，掌心朝外，眼视左下方；

第3-4拍：重心左移，左脚直立，右脚在旁直膝点地，身体微屈，右手经侧至斜下举，左手上举，掌心朝外，眼视右下方；

第5拍：右脚直膝立踵，左脚侧下举，左手斜下举，右手斜上举，身体直立，眼视前方；

第6拍：右腿屈膝下蹲，左腿屈膝前点地，屈左臂腹前斜下举，屈右臂胸前斜上举，右手摸左肩；

第7-8拍：左胯向前上方顶，右脚伸直，左脚膝盖向内旋，身体正对前方，第8拍同第6拍。

1-2　　3-4　　5

6、8　　7

图3-46　第二个八拍

第三个八拍（图3-47）：

第1-2拍：重心前移至左脚，右脚并左脚；两臂向侧伸展成侧平举，掌心向下；

第3-4拍：身体向左倾斜，眼睛看向左下方，右手绕头逆时针绕一圈，左手胸前弯曲，双手掌心朝下；

第5-7拍：重心至左脚，左膝弯曲，右脚在旁屈膝点地，身体保持直立，左手肘关节朝下、手掌朝上托，左手保持不动，右手向左手击掌三次，击掌位于肩水平延长线，击掌时左臂向下弹动；

第 8 拍：保持第 7 拍姿势不动。

1-2　　3-4　　5-8

图 3-47　第三个八拍

第四个八拍（图 3-48）：

第 1-4 拍：右脚向后滑步，左脚直膝前点地，身体转至右侧，右臂经提前绕至上举，掌心朝外，左臂一位下举；

第 5-8 拍：身体左转至正前方，右脚转回微下蹲，左脚向左转虚点地，重心落在右脚，右手下举，左臂经侧上举，掌心朝外。

1-4　　5-8

图 3-48　第四个八拍

（二）第二节：4×8 拍

第一个八拍（图 3-49）：

第 1-2 拍：左脚踩地直膝立踵，右脚提膝，大脚趾紧贴左膝内侧，膝盖朝左前方，塌腰撅臀；右手别在右臀上，掌心朝外，左手经屈前伸，成屈臂前举，压腕，掌心朝下，身体朝向左前方，眼视正前方；

第 3-4 拍：同第 1-2 拍，唯动作反向；

第 5-6 拍：左脚前交叉踩地，右脚向侧迈步，移重心向右撅臀塌腰直腿，身体前压；双手腹前互握，直臂下压，身体朝向左前方，眼视前方；

第 7-8 拍：同第 5-6 拍，唯动作反向。

1-2　　3-4　　3-4　　7-8

图 3-49　第一个八拍

第二个八拍（图 3-50）：

第 1-2 拍：左脚向右前方屈膝点地，右腿直立，膝盖朝右前方；上体正对前方微后仰，五位手；

第 3-4 拍：左脚左旋至右斜方踩地直立，右脚并左脚，屈腿脚尖点地，身体面向右前方，左臂体侧下举，右臂经后绕至三位手上举，掌心朝前，下颚微抬；

第 5-6 拍：下肢不动，右手触右肩；

第 7-8 拍：右膝屈膝内扣，左腿微屈，上体前压，右臂沿体侧至下举，左臂向下伸，指尖朝下，眼视地面。

1-2　　3-4　　5-6　　7-8

图 3-50　第二个八拍

第三个八拍（图 3-51）：

第 1-2 拍：右脚向后退一步，右手大绕环至体侧下举，身体直立稍右转，眼视右后方；

第 3-4 拍：左脚向左侧迈步踩地，右脚向右屈膝踩一小步，重心移至右脚，左臂经侧摆至前举，掌心朝外，右臂下举；

第 5-6 拍：左脚并右脚屈膝点地，右腿伸直，双腿膝盖朝右前；屈右肘压手屈腕置于右额前，左肘微屈手腕置于左臀部上方，抬下巴，眼视右前方；

第 7-8 拍：双脚立踵，向左转动 90°，面向左前方；重心移至左脚，右脚并左脚屈膝点地，双脚膝盖朝向左前。左臂侧上举，掌心朝前，右臂下举，掌心朝后。

1-2　　3-4　　5-6　　7-8

图 3-51　第三个八拍

第四个八拍（图 3-52）：

第 1-2 拍：左脚立踵，右脚提膝经后向前小弹踢，撅臀立腰，上体前探；右手经后预摆后直臂前摆，掌心朝下，左臂弯曲手指搭在右肘处，眼视右手；

第 3-4 拍：右脚向前迈步，左脚并右脚，提踵，两臂经下向侧打开，掌心朝下；

第 5-8 拍：足跟步后退，身体转正面向前方，双臂波浪；第 8 拍脚跟落地，双脚“小八字”，双臂落于体侧。

1-2　　3-4　　5-8

图 3-52　第四个八拍

（三）第三节：6×8 拍

第一个八拍（图 3-53）：

第 1-4 拍：向右两次并步走，迈步时勾脚小弹踢，脚跟着地，左脚直膝，向左后撅臀，重心在左脚，并步时双脚弯曲，收臀；左手弯曲背于后背，掌心朝后，右手从左脸颊绕至右脸颊，第 3 拍经侧下落，掌心向上，第 4 拍顺势下举；

第 5 拍：左脚屈膝侧点地，双膝略曲，重心落在右脚；左手搭在右肩，肘关节抬起，眼视左手；

第 6 拍：双腿直向左顶胯，左手拉至左肩，肘关节与肩同高，手肘朝向左侧；

第 7-8 拍：掌心回落至右腿，双脚弯曲，双手下举。

1　　2、4　　3

5　　6　　7-8

图 3-53　第一个八拍

第二个八拍（图 3-54）：

第 1-2 拍：左右脚向前走两步，重心稍下降，右左手依次搭在左右肩，肘关节距胸部约一拳；

第 3 拍：左脚前点地，双臂经前拉至上举，掌心朝前；

第 4 拍：左脚屈膝，重心回落至右脚，双臂经前落至体侧下举，掌心朝后，挺胸立腰；

第 5-7 拍：向前依次顶胯回座，上体保持不动；

第 8 拍：趁势向右转 180°，重心落在右脚，两腿伸直，双手置于体侧。

1　　2　　3

4、6　　5、7　　8

图 3-54　第二个八拍

第三个八拍（图 3-55）：

第 1-2 拍：左右脚向前上两步；

第 3 拍：右手上举，掌心朝内，身体微微前倾；

第 4 拍：以右脚为轴向左转体 180°面对正前方，左脚屈膝前点地，下蹲；右手摸左耳抱头，肘关节在头顶上方；

第 5 拍：左手背贴右脸颊，肘关节朝下；

第 6 拍：双脚保持不变，哒拍时左肘向上抬起，指尖不变，右手下拉，双手弯曲于胸前，左上右下，掌心朝下；

第 7-8 拍：左脚向前点地，右脚直膝，双手向侧打开成右手斜下举，左手左斜上举，掌心朝下，眼视右手；第 8 拍左脚并右脚，双手下举。

图 3-55　第三个八拍

第四至第六个八拍：同第一至第三个八拍，唯动作反向。

（四）第四节：4×8 拍

第一个八拍（图 3-56）：

第 1-2 拍：登山步，右腿屈膝内扣，向左顶髋，身体稍前屈，收腹直背，双臂向右侧摆至斜下举；

第 3 拍：同第 1-2 拍，方向相反，节奏为一拍一动；

第 4 拍：同第 1-2 拍，唯节奏变为一拍一动；

第 5-6 拍：登山步，左膝内扣，右手摸左肩，手肘离胸一拳距离，左臂下举，手腕搭在左臀上；

第 7-8 拍：登山步，右膝内扣，左臂屈肘上举，屈手腕，手背碰左额，稍低头，右臂下举，右手手腕背于右臀上。

1-2、4　　3　　5-6　　7-8

图 3-56　第一个八拍

第二个八拍（图 3-57）：

第 1-2 拍：右脚上步直膝立踵，提左膝，身体稍向右转，双手下举，掌心朝后；

第 3-4 拍：左脚落地屈膝，右脚直膝侧点地，身体转向正前方，右手经侧摆至前举，掌心朝外；

第 5-6 拍：左脚直膝立踵，提右膝，双膝朝向左前方，左臂上举，掌心朝前，右臂下举，掌心朝后；

第 7-8 拍：右脚落地屈膝，左脚直膝侧点地，身体向左倾；双手背在体后，眼视左脚。

1-2　　3-4　　5-6　　7-8

图 3-57　第二个八拍

第三、四个八拍：同第一、二个八拍，唯动作反向。

（五）第五节：4×8 拍

第一个八拍（图 3-58）：

第 1-3 拍：身体向右转 90°，右脚向右走三步，双臂斜下举；

第 4 拍：哒拍时，左脚前踢至斜下举，右脚直膝、立踵；第 4 拍是左小腿回勾，撅臀，身体前倾，眼视前方；

第 5-8 拍：同第 1-4 拍，唯动作反向。

1、3　　2　　哒　　4

5、7　　6　　哒　　8

图 3-58　第一个八拍

第二个八拍（图 3-59）：

第 1-4 拍：向右后走四步，双臂体侧自然摆动，第 4 拍转正面对正前方；

第 5-6 拍：左脚屈膝，右脚向后伸，直腿点地，上体前倾；左臂向后拉成斜下举，右臂前伸成上举，掌心朝下，眼视地面；

第 7 拍：左脚直膝，右脚并左脚，屈膝，右臂直臂向后绕环至下举，左臂向前绕至上举；

第 8 拍：左脚屈膝，右脚挺直，身体前屈，双臂继续绕环至左臂斜下举，右臂摆至下举，指尖向下，眼视右手。

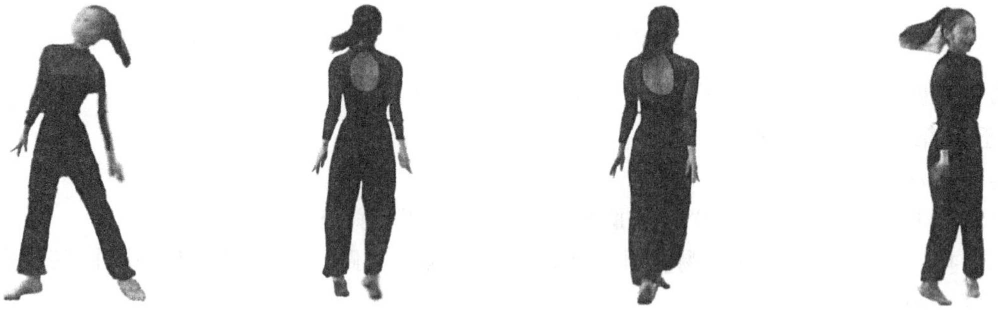

1　　2　　3　　4

5-6　　7　　8

图 3-59　第二个八拍

第三个八拍（图 3-60）：

第 1-2 拍：右脚向右迈步成弓步，左脚直膝侧点地，两臂经前摆至上举，掌心朝前，身体向右倾，眼视右前方；

第 3 拍：左脚收回踩地成马步，双手抱头，肘关节朝外，眼视左下方；

第 4 拍：下肢不动，上体稍前屈，双手主动下伸至前下举，指尖朝下，掌心相对；

第 5-6 拍：第 5 拍左脚向左后退一小步，第 6 拍右脚向右后退一小步；

第 7-8 拍：左脚向后迈步，右脚屈膝回收小腿，身体面向 7 点方向，双手成一位手下举。

1　　2、3　　3-4

5　　6　　7-8

图 3-60　第三个八拍

第四个八拍（图 3-61）：

第 1-4 拍：上右脚，以右脚为轴立转 360°；左手下举，右手挥臂经前、侧至上举，掌心朝外；

第 5-8 拍：左脚趁势向右前上步，屈膝点地，右腿伸直，双膝朝右前方；身体正对前方稍后仰，挺胸立腰，左臂摆至侧平举，右臂上举，掌心朝外，眼视左手延长线。

1-4　　5-8

图 3-61　第四个八拍

（六）第六节：4×8 拍

第一个八拍（图 3-62）：

第 1-2 拍：左脚在前并步跳，两臂侧平举，掌心向下；

第 3-4 拍：第 3 拍左脚自右至左“片腿”，两臂经三位手向两侧打开成侧下举；第 4 拍左脚并右脚，双臂下举；

第 5-8 拍：右脚向左前方上步，左脚并右脚，屈膝；身体由挺胸抬头至含胸低头，上体前屈。双臂经侧下摆至体前下举，指尖朝下。

1　2　3　4　5-8

图 3-62　第一个八拍

第二个八拍（图 3-63）：

第 1-2 拍：左膝挺直，右腿屈膝内扣，两手互握直臂压掌于体前，转头看向正前方；

第 3 拍：同第 1-2 拍，唯动作反向；

第 4 拍：同第 1–2 拍动作；

第 5–6 拍：右脚向右后退一步，重心后移至右腿，左腿屈膝前顶，左手后背，右手弹左肩两次；

第 7–8 拍：同第 5–6 拍，唯动作反向。

1–2、4　　3　　5–6　　7–8

图 3–63　第二个八拍

第三个八拍（图 3–64）：

第 1–2 拍：右脚向前上步，以右脚为轴单腿转体 405°；双手经侧至头顶上方做“手花”；

第 3–4 拍：左脚并右脚屈膝，双手的“手花”从头顶拉至左胯前，转肩，身体正对前方；

第 5–6 拍：左脚向正前迈步，直膝立踵，右脚吸腿，脚尖内扣，“手花”从左髋向下弧形摆至右髋前；

第 7–8 拍：同第 5–6 拍，唯动作反向。

1–2　　3–4　　5–6　　7–8

图 3–64　第三个八拍

第四个八拍（图 3–65）：

第 1–2 拍：左脚向右前小弹踢，臀部向后撅臀，身体正对前方；

第 3–4 拍：左脚落地屈膝，右脚直膝侧点地，两手臂经侧摆至左手后背，右手搭左肩，眼视右前方；

第 5–8 拍：保持第 3–4 拍姿势，以左脚为轴向左转体 360°但身体直立，右脚在 7 点、5 点、3 点方向依次点地。

1-2　　3-4　　5-8

图 3-65　第四个八拍

（七）第七节：6×8 拍

第一个八拍（图 3-66）：

第 1-2 拍：右脚后退一步直立，左脚脚尖点地，双手经侧至胸前交叉，肘关节抬起；

第 3-4 拍：左右脚依次向侧踩地成开立，双手经前拉至上举，掌心朝前；

第 5-8 拍：左脚向侧屈膝点地，右脚直腿侧点地；身体向右侧屈，双手同时顺时针绕半圈，交叉前举搭肩，肘关节抬起与肩同高。

1　　2　　3-4　　5-8

图 3-66　第一个八拍

第二个八拍（图 3-67）：

第 1 拍：右脚向左并步跳，左脚前踢腿下举，身体左转 90°后仰，左臂下举，右臂向前伸，前举，掌心朝上；

第 2 拍：左脚前踩地，重心前移，右腿后下举，右手回收摸右肩；

第 3-4 拍：右脚小跳落地，左脚下举抬腿，向左转体 270°，身体正对前方，双手下举；

第 5-6 拍：左脚落地屈膝，右脚直膝由后擦地划圈至旁侧，右臂经侧摆至前举；

第 7 拍：同第 5-6 拍，唯动作反向；

第 8 拍：左脚并右脚，双手下举。

1

2

3-4

5-6

7

8

图 3-67　第二个八拍

第三个八拍（图 3-68）：

第 1-2 拍：右脚向右迈步屈膝，左腿直膝侧点地，身体向右倾斜，形成一条直线，右臂侧平举，掌心朝下，左臂下举；

第 3 拍：两腿伸直，重心回移在两腿间，左臂侧平举，掌心朝下；

第 4 拍：右脚屈膝，左脚吸腿，身体前屈，双手抱左腿；

第 5-6 拍：左脚向侧小踢，右脚屈膝降重心，身体向右倾斜，形成一条直线，双臂经侧摆至上举，掌心朝前；

第 7-8 拍：向左转体 180°背对正前方，左右脚依次落地并脚，双臂下举。

1-2

3

4

5-6

7-8

图 3-68　第三个八拍

第四、五、六个八拍：同第一、二、三个八拍。

（八）第八节：4×8 拍

第一个八拍（图 3-69）：

第 1 拍：右脚直膝立踵，左脚屈膝 90°勾脚旁举腿，左臂侧平举，掌心朝后，右臂屈肘侧平举，掌心朝前；

第 2 拍：右脚后交叉踩地，屈膝，右臂侧平举，掌心朝后，左臂屈肘侧平举，掌心朝前；

第 3 拍：左脚直膝立踵，右腿侧踢成侧下举，左手上举，右手下举，掌心朝左；

第 4 拍：右脚向前踩地交叉，屈膝降重心，双臂下举；

第 5-6 拍：左脚向前迈步，重心前移；右手绕头逆时针一圈，左手与胸前平穿至侧平举；

第 7-8 拍：右脚并左脚，右手下举，左手经侧上举，掌心朝外，下颚从低头至抬头。

1

2

3

4

5-6

7-8

图 3-69　第一个八拍

第二个八拍（图 3-70）：

第 1-6 拍：以左脚为轴左转 360°，右脚在 7 点、5 点、3 点方向依次侧点地，同时顶右髋，左右手屈肘上举，成左手在上右手在下，掌心朝下；

第 7-8 拍：右脚并左脚正对前方，左手小臂向内旋、掌心朝内，右手手掌绕左手手掌顺时针一圈，掌心朝内。

1-6　　7-8

图 3-70　第二个八拍

第三个八拍（图 3-71）：

第 1 拍：面向右前方直膝立踵，左脚前吸腿；左臂侧平举，右臂上举，掌心朝外，身体正对前方；

第 2 拍：左脚向前交叉踩地，双腿屈膝降重心；左手肘关节弯曲朝下、压腕，右手屈肘、手指搭于左手肘关节；

第 3 拍：左脚直膝立踵，右脚侧踢；左臂屈肘手指扶于脑后，右臂右下举，掌心朝上；

第 4 拍：同第 2 拍，唯动作反向；

第 5 拍：左脚迈步成开立，顶左胯，左手搭在右肘上，右手搭左肩，肘关节与肩同高；

第 6 拍：向右顶胯左手不动，右手经锁骨搭在右肩；

第 7-8 拍：向左顶胯，身体转向右前方，然后向右脚前屈，双手叠掌向下压，掌心朝下。

1　　2　　3

4　　5　　6　　7-8

图 3-71　第三个八拍

第四个八拍（图 3-72）：

第 1-4 拍：右脚屈膝，重心在右脚，左脚勾脚侧点地，双手向侧打开至左臂斜上举、右臂斜下举，双手掌心朝前，眼视右手；

第 5-8 拍：左脚直立，右脚并左脚屈膝点地，面向左前方；右手经前摆至前上举，掌心朝上，左手手指搭在右肘上。

1-4　　5-8

图 3-72　第四个八拍

二、技术要点

（1）形体爵士舞是形体训练与现代爵士相结合的身体表现形式。练习成套动作时，身体姿态、手型、站姿、脚尖、脚背等均以形体训练为标准，强调动作的延伸制动。力量、技巧、协调、呼吸、控制和谐统一。

（2）顶肩、振胸、扭腰、送胯等身体动作协调，妩媚大方。舞姿优美，位置准确，造型舒展，身体曲线流畅柔美。

（3）动作节奏鲜明、律动，韵味十足，有鲜明的动作个性和表现风格。

（4）动作的完成与音乐节拍协调一致，动作的表达与音乐的情感相融合。

（5）动作发力干净利落，到达位置后有短暂的停顿制动，动作有韧劲。

（6）大踢腿、跳跃、转体等技巧动作发力正确，动作完成幅度大、规格高。

三、评价标准

分值	评价内容
10—9.0	（1）熟练掌握成套动作； （2）姿态优美，动作干净利落，力度好，爆发力强； （3）节奏动感，送胯、扭腰、振胸与手臂与腿部动作自然协调； （4）动作完成质量高，成套有良好的表现力，极富感染力。
8.9—8.0	（1）熟练掌握成套动作，有轻微错误； （2）姿态良好，动作较为干净利落，力度较好，有爆发力； （3）节奏好，送胯、扭腰、振胸与手臂、腿部动作比较协调； （4）动作完成质量比较高，成套有较好的表现力，有感染力。

续表

分值	评价内容
7.9—7.0	（1）熟练掌握成套动作，有部分错误； （2）姿态一般，动作发力软，力度一般； （3）节奏一般，大部分送胯、扭腰、振胸与手臂、腿部动作协调； （4）动作完成质量一般，成套有一般的表现力。
6.9—6.0	（1）成套动作不太熟练，有部分错误； （2）姿态一般，动作不太规范，动作不干净，力度差，基本没有爆发力； （3）口令下能独立完成动作，动作不太协调； （4）动作完成质量较差，成套有一般的表现力。
6.0 分以下	（1）成套动作不熟练，有多处错误； （2）动作不规范，发力不正确，动作没有力度，基本不协调； （3）口令下不能独立完成动作，或者动作很不协调； （4）动作完成质量差，成套有较差的表现力，没有感染力。

第四章　形体舞蹈身体素质及其训练

身体素质是进行形体舞蹈活动的基础，是学习与掌握动作技巧、提高技术水平的前提与保障。形体舞蹈不仅需要学生具有一般性的身体运动能力，还应具备特殊的能力和素质，这是由各类舞蹈动作和技巧的需求所决定的。只有具备良好的身体素质和运动能力，才能更好地运用和控制身体，因此身体素质是形体舞蹈课程的基础。

良好的身体素质是完成形体舞蹈动作技巧的基础，是形成高质量技术的关键。作为直接影响形体舞蹈动作技术水平的主要因素，如力量、柔韧、稳定等身体素质的发展水平，对形体舞蹈动作技巧的学习与掌握和技术的提高起着决定性的作用。因此，身体素质既是学生进行形体舞蹈练习的前提和保证，又是学生进行形体舞蹈练习追求的目标。同时，要想掌握好形体舞蹈动作技巧和提高技术水平，就需要足够的肌肉力量、平衡能力、爆发力、耐力、神经肌肉的协调性、关节的柔韧性等。有了这些良好的素质条件，就能降低运动损伤的发生率及其严重程度。本章将对力量素质、柔韧素质、核心稳定性与控制等专项身体素质进行重点阐述。

第一节　力量素质

任何形体舞蹈动作都需要肌肉力量，力量素质是形体舞蹈身体素质中的一项重要素质。形体舞蹈教学训练中，传统的肌肉力量的训练主要采用自重训练，即借助自己身体的重量来进行训练。

一、力量素质训练内容

（一）下肢的力量训练

“站”是形体舞蹈训练的开端，没有正确的“站”就没有正确的“蹲”，没有正确的“蹲”就不会有好的“跳”。没有正确的“站”就没有合理的身体重心和稳定性，也就不会有好的翻身、旋转和正确的舞姿。因此“站”是一切动作的基础，培养正确的站立姿势是形体舞蹈训练中最基本的专业要求，而良好的站姿需要一定的下肢力量做保障。

下肢力量训练是形体舞蹈训练的重要内容。下肢具有良好的支撑力，才能使步伐、转体等动作重心稳定；下肢爆发力好，才能完成各类跳跃动作；下肢弹跳力好，则跳得高、跳得快，空中动作滞空长，落地动作轻盈稳定。下肢的力量训练可通过踢腿、下蹲、跳跃等动作来练习。

（二）身体其他部位的力量训练

肩、手臂的力量训练内容包括提肩、沉肩、肩部绕环、压肩胛带、后拉肩胛带、手臂屈伸、手臂绕环等，这些练习可以有效发展肩、手臂的速度性力量、静力性力量。髋部力量训练内容包括髋部侧压、髋部转动等内容，完成时要求髋部做最大限度的练习。形体舞蹈练习中身体中段的控制能力即核心稳定性是一项重要的基础能力，是保证形体舞蹈动作完成的必要条件，可采用传统的腹背肌练习来加强腹背部力量，通常这类练习主要发展动力性力量。

二、力量素质训练的要求及方法

（一）力量素质训练要求

1. 力量训练的动作幅度要大

肌肉力量与肌肉长度成正比，肌纤维在一定范围内拉得越长，肌肉收缩产生的力量就越大。练习时，肌肉应先从伸展开始，这有利于肌纤维拉长。被动拉长的肌肉长度可达到肌肉松弛状态的1.6倍。肌纤维可收缩到正常状态下长度的一半，由此可见，肌纤维最大限度拉长与缩短存在一个较大的范围，练习动作的幅度越接近这个范围值，表现出的力量就越大。

2. 力量训练要松、紧结合

肌内收缩能力，不仅取决于肌纤维的收缩能力，也与肌纤维的机械力有关。如果肌肉只能收缩不能放松，会使肌纤维失去弹性，变得很硬；肌内阻力增大，降低克服外阻力的能力，使大脑皮层对肌肉调节受到影响，机体提早进入疲劳状态。如果使肌内能量物质消耗多，则影响恢复与超量恢复，这样肌力增长会受到影响。所以，训练必须采用必要的放松措施和恢复手段，使肌肉有张有弛，松、紧结合，使肌肉力量得到有效发展。

3. 防止体重增加，肌肉变粗

在提高力量素质的同时，还要尽可能保持练习者的体重和体形。因此在进行形体舞蹈力量训练时，一般采用训练负荷大、练习重复次数少、动作速度快的方法，同时注意保持姿态的正确。有控制的练习，会使力量增大，但不会使肌纤维及体重增加。

4. 力量训练要结合柔韧性、灵活性训练

形体舞蹈动作的完美不仅需要肌肉有力量，而且还要求肌肉的柔韧性与关节的灵活性。柔韧性和灵活性的提高有利于力量的发挥，所以在力量训练时要结合柔韧性、灵活性训练。例如，在进行“擦地”和“小踢腿”等动作前，如果先进行坐地踝关节部位的勾、绷练习，就会增强“擦地”和“小踢腿”等动作的效果。应注意将静力性练习与动力性练习相结合，力量练习后要配合松弛和伸长肌肉的练习，以保证肌肉线条的优美。

（二）力量素质训练方法

腿部力量训练：平直下蹲训练、两脚前后开立下蹲训练、提踵训练等；

腰背部力量训练：双人背对背训练、俯撑抬腿训练、俯卧抬异侧腿和手臂训练等。

第二节　柔韧素质

柔韧素质是形体舞蹈训练中最为重要的素质之一，练习者的肩、腰、髋、腿等部位均需要具备特殊的柔韧性，才能在形体舞蹈中表现出大幅度的活动范围，凸显形体舞蹈动作优美舒展的特性。柔韧性差的人，不仅会影响动作技能的掌握，还会限制力量、速度、协调能力的发挥，也会造成肌肉、韧带损伤。在形体舞蹈训练中，既要解决练习者的软开度问题，又要重视练习者的韧性问题，体现出柔中有刚和刚中有柔的效果。

一、形体舞蹈柔韧素质训练内容及方法

（一）形体舞蹈训练中发展柔韧素质的主要身体部位

形体舞蹈柔韧素质训练的主要部位包括肩关节、膝关节、髋关节、踝关节、脊柱等。

1. 肩关节

肩关节是关节中最灵活、活动幅度最大的关节，形体舞蹈上举、绕环等动作对肩关节的灵活性要求较高。发展肩关节柔韧素质的练习主要有主动或被动地压肩、拉肩、吊肩、转肩等。如手扶肋木的体前屈压肩、背对肋木双手上握向前的拉肩，在单杠或吊环上做各种握法的悬垂、借助绳或木棍的转肩练习。

2. 膝关节

膝关节的柔韧素质训练主要是练习腿部后部肌群的伸展性，发展屈膝能力主要是练习腿部前部肌群的伸展性，教学中常采用座位体前屈来锻炼膝关节的柔韧性。

3. 髋关节

髋关节的柔韧素质训练主要通过前后、左右开胯的动作来练习。膝关节和髋关节的柔韧素质训练常常结合在一起，称为腿部柔韧练习。教学中经常采用的练习有主动或被动的压腿、踢腿、劈腿等。

4. 踝关节

踝关节的柔韧素质训练主要体现在脚背柔韧性的锻炼。形体舞蹈训练中，常采用各种后足背的练习，如采用跪坐姿势，借助自身重量作用在脚背是锻炼脚背柔韧性的常用方法。

5. 脊柱

脊柱的柔韧素质训练包括颈椎、胸椎、腰椎的柔韧训练。颈椎柔韧训练主要采用头前后屈、左右侧屈、左右转动及绕环的练习方法；胸椎和腰椎的柔韧训练常结合在一起，主要采用下腰、甩腰、体前屈等练习方法。

（二）形体舞蹈训练中发展各关节柔韧性的具体方法

柔韧素质训练方法主要包括静力性拉伸和动力性拉伸。静力性拉伸是指缓慢地将肌肉、韧带拉伸到一定酸、胀、痛的感觉位置停留一定时间的练习方法。如把杆控腿、下后腰后的静止等。这种方法又分为主动和被动两种。主动的静力性练习，是在动作最大幅度的情况下依靠自身肌肉力量保持静止姿势；被动的静力性练习，是依靠另一人的助力来保持固定的，这种练习一般要求在酸、胀、痛的位置停留 6 至 8 秒，重复 6 至 8 次。动力性拉伸是指有节奏的、速度较快的、幅度逐渐加大的多次重复一个动作的拉伸方法，如连续踢腿、向后甩腰等。这种方法也有主动和被动两种。动力性练习时用力不宜过猛，幅度一定要由小到大，先做几次小幅度的预备拉长，然后加大幅度，从而避免拉伤。每个练习重复 5 至 10 次。

柔韧素质的发展应从各项目的特点出发，有目的、有选择地进行，以下根据教学训练体会，提供一些发展柔韧素质的方法，供形体舞蹈练习者训练时参考。

1. 肩关节柔韧性练习

（1）压肩：手扶一定高度体前屈压肩；双人手扶对方肩，体前屈直臂压肩；面对墙一脚距离站立，手、大小臂、胸触墙压肩（逐渐加大脚与墙的距离）；练习者背对横马并仰卧在鞍马上，另一人在后面扶着练习者上臂下压；两人互相以手搭肩，身体前倾，向下有节奏地肩压。

（2）拉肩：双人背向两手头上拉住，同时作弓箭步前拉；练习者站立，两手头上握住，

帮助者一手拉练习者头上的手，一手顶背助力拉；练习者俯卧，两手相握举头上或两手握木棍，帮助者坐练习者身上，一手拉木棍，一手顶其背助力拉；背对肋木坐，双手举头上握肋木，以脚为支点，挺胸腹前拉起成反弓形；背向肋木站，双手反握肋木，下蹲下拉肩；背向肋木屈膝站肋木上，双手举头上握肋木，然后向前蹬直双腿胸腹用力前挺；侧向肋木，一手上握一手下握肋木向侧拉；体前屈坐垫上，双手后举，帮助者握其两手助力拉。

（3）吊肩：单杠各种握法（正、反、反正、翻等握法）的悬垂摆动；单杠负重静力悬垂；杠悬垂或加转体；单杠悬垂，两腿从两手间穿过下翻成后吊。

（4）转肩：用木棍、绳或橡皮筋做直臂向前、向后的转肩（握距逐渐缩小）。

2. 腰腹部柔韧性练习

（1）弓箭步转腰压腿。

（2）两脚前后开立，向左后转，向右后转，来回转腰。

（3）体前屈手握脚踝，尽量使头、胸、腹与腿相贴。

（4）站在一定高度上做体前屈，手触地面。

（5）分腿体前屈，双手从腿中间后伸。

（6）后桥练习，逐渐缩小手与脚的距离。

（7）向后甩腰练习。

3. 胸部柔韧性练习

（1）练习者面对墙站立，两臂上举扶墙，抬头挺胸压胸。要求让胸尽量贴墙，幅度由小到大。

（2）虎伸腰。练习者跪立，手臂前放于地下，胸向下压。要求主动伸臂，挺胸下压。

（3）俯卧背屈伸。练习者腿部不动，积极抬上体、挺胸。

（4）练习者并腿坐在垫子上，臂上举，同伴在背后一边向后拉其双手，一边用脚蹬练习者肩背部，向后拉肩振胸。

4. 腿、髋部柔软性练习

（1）压腿：将脚放在一定高度上，另一腿站立脚尖朝前，然后正压（勾脚）、侧压、后压。也可以做并腿、开腿、盘腿坐等柔韧性练习。

（2）踢腿：原地扶把杆或行进，正踢（勾脚）、侧踢、后踢。

（3）前后劈腿。可独立前后振压，也可以将腿部垫高，由同伴帮助下压。

（4）劈腿。劈腿包括纵叉和横叉。练习者仰卧在垫子上，屈腿或直腿都可以，由同伴扶腿部不断下压成纵向的直线或横向的直线。一般对成年初学者不做横叉的要求。

（5）摆腿：向内、向外摆腿。

（6）控腿：手扶支撑物体，前控、侧控、后控。

（7）弓箭步压腿。

5. 踝关节和足背部柔韧性练习

（1）跪坐压脚面。练习者跪在垫子上，利用体重前后移动压足背，也可将足尖部垫高，使足背悬空做下压动作，增加练习时的难度。

（2）用脚内侧、外侧、脚跟、脚尖走。

（3）练习者手扶腰部高度肋木，用前脚掌站在最下边的肋木上，利用体重上下压动，然后在踝关节弯曲角度最大时，停留片刻以拉伸肌肉和韧带。

（4）练习者坐在垫子上，在足尖部上面放置重物，压足背。

二、柔韧训练的影响因素与练习要求

（一）影响柔韧素质提高的因素

（1）肌肉、韧带组织的弹性不仅取决于性别、年龄，而且取决于中枢神经系统的兴奋度。情绪高涨时，柔韧性会增大。因此，练习时的情绪不可忽视，放松状态下的柔韧练习效果最佳。

（2）关节的骨结构是柔韧性最不易改变的因素，基本上由遗传决定。如先天骨盆形态扁平，其髋关节开度就好。关节周围组织体积大小对关节活动幅度有限制作用，它受先天和后天训练的影响。如有些肌肉体积增大后，就会影响其周围关节的活动幅度。因此，对练习者来说，控制肌肉体积的增大是极其重要的。

（3）神经系统兴奋与抑制过程转换的灵活性与运动中肌肉的基本张力有关。特别是中枢神经系统调节对于肌肉之间的协调性改善、肌肉紧张和放松的调节能力的提高是至关重要的。要求练习者在柔韧训练过程中保持松弛的精神状态，可以大叫、哭笑，但是不能憋气，导致肌肉过度紧张，容易拉伤。

（二）练习柔韧素质的要求

1. 循序渐进，持之以恒

柔韧性的提高需要一个长期训练的过程，肌肉韧带等软组织的柔韧性并不是一时就能得到提高的，所以不能急于求成，练习应循序渐进。同时，已获得的柔韧效果要通过不断地训练才能得以保持和提高，“用进废退”的原理特别适用于身体柔韧性，关节如果在正常的活动范围内得不到经常性的活动，柔韧性很快就会消退。所以柔韧性练习要持之以恒，坚持不懈地练习才能取得良好的效果。

2. 柔韧素质的发展应与力量素质的发展相适应

柔韧素质的发展离不开力量素质的发展，因此应把柔韧练习与力量练习结合起来。舞蹈中的有些动作技巧所展示的肢体柔韧性，往往是在一定的肌肉力量的基础上实现的，如快速踢腿下腰等。力量结合柔韧的练习对提高肌肉质量最为有效。

3. 拉伸练习要“超负荷”

肌肉拉伸超过其正常长度的10%时，柔韧性可以得到最大限度的发挥。拉伸练习一定要达到足够的超负荷，否则不会对柔韧性产生影响。

4. 柔韧性练习之后应结合放松练习

每个伸展练习之后，应做相反方向的练习，使供血供能机能加强，有助于伸展肌群的放松和恢复。如压腿之后做几次屈膝练习，下完腰后做几次体前屈或团身抱膝动作等。

第三节　核心稳定性与控制

核心稳定性是指人体在运动中通过核心部位的稳定为四肢肌肉的发力建立支点、为上下肢力量的传递创造条件、为身体重心的稳定和移动提供力量的身体姿态。核心稳定性的优劣取决于核心部位的肌肉、韧带和组织的力量以及它们之间的协作，即核心力量。

一、影响核心稳定性的因素

（一）肌肉收缩力

形体舞蹈的静力性姿势，维持平衡的不仅仅是重力和支撑反作用力，同时还需要肌肉收缩产生的肌力矩以抵抗重力矩作用维持身体各部分的平衡。因此，在形体舞蹈平衡能力的训练中，肌肉力量的训练是不可缺少的。

（二）柔韧性

虽然形体舞蹈静力性动作的完成以一定的肌力为基础和前提，但是柔韧性也是一个必要的条件。优秀的练习者需要有一个良好的重心，一个具有“开度”“软度”且有美感的重心。如果身体各部位具备一定“外开”和“柔韧”的活动能力，就能够较快地提高掌握重心的能力，为各种各样舞姿的控制与平衡能力创造条件。

（三）心理因素

心理因素对人体平衡稳定性的影响较大。心理素质相对好的人，完成高难度的平衡性动作不易失败，而心理素质相对差的人，则较易失败，尤其在考试、比赛或演出中。因此，舞蹈教学与训练中，应加强心理素质的培养与锻炼。

二、核心稳定性及核心力量的练习方法

核心稳定性及核心力量的训练即身体中段的控制力及平衡协调能力的训练。面对初级水平的练习者应从比较基础的中段练习开始。形体舞蹈基本功训练体系中针对中段的力量训练及单一素质练习更适合普通学习者循序渐进的训练节奏，更能帮助学生消化吸收每个动作技术。对于学习者来说，形体舞蹈基本功训练能够有效地提高身体各部位的各种能力，相比其他素质练习的方法来讲，基本功训练法不会使肌纤维急速增粗而影响舞者的体态。

（一）地面练习

舞蹈训练中的地面练习是指学生以坐、俯卧、侧卧等形式，由身体的近端支撑完成的力量练习。地面练习是腿部的前、旁、后方向上的吸、伸、撩、抬、踢、环转等动作，还有腹、背腰部的起上身、两头起等常用动作。地面练习的特点是身体的近端和其他环节固定于地面使肌肉力量对动作的支配相对集中，组合简单、动作单一，可以更有针对性地发展肌肉局部力量。这种练习更适合于初级学生，是初学者必须经历的力量训练过程。但这并不代表有基础者可以不进行地面练习，这种训练形式可以对特定部位进行阶段性的能力训练。

（二）把杆练习

擦地：单手扶把一位脚准备。身体站位要求颈椎向后、胸椎向前、腰椎向后、尾椎向前。身体核心区域用力上拔，使腰部拉长并保持此状态完成动作。扶把擦地是把杆训练中的初级动作，当人体的下肢在进行擦出或收回的同时要始终控制身体核心区域的肌肉，如保持脊椎挺拔、收缩臀大肌及腹部肌肉等中段部分。长时间进行扶把擦地训练可以提高身体中段的稳定性和中段控制能力。

控制：控制是把杆练习中难度较大的训练内容。单手扶把要求扶把力量轻，要尽量依靠身体来完成动作。单脚站立，主力腿起踵呈半脚掌站立，同时动力腿向前吸腿弯曲后向前伸直，在保持直膝绷脚尖的同时，腿部环动到后，点地收腿再继续向旁、向后吸腿完成动作。在控制腿部的过程中身体中段的核心力也在控制，如果身体的核心力量散了，那腿部的环动控制也无法进行。

大踢腿：在标准体态保持下向前、向旁、向后大踢腿，在踢腿过程中身体中段不能因为摆腿而降低高度或影响身体重心，更不能破坏身体形态。

（三）中间练习

中间练习是把杆练习后的脱把练习阶段。要求学生以站立、跳跃等形式原地或移动练习。中间练习以下肢或上肢远端支撑完成力量练习，如蹲、擦地、划圈、踢腿、旋转、跳跃等。中间练习的特点是：学生脱离把杆的帮助以自身的能力控制身体重心和平衡，并在更大自由空间的移动中强化身体核心区域对控制、平衡能力的训练。自重训练是形体舞蹈基本功训练的主要形式。

第五章　课外点击

形体舞蹈课程的学习需要学生具备一定的音乐知识和良好的乐感；同时，课程考核普遍要求学生具有一定的创编技巧，能够完成个人或小组的创编任务。本章针对上述内容，结合大学生成套表现要求，对形体舞蹈的音乐及选择、创编技巧、常见不良体态与矫正等方面进行了介绍。

第一节　形体舞蹈音乐及选择

一、形体舞蹈训练中音乐的重要性

“音乐是舞蹈的灵魂。”在形体舞蹈训练中，没有音乐的动作，很容易让人索然无味。音乐赋予形体舞蹈思想、灵魂和美感，动作随着音乐的节奏快慢、音调高低而变化。在形体舞蹈教学中，音乐作为口令使动作整齐划一，作为伴奏衬托和表现动作。形体舞蹈训练离不开音乐，但形体舞蹈的动作并不是要表现音乐的主题，音乐只是一个辅助。形体舞蹈中对音乐最大的依赖便是对音乐节奏的依赖，音乐的节奏可以帮助练习者更好地完成和表达动作。

首先，音乐影响着形体舞蹈成套动作的艺术性和表现力。音乐可以帮助练习者更好地表达情绪，激发其表现欲望，提高成套动作的艺术性和表现力。其次，音乐能让我们在练习的过程中感受到心灵的放松与情感的愉悦。在形体舞蹈练习当中，恰当的音乐能让练习者感知动作，达到动作与音乐的完美融合。由伴奏音乐所形成的感染力使学生在形体舞蹈训练中能够用心去调节肢体的动作，从而达到良好的锻炼效果。再次，形体舞蹈训练中的伴奏音乐是练习者动作技术和音乐素养发展的催化剂，音乐的旋律、节奏、力度、气势以及它传递出的音乐张力都打动着人的内心，对形体舞蹈艺术有着极大的启发作用。对于参与形体舞蹈训练的学生来讲，肢体伴随着音乐的律动，是最好的乐感训练。

二、音乐与形体舞蹈动作的基本结构

在形体舞蹈的教学与练习中，教师通常会大量使用音乐来代替口令，通过音乐强化节奏和律动，因此要求练习者要具备一定的音乐知识，最基本的要求就是能够“听懂音乐”，也就是能够听懂音乐的节奏、旋律与和声。

（一）音乐的基本结构

构成音乐的三大要素是：节奏、旋律与和声。

（1）节奏：节奏是指在节拍的基础上，由各种不同时值的音符组合在一起形成的多样化的形态，它和音的长短、强弱有着密切的关系。节奏可分为四分节奏、八分节奏、十六分节奏、前十六节奏、后十六节奏、附点节奏、切分节奏。四分节奏一般在速度较快的舞曲、

雄壮歌曲、民谣或抒情的3/4拍歌曲中出现较多。八分节奏是一种平稳节奏，将一拍分成两份，表现出一种舒缓、平和的感觉。十六分节奏是一种平稳节奏，将一拍分成四份，一般在速度稍慢、歌词密集的抒情歌曲中较为常见。音乐的节奏常被比喻为音乐的骨骼，在形体舞蹈中，通常采用四分节奏和八分节奏的音乐。

节拍是音乐中的重拍和弱拍，在长度相同的时间内，按照一定的次序反复出现，形成有规律的强弱变化。表示节拍的单位叫拍子。如一首歌曲是4/4拍，就是歌曲以4分音符为一拍，每小节4拍，它们节拍强弱的变化规律是强、弱、次强、弱。节奏和节拍是构成的音乐的重要因素，两者同时存在、不可分割。

（2）旋律：它是由各种高低、长短、强弱的乐音按一定的调式和节奏组织起来的音的进行系列。旋律是由许多音乐的基本要素（如调式、节奏、节拍、力度等）有机结合而成。旋律是音乐的基础和灵魂，好的旋律具有流畅性、感染性、可记忆性等特征。形体舞蹈中优美的音乐不仅能激发练习者的情绪，提高练习兴趣，还能增强练习者的艺术感染力和表现力。

（3）和声：和声一般在配曲时才需要，它起着丰富和加强旋律效果的作用。作为一般的形体舞蹈音乐选配，我们暂且可以忽略它。

（二）音乐与形体舞蹈动作的一般结构

形体舞蹈音乐采用的拍子丰富多样，悠扬的乐曲是形体舞蹈的特色之一。形体舞蹈音乐一般采用单拍、2/4拍、3/8拍的爵士乐、华尔兹曲。以2/4拍为例，其结构如下：

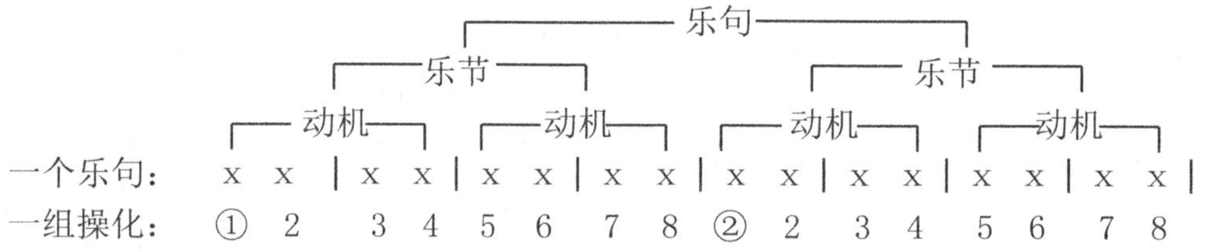

由上可知，在形体舞蹈音乐中，2个小节为1个动机（4拍），2个动机为1个乐节（8拍），2个乐节为1个乐句（16拍），2个乐句为1个乐段（32拍）。了解了这一规律，就能轻松地听懂音乐的节奏。

三、形体舞蹈训练中音乐的选择

（一）音乐风格要和形体舞蹈动作风格一致

在形体舞蹈训练中，音乐的选择首先要考虑动作的需要，以符合形体舞蹈训练的节拍。比如小弹腿和小踢腿等技巧性的训练，不断地弹跳会给人一种轻快活泼的感觉，那么音乐上就要选择能配合4/4拍节奏鲜明的乐曲；波浪操动作舒展大方，节奏鲜明，应选择经典的、时尚的、流传度广的4/4拍音乐；形体身韵操律动感极强，节奏鲜明的打击乐是最好的选择；形体华尔兹应选择旋律优美的3/4拍钢琴曲，给人优雅高贵的感觉；形体爵士动作干净利落，那么分切节奏、速度较快的4/4拍音乐是最适合它的。教学和训练中仅凭借教师的打拍和口令，很难让学生获得情感上的愉悦。

（二）音乐节奏要和形体舞蹈动作节奏一致

不同的节奏可以表现出不同的内容。音乐节奏中，4/4拍的旋律较为舒缓典雅，3/4拍的旋律较为缓慢但是具有较强的力度，2/4拍的旋律相对活泼，很有律动感。因此在进行形体舞蹈训练时要根据舞蹈动作的节奏来选择伴奏音乐的节奏。

（三）音乐的选择还要考虑情感效应

形体舞蹈的思想与情感需要练习者通过肢体语言来表达，合适的音乐可以激发练习者的情感，进而使形体舞蹈的表演更为完美，从而达到更高的艺术境界。而合适的音乐不仅要激发练习者的情感，还应该帮助练习者去理解某一动作或组合的性质和训练目的，在音乐的启发和带动下去正确地完成这些动作。练习者在音乐的感染下带动情绪，又通过肢体语言来表达情绪。在同样的舞蹈编排中，配以不同情绪和风格的音乐，其表演效果是有很大差别的。

第二节　形体舞蹈的创编技巧

普通高校体育艺术类课程中，老师在教授舞蹈套路的基础上，还要求学生具备一定的创编知识和能力。学生要在完成成套动作的基础上以小团队为单位，对形体舞蹈进行队形、造型等的创编，在期末考试时呈现一个完整的表演套路，这既是课程学习的要求，也是学生将来在工作和生活中需要掌握的技能。

一、队形创编

队形变化是形体舞蹈考试和表演套路的重要内容之一，丰富多彩的队形和巧妙流畅的队形变化会令成套动作的表演更具观赏性。相同的套路由于队形设计不同，会产生截然不同的效果。队形选择应与形体舞蹈的内容、团队人数、场地大小、服装道具、练习者的实际水平紧密结合。

（一）队形设计的原则

构图清晰：队形构图清晰，需要注意“字间距小，行间距大”的技巧，同时队形图案中的“各部分”需“内密外疏”，即每个部分内部紧密，各部分之间的距离大，方可令图案的结构更加明晰。

丰富新颖：丰富多样的队形设计会避免成套表演枯燥乏味。队形不仅可设计成对称的，还可以设计成均衡的；不仅可以是一个整体性的队形，也可以是几组队形相互呼应。基本队形是有限的，但基本队形的不同组合可以产生丰富多彩的队形变化。

对比鲜明：队形图案之间的对比可以加强成套动作的艺术效果和感染力，形成视觉上的张力，使特征更加鲜明，同时也增强了队形图案对人的感官刺激，造成更强的视觉冲击和视觉效果。形体舞蹈成套动作通常要求五个及以上的队形变化，在选编队形时应注意队形图案之间鲜明的对比，尤其是相邻的队形不应为相似队形。只有对比鲜明的队形才能显示出队形的丰富，产生队形变化的节奏感和运动感。

变化流畅：好的形体舞蹈成套队形设计不仅在于队形本身的丰富新颖，还取决于队形变化的方法是否多样、巧妙，从而使队形之间过渡自然、转换流畅。尤其是双人、三人的队形种类比较有限，只有队形变化巧妙、流畅，才能产生丰富多彩、目不暇接的队形变化效果。

显示动作：队形设计的目的是凸显动作，因此队形设计时要与动作创编密切配合，要使所设计的队形能充分展示出来。

（二）队形设计范例

1. 双人队形（图 5-1）

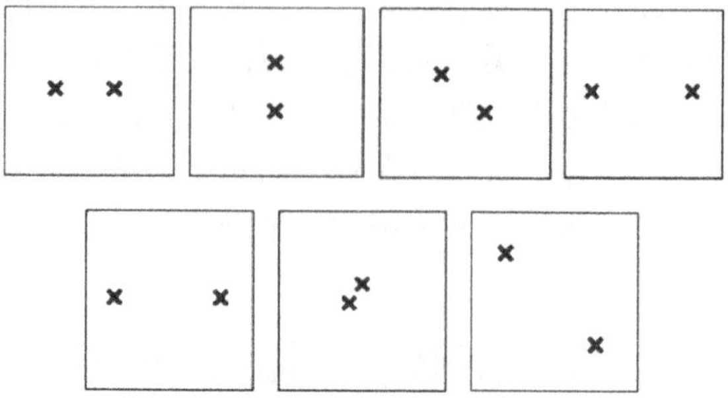

图 5-1　双人队形

2. 三人队形（图 5-2）

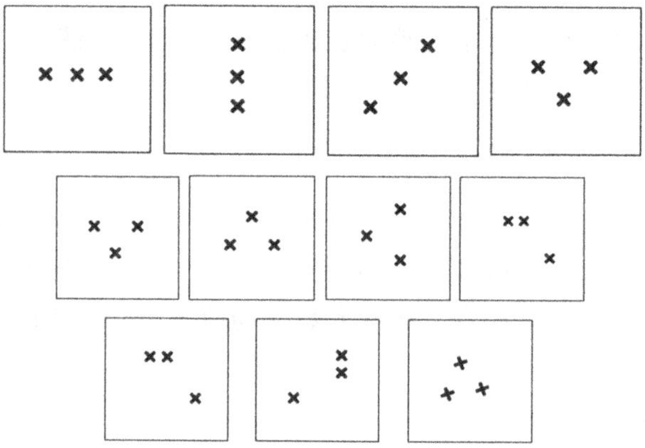

图 5-2　三人队形

3. 六人队形（图 5-3）

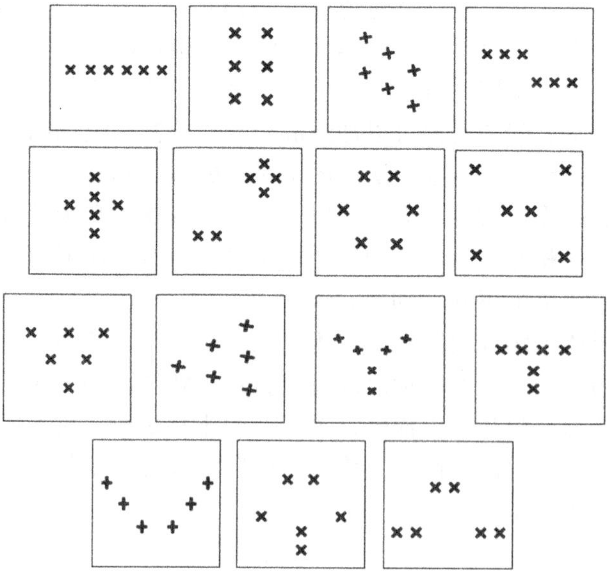

图 5-3　六人队形

4. 八人队形（图 5-4）

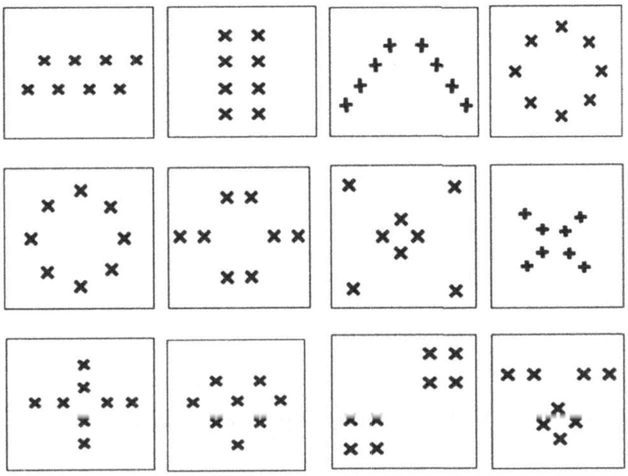

图 5-4　八人队形

（三）队形变化方法

队形变化常采用的方法有：改变队形的方向位置、组合方式、运动路线等。

1. 改变队形的方向位置

图 5-5 是 4 人为一列的各种队形组合图。

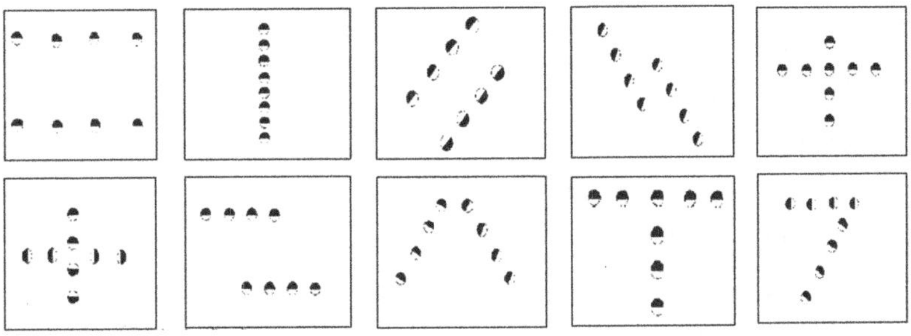

图 5-5　不同的方向位置

2. 改变队形的组合方式

图 5-6 是由各种不同人数和不同位置的变化所产生的各种队形图。

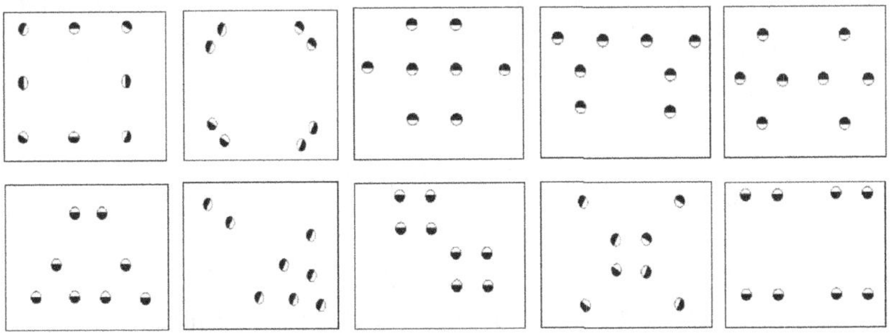

图 5-6　不同的组合方式

3. 改变队形的运动路线

图 5-7 是在十字交叉队形上的各种运动，它利用点 、线变化使队形的运动更加丰富多彩。

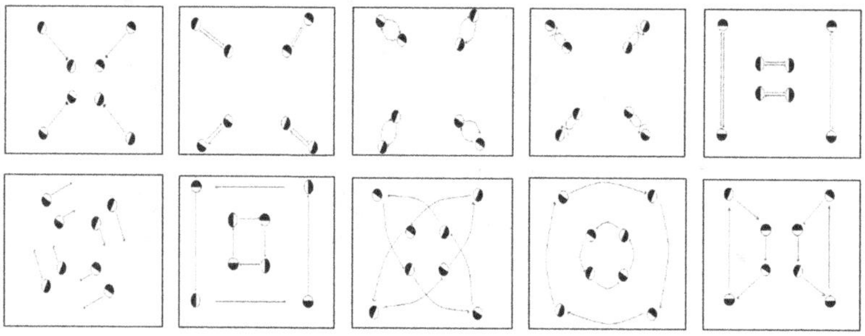

图 5-7　不同的运动路线

此外，还可以通过队形变换的方法来活跃变换过程。例如图 5-8，由两列横队变成两个方块队形。

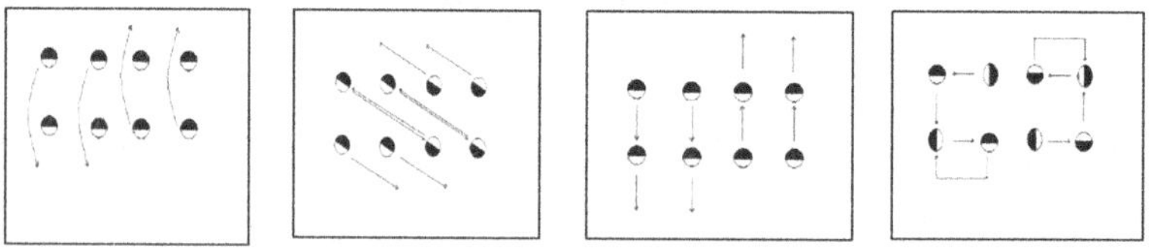

图 5-8　不同的变换方法

4. 变换队形的原则

（1）快——最短的时间。

（2）近——最短的路线距离。

（3）流畅——变而不乱、始终清晰、动而有序。

（4）对比——视觉冲击力强。

（5）点线面——搭配合理。

（6）开头、结尾要有创意。

二、造型创编

造型通常在成套的开场或者结束出现，在成套中根据主题或者表现效果，也会需要造型的设计。造型按人数不同可分为单人、双人、三人、多人（六人）；按空间不同可分为低姿、中姿、高姿；按方向可分为中心型、同向型、呼应型。造型范例如下（图 5-9）：

造型素材库

单人造型	双人造型	三人造型	多人造型(六人及更多)
↓	↓	↓	↓
低姿造型	高低型造型	同类变化造型	中心型造型
中姿造型	正反型造型	异类组合造型	同向型造型
高姿造型	技巧类造型	技巧类造型	呼应型造型

图 5-9　造型素材库

（一）单人造型图例

1. 低姿造型（图 5-10）

图 5-10　低姿造型

2. 中姿造型（图 5-11）

图 5-11　中姿造型

3. 高姿造型（图 5-12）

图 5-12　高姿造型

（二）双人造型图例

1. 高低型造型（图 5-13）

图 5-13　高低型造型

2. 正反型造型（图 5-14）

图 5-14　正反型造型

3. 技巧类造型（图 5-15）

图 5-15　技巧类造型

（三）三人造型图例

1. 同类变化造型（图 5-16）

图 5-16　同类变化造型

2. 异类组合造型（图 5-17）

图 5-17　异类组合造型

3. 技巧类造型（图 5-18）

图 5-18 技巧类造型

（四）多人造型图例

1. 中心型造型（图 5-19）

图 5-19 中心型造型

2. 同向型造型（图 5-20）

图 5-20 同向型造型

3. 呼应型造型（图 5-21）

图 5-21 呼应型造型

第三节　常见不良体态及矫正

体态可分为体型和姿势两个部分，二者息息相关。良好的体态可以使我们看起来挺拔修长，充满活力。同时正确的身体姿势能使身体处于稳定状态，保证身体各组织器官的正常功能。生活中最为常见的不良体态有：探颈、圆肩、驼背、“O”形腿、“X”形腿、“八字脚”等。

一、探颈

探颈就是颈部下巴向前探出，原因有很多种，长时间玩手机、工作时电脑屏幕靠下等都有可能导致探颈发生。正常情况下，耳垂和肩膀应该在一条垂直线上，如果耳朵位置比肩膀明显靠前的话，基本就可以判断为探颈。

探颈的危害：颈椎保持健康的生理曲线才能保证颈椎功能正常。颈曲的改变使颈椎压力过大，颈后侧肌肉紧张，造成颈部及肩部的不适甚至疼痛。久而久之会使颈椎变形，甚至会影响大脑的血液供应，出现头晕、头痛的现象，颈椎的变形也会压迫神经引起手臂麻木。

改善探颈的方法：

（1）电脑屏幕不要太低，最好微微高于视线水平；

（2）减少低头看手机的时间；

（3）加强背部肌肉训练。

二、圆肩

圆肩是由于胸部肌肉过紧、中上背部肌肉较弱造成的肩带牵引。圆肩主要是肩部问题，表现为肩关节前扣。胸肌发达、背肌较弱的健身爱好者也会出现圆肩问题。

圆肩的危害：一旦形成圆肩，就很容易导致驼背。不断内扣的双肩关节会拉动背部的肌肉不停伸展，从而使背部的肌肉越来越松，时间久了，驼背也就随之而来。双肩关节内扣，会造成含胸的状态，驼背也会加剧含胸的幅度，使呼吸不顺畅、身体的摄氧量减少，影响身体废物的排出，同时腹腔容量变小，影响消化和营养的吸收。

改善圆肩的方法：

（1）久坐要经常起来活动和拉伸肩膀，帮助伸展胸部肌肉，避免圆肩；

（2）加强背部的肌肉训练。

三、驼背

驼背是一种较为常见的脊柱变形，是胸椎后突所引起的形态改变。圆肩和驼背，经常伴随着一起出现，但两者从外表看上去不一样。站立背靠墙面，上背部、臀部和脚跟紧贴墙面举起双手，手臂向墙面靠过去，如果双臂无法紧贴墙壁，可判断有驼背的倾向。

驼背的危害：影响体态的美感，从视觉上看显矮显胖；颈椎丧失生理曲度，形成颈椎病；破坏身体的生物力学平衡，动作模式会改变；会引发女性的乳腺问题。

改善驼背的方法：

（1）强化直立挺拔的意识；

（2）进行形体训练；

（3）加强背中部肌肉训练，如：手撑门框扩胸、贴墙站立、单杠悬吊、反撑倒立、俯卧撑、半蹲挺胸、体前屈挺胸、坐立挺胸等；

（4）久坐后需活动和拉伸肩膀，帮助伸展胸部肌肉，避免驼背。

四、“O”形腿

幼儿时期站立过早、行走时间过长、不良行走习惯，以及缺钙都有可能造成“O”形腿。直尺测量两脚跟并拢时两膝盖的距离，如两膝间距离大于1.5厘米，即可判断为“O”形腿。

通过锻炼，可以矫正不良的身体姿势（尤其在年龄小的时候），使形体更健美。

改善“O”形腿的方法：双膝内扣、单膝内扣，脚向外侧踢、跪姿降臀、捆膝下蹲、起立、捆膝向上并腿跳、站立两膝夹物下蹲、坐姿两膝夹物等。

五、“X”形腿

“X”形腿是指股骨内收、内旋，和胫骨外展、外旋而形成的一种骨关节异常的现象。“X”形腿是由于先天遗传，或后天营养不良，或幼儿时期的走、坐姿不正确所导致的。“X”形腿矫正是比较困难的，但如果能经常练习，一定会有好的效果。

直尺测量两膝盖并拢时两脚跟的距离，如两足间距离大于1.5厘米，即可判断为“X”形腿。

改善“X”形腿的方法：坐姿双膝外展、跪撑双膝外展、下蹲双膝外展、俯卧双膝外展、单膝外展模仿踢毽子、按压膝盖、用脚夹物等。

六、“八字脚”

“八字脚”，有“外八字”和“内八字”之分。走路时，两脚尖向内扣的称为“内八字”，两脚尖向外撇的称为“外八字”。常见的大多是“外八字”脚，年幼时如果过早站立学走路，腿的力量弱，很难保持身体的平衡，脚尖要自然地向左右分开，从而慢慢形成习惯。通常情况下脚尖内扣或外撇不明显的不叫“八字脚”。

“八字脚”不仅影响形体美观，还会给生活带来不便。如果脚尖指的方向与前进方向之间的夹角超过40°角，则不但会影响身体姿态的健美，而且在跑跳时脚掌一侧着力，不可以充分利用所有的脚趾蹬地，后蹬力和弹跳力减弱，影响跑跳的速度与高度，这就需要对脚进行矫正。

改善“八字脚”的方法：

（1）平时走路和跑步要注意观察自己的膝盖和脚尖是否正对前方，是否在一条直线上，可以画一条直线，沿着直线行走练习。

（2）从高台阶上往下跳，有意识地在空中并拢脚尖并控制落地，落地后要检查脚尖是否并拢。

（3）以15米为半径画圆，再通过圆心画直径，直径两端各要延长1米。在练习直径的延长线上起跑，接弯道加速跑至直径的另一端延长线上，然后沿圆弧线走半圈，如此反复。左脚外撇严重时按照顺时针方向跑，右脚外撇严重时逆时针方向跑，这种训练方法比直线效果要好。

体态问题除了日常生活中需要随时注意且尽量保持正确姿势之外，还可以通过形体训练、健身动作来改善。

参考文献

[1] 马鸿韬. 体育艺术概论 [M]. 北京：高等教育出版社，2011.

[2] 孙国荣. 余美玉. 大学生舞蹈教学指导 [M]. 上海：上海音乐出版社，1998.

[3] 郭可愚. 形体美 [M]. 北京：人民体育出版社，2002.

[4] 姜桂萍. 舞蹈、体育舞蹈、艺术体操 [M]. 桂林：广西师范大学出版社，2000.

[5] 全国体育学院教材委员会. 艺术体操 [M]. 北京：人民体育出版社，1991.

[6] 刁在箴，郑婕. 健美操 [M]. 北京：高等教育出版社，2007.

[7] 温柔. 舞蹈生理学 [M]. 上海：上海音乐出版社，2004.

[8] 胡小明. 体育美学 [M]. 北京：高等教育出版社，2009.

[9] 毛荣. 舞蹈教学与教法 [M]. 成都：电子科技大学出版社，2017.

[10] 张玉萍. 体育艺术类项目技能分析与开展研究 [M]. 长春：吉林大学出版社，2017.

[11] 肖承业. 舞蹈艺术形体科学训练与美学 [M]. 延吉：延边大学出版社，2020.

[12] 杨开祥，赖红梅. 舞蹈基础训练 [M]. 长春：吉林大学出版社，2020.

[13] 方奇. 论我国学校艺术体育的演进 [D]. 长沙：湖南师范大学，2017.

[14] 程卫波，于军. 体育与艺术的关系演进之管窥——身体社会学视角 [J]. 体育科学，2010 (12)：87-91.

[15] 王雷. 我国体育艺术学学科理论框架构建 [D]. 北京：北京体育大学，2013.

第二编 健美操

第六章 健美操

健美操是一项深受广大师生喜爱的、普及性极强的体育项目，集体操、舞蹈、音乐、健身、娱乐于一体，自 20 世纪 90 年代，健美操发展成为我国学校体育的主要课程之一。在健美操课程开设初期，健美操课属于一个广义的概念，通常学校把有氧健身、竞技健美操、瑜伽、普拉提、形体运动、啦啦操、街舞、爵士等新兴时尚的内容归属于健美操课程，统称健美操课。近年来随着运动项目的发展，各个学校的健美操课按照项目属性进行分类设置，比如湖南大学的健美操课主要是指融合了体操、舞蹈、音乐于一体的有氧健身操、竞技健美操，以及提高形体素质的青年波浪操、华尔兹等内容。

第一节 健美操概述

一、健美操起源及发展

健美操的英文原名是“Aerobics”，特指“有氧体操”。“Aerobics”最早起源于 1968 年美国太空总署医生库帕博士专门为太空宇航员设计的有氧体能训练。1969 年杰姬·索伦森在此基础上综合了体操和现代舞创编了健身舞，这种舞带有娱乐性，简单易学，深受人们的欢迎。好莱坞著名影星简·方达根据自己从事 Aerobics 锻炼获得的身体健康和体态苗条的成功经验，1981 年撰写出版了《简·方达健身术》一书，她以自己的名声和现身说法提倡 Aerobics 锻炼。在她的感召和影响下，Aerobics 在世界各地迅速兴起，蓬勃发展。

世界性的 Aerobics 热传入我国是在 20 世纪 70 年代末 80 年代初。“健美操”这个名词是在它刚刚传入我国时人们根据它的运动特征及运动形式所起的中文名字。Aerobics 顾名思义为有氧运动，主要是以人体有氧系统供能的运动，其特点是长时间、低强度的运动，以提高练习者的心肺功能、强身健体为主要目的。我国健美操运动发展迅猛，这源于人们对于人体健与美的追求。健美操是体操、舞蹈、音乐三者有机结合的产物，所以它既是健身美体、陶冶情操的大众健身方式，又是一项对人的力量、柔韧、协调能力等素质要求较高的竞技运动项目。

我国把健美操与体操、艺术体操、技巧、蹦床归属于体操类大项统一管理。21 世纪以来，中国健美操队在五人操、三人操等项目中多次获得世界冠军。2006 年 6 月，第九届健美操世锦赛在中国南京开幕，这是健美操世锦赛首次在欧洲以外的城市举行。在此次比赛中，中国健美操队获得团体总分第二名，标志着我国健美操竞技运动水平跨入世界先进水平的行列。作为一个非奥运项目，各级各类学校是健美操发展与推广的根据地，许多高校把健美操作为一项重要的教学内容，如湖南大学自 20 世纪 90 年代起就把健美操作为大学生的体育选修课，至今已有近 30 年的开课历史。

二、健美操概念及特点

（一）健美操的定义

健美操是以有氧运动为基础，以健、力、美为特征，融音乐、体操、舞蹈为一体的体育运动。健美操起源于传统的有氧健身运动。在国际体坛中，健美操运动被命名为“Aerobics”，译为“有氧运动”或“有氧练习”，因此健美操通常也被称为“有氧体操”“有氧健身操”。

近年来，随着人们物质生活水平的不断提高，人们对健身的理解进一步加深以及需求的不断增加，健美操运动已经发展成为世界范围内广受欢迎的体育运动项目，成为现代文明生活的重要组成部分。

（二）健美操运动的特点

高度的艺术性：健美操的艺术性主要体现在其“健、力、美”的项目特征上。健美操动作协调、流畅、有弹性，使练习者不仅锻炼了身体、增强了体质，而且从中得到了“美”的享受，提高了审美意识和艺术修养。

强烈的节奏性：健美操动作具有强烈的节奏感，并通过音乐的加持使健美操练习更具有感染力和观赏性。

广泛的适应性：健美操练习形式多样，运动量可大可小、容易控制，对场地器材的要求也不高，因此对各个年龄层次、不同性别、不同身体素质、不同技术水平的人都适宜。

健身的安全性：健美操的运动负荷及运动节奏，可自行掌握，也适合不同的人群，因此既安全又有效。

三、健美操分类

健美操具有鲜明的健身性与竞技性，根据健美操锻炼的目的和任务，可将其分为健身健美操、竞技健美操两大类（表 6-1）。

表 6-1　健美操分类

健身健美操				竞技健美操
徒手健美操		轻器械健美操		特殊场地健美操
一般性	时尚性	踏板操	水中健美操	女子单人
达标操	拉丁操	哑铃操	联合器械操	男子单人
健身操	搏击操	杠铃操	功率自行车	混合双人（男女运动员各一名）
减肥操	街舞操	皮筋操	垫上健身操	三人（男子/女子/混合）
形体舞	瑜伽操	健身球操		集体五人（男子/女子/混合）
休闲操	普拉提	健身秧歌		有氧舞蹈（8 名运动员，男子/女子/混合）
其他	其他			有氧踏板（8 名运动员，男子/女子/混合）

健身健美操保持了传统的有氧运动形式，强调动作的大众化和可接受性，注重健身健心的锻炼效果。竞技健美操是在健身健美操的基础之上发展而成的，它是健美操发展的更高形

式。竞技健美操以比赛或表演为主要目的，在音乐的伴奏下，展示练习者连续完成复杂的高强度动作的能力。健身健美操还包括另一种形式，它以表演为目的，以各种健美操步伐为基础，动作变化多样，转换流畅，展现出“健、力、美”的特点。这类健美操形式在舞台表演和基层表演比较多见，校级的文艺表演活动和比赛通常采用此类形式。有些教材把这类有别于健身健美操和竞技健美操表现形式的项目命名为“表演健美操”，也有些教材把它归属于健身健美操，本教材采用后一种分类。

第二节　健美操基本技术及动作组合

一、健美操基本技术

健美操的基本运动技术主要包括弹动技术、落地技术、控制技术、半蹲技术。其目的是保障练习的有效性、准确性、规范性及安全性，其中落地技术、弹动技术和半蹲技术实际上是紧密联系在一起的。

（一）弹动技术

健美操的弹动主要依靠踝关节、膝关节、髋关节的屈伸缓冲而产生。它的主要作用是减少运动对关节的冲击力，从而减少运动对人体造成的损伤。值得注意的是在屈伸的过程中，腿部的肌肉要协调用力才能有效地防止损伤，产生流畅的弹动动作。

（二）落地技术

落地缓冲的主要目的是使身体尽可能地保持稳定，同时减少地面对关节、肌肉的冲击力，以避免造成运动损伤。健美操练习落地时，要求由脚跟过渡到全脚掌或由前脚掌过渡到全脚掌，然后迅速屈膝屈髋缓冲。所有动作在瞬间依次完成，用以分解地面对人体的冲击力，同时躯干与手臂保持良好的姿态，肌肉用力以保持动作的稳定与控制。

（三）控制技术

1. 身体姿态的控制

在正常的运动过程中，身体应该保持自然挺拔、头部稍稍昂起的姿态，颈椎、胸椎、腰椎处于正常生理曲线的位置，并始终保持腰腹和背部肌肉收缩，从总体上讲保持“横平竖直”的身体姿态。

2. 操化动作的控制

健美操的每一个操化动作要求有清楚的开始与结束。动作开始时位置准确，过程中肌肉用力使动作有加速运动，避免用力过猛致使肌肉僵硬，结束有明显的停顿。动作总体感觉应是有控制而不僵硬、松弛而不松懈。

（四）半蹲技术

半蹲时，身体重心下降，臀部向后下 45°方向用力，膝关节不应超过脚尖，腰腹、臀部和大腿肌肉收缩，上体保持正直，重心在两腿之间，起落要有控制。分腿半蹲时，脚尖自然外开，膝关节弯曲方向与脚尖方向一致，避免关节内扣或过度外开，做膝关节小于 90°的“深蹲”。

二、基本手型

手臂动作是健美操运动的又一重要组成部分，它与健美操基本步伐共同构成了丰富多彩的健美操内容。手臂动作训练的多样化，既表现出健美操特有的活力美，又有助于加强动作力量美的塑造。

（1）并掌：五指并拢伸直，指关节不能弯曲（图 6–1）。

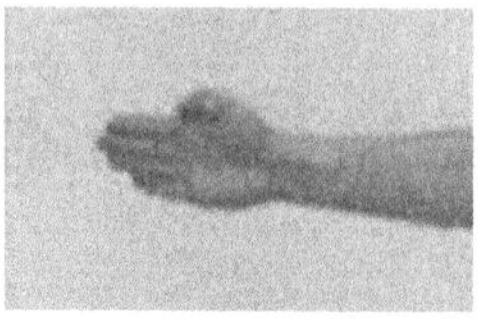

图 6–1　并掌

（2）开掌：五指用力分开（图 6–2）。

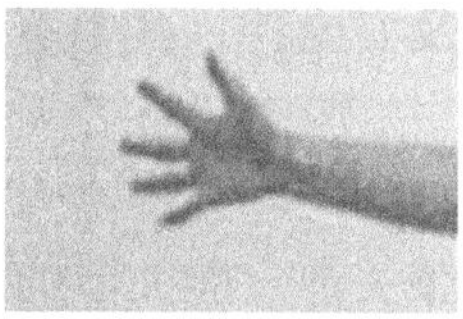

图 6–2　开掌

（3）花掌（又叫“西班牙手型”）：在分掌的基础上，从小指、无名指及中指依次屈与食指形成一个扇面（图 6–3）。

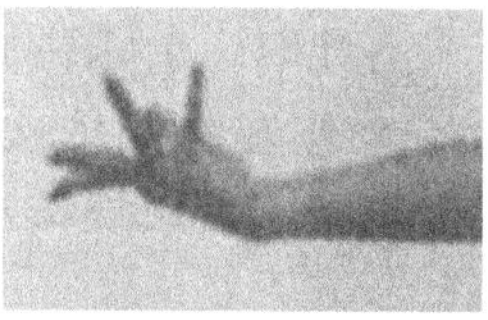

图 6–3　花掌

（4）立掌：手腕用力上翘，五指指关节自然弯曲（图 6–4）。

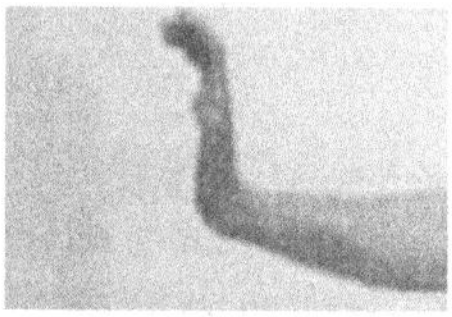

图 6–4　立掌

（5）一指：在握拳的基础上，食指伸直（图 6–5）。

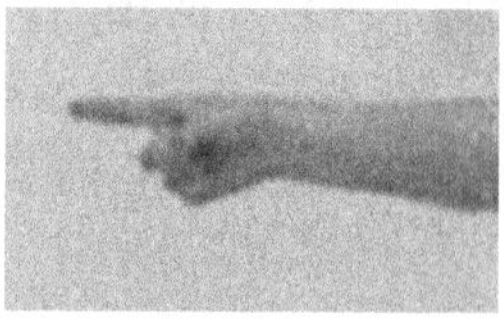

图 6–5　一指

（6）剑指：无名指、小指屈，拇指压在这两指上，中指与食指并拢伸直（图 6-6）。

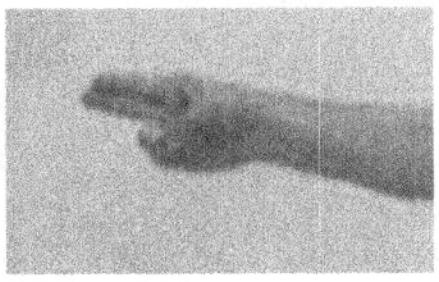

图 6-6　剑指

（7）响指：无名指、小指屈，拇指与中指用力摩擦打响（图 6-7）。

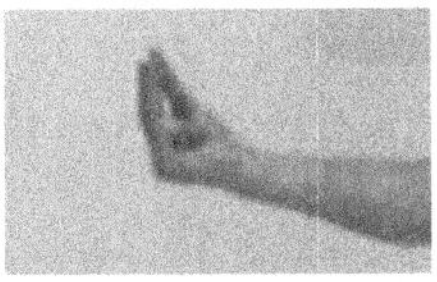

图 6-7　响指

（8）拳：四指屈，拇指第一关节扣压在食指与中指的第二关节处（图 6-8）。

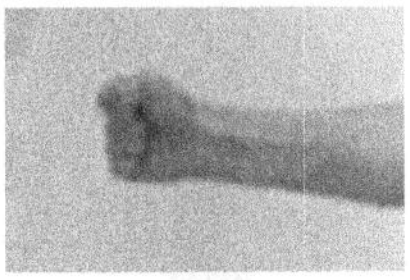

图 6-8　拳

三、基本手位

第一个八拍：双臂斜上或斜下 45°，双手握拳；双臂交叉时，双手握拳（图 6-9）。

1-2　　3-4　　5-6　　7-8

图 6-9　第一个八拍

第二个八拍：双臂斜上或斜下 45°，双手开掌；双臂交叉时，双手握拳（图 6-10）。

1、5　　2、4、6、8　　3、7

图 6-10　第二个八拍

第三个八拍：双臂侧平、上举、斜下 45°，双手握拳（图 6-11）。

1、5

2、4、6

3、7

8

图 6-11　第三个八拍

第四个八拍：第 1、2 拍上臂为斜上 45°，第 3、5 拍右手在身体前下方，与身体夹角约为 30°，双手并掌；第 4、6、7 拍双臂侧平、交叉、斜上 45°时双手并掌；第 8 拍双臂斜下 45°时双手握拳（图 6-12）。

1、2

3、5

4

6

7

8

图 6-12　第四个八拍

四、上肢动作

（1）摆动：以肩关节为轴，手臂在 180°以内的运动。例如同时摆动、前后摆动。

（2）举：以肩关节为轴，臂伸直向某方向抬起。例如上举、前举、侧下举、侧上举、侧举。

（3）屈伸：上臂固定，以肘关节为轴，肘关节由弯曲到伸直或由伸直到弯曲的动作。例如胸前上屈、胸前平屈、肩侧上屈、肩侧屈。

（4）绕、绕环：两臂或单臂以肩为轴做弧线运动。手臂在 180°至 360°之间的运动为绕；大于 360°以上的圆周运动为绕环。例如两臂或单臂向内、外、前、后绕或绕环。

（5）振：以肩为轴，臂用力摆至最大幅度，包括上举后振、下举后振、侧举后振。

（6）上提：直臂或屈臂由下至上抬起。
（7）下拉：臂由上举或侧上举拉至身体两侧。
（8）胸前推：立掌，屈臂由肩部向上推。
（9）肩上推：立掌，臂由肩部向前推。
（10）冲拳：屈臂握拳，由腰间猛力向前冲拳。

五、基本步伐

基本步伐是健美操动作的最小组合单位，是进行健美操练习的一个重要组成部分。通过步伐练习不仅可以培养练习者的节奏感和协调性，还可以塑造下肢的姿态美和弹动性。根据人体运动时对地面的冲击力大小分为无冲击力步伐、低冲击力步伐、高冲击力步伐三大类。

（一）无冲击力步伐

1. 膝弹动

动作描述：两腿伸直或屈膝，踝关节有弹性地屈伸（图 6-13）。

技术要点：膝关节屈伸要有较好的弹性，重心移动要平稳自如。

常见错误：弹动时关节僵硬，不流畅。

图 6-13　膝弹动

2. 半蹲

动作描述：两腿分开稍大于肩（或与肩同宽），脚尖稍外开，两腿同时屈膝和伸直（图 6-14）。

技术要点：屈膝不得超过 90°；屈膝时，膝关节与脚尖同一方向，臀部向后，上体稍前倾，膝关节不应超过脚尖。

常见错误：重心过前或过后。重心过前，上体前倾过多；重心过后，臀部向下坐的幅度过大。

动作变化：并腿半蹲、迈步半蹲、迈步转体半蹲。

图 6-14　半蹲

3. 移动重心

动作描述：由两腿开立为初始动作，两腿屈膝下蹲之后，身体向右侧移动重心，然后两腿伸直，右脚全脚掌着地，右脚脚尖点地（图 6-15）。

技术要点：身体重心的移动要保持平稳。

动作变化：左右移重心、前后移重心。

图 6-15　移动重心

（二）低冲击力步伐

1. 踏步

动作描述：脚尖朝前，两腿依次抬起，依次落地（图 6-16）。

技术要点：抬脚时，腿屈于提前，在下落时，膝，踝关节由弹性地缓冲。

常见错误：上体无控制，身体前后、左右晃动；下肢缺乏弹动性。

动作变化：踏步转体、踏步分腿与并腿。

图 6-16　踏步

2. 一字步

动作描述：向前一步，后脚并前脚，然后向后一步，前脚并后脚（图 6-17）。

技术要点：向前、向后走步要有并腿过程；两膝盖始终保持弹性地缓冲。

常见错误：身体重心上下起伏幅度太大，身体控制不好；全脚掌走步，无脚跟到全脚掌或脚尖到全脚掌的过渡。

动作变化：向前（后）的一字步、转体的一字步。

3. V 字步

动作描述：一脚向斜前方迈一步，另一脚随之向另一方迈一步，两脚开立，然后再依次退回原位（图 6-18）。

技术要点：两脚之间的距离略比肩宽，身体重心在两腿之间。

图 6-17　一字步

常见错误：两脚迈出成开立状时，两膝盖弯曲幅度过大，臀部重心太低。

动作变化：正和倒的 V 字步（前、后）、转体 V 字步。

图 6-18　V 字步

4. 漫步

动作描述：一脚向前迈出，重心随之前移，另一脚稍抬起，然后落下，重心后移，前脚随之后撤落地，重心移至后脚（图 6-19）。

技术要点：身体重心随动作前后灵活移动；动作有弹性。

常见错误：下肢动作弹动性不好，两脚交替过渡不连贯。

动作变化：转体的漫步、跳的漫步。

图 6-19　漫步

5. 点地

动作描述：一腿伸出，脚尖或脚跟点地，另一腿稍屈膝站立（图 6-20）。

技术要点：两腿有弹性的屈伸；点地时，身体重心始终在主力腿。

常见错误：身体重心偏离主力腿。

动作变化：脚尖点地、脚跟点地、迈步点地、向前（后）点地、向侧点地。

图 6-20　点地

6. 并步

动作描述：一脚迈出移重心，另一脚随之在主力腿内侧并腿点地（图 6-21）。

技术要点：两膝自然屈伸，并有一定的弹性，身体重心随之移动。

常见错误：迈步全脚掌着地，无脚尖到全脚掌的过渡；并腿点地时无缓冲。

动作变化：左右的并步、前后的并步、转体的并步。

图 6-21　并步

7. 交叉步

动作描述：一脚向侧迈出一步，脚跟先落地，另一脚在其后交叉，保持膝踝的弹动，随之再向侧一步，另一脚跟并（图 6-22）。

技术要点：脚落地同时屈膝缓冲；身体重心随着脚的迈出而移动。

常见错误：迈步交替时，膝盖伸得过直，没有弹性缓冲；重心上下起伏过大。

动作变化：前交叉步、转体的交叉步、加小跳的交叉步。

图 6-22　交叉步

8. 吸腿

动作描述：一腿屈膝上抬，另一腿微屈缓冲（图 6-23）。

技术要点：大腿上提，小腿自然下垂，后背挺直，保持主力腿屈膝缓冲。

常见错误：大腿与躯干的角度大于90°；摆动腿的小腿未与地面垂直；勾着脚尖。

动作变化：原地吸腿、迈步吸腿、转体的吸腿、跳的吸腿、向前吸腿。

图 6-23　吸腿

9. *后屈腿*

动作描述：一脚站立，另一腿后屈，然后还原（图 6-24）。

技术要点：主力腿保持有弹性的屈伸，后屈腿的脚后跟向着臀部。

常见错误：后屈腿没有控制，幅度太小；髋关节过屈，没有充分展开。

动作变化：原地后屈腿、迈步后屈腿、移动后屈腿、转体后屈腿。

图 6-24　后屈腿

（三）高冲击力步伐

1. *开合跳*

动作描述：由并腿跳成左右分腿落地，然后再由分腿跳起并腿落地（图 6-25）。

技术要点：分腿时，两脚自然外开，膝关节沿脚尖方向屈；落地时，屈膝缓冲，脚后跟要落地。

常见错误：两脚距离小于肩宽；膝关节内扣或外展幅度过大；两脚并腿依次落地不同时。

动作变化：原地开合跳、转体开合跳。

图 6-25　开合跳

2. 弓步跳

动作描述：并腿向上跳起，前后成分腿姿势落地，接着再向上跳起，并腿落地（图 6–26）。

技术要点：落地时，膝关节有弹性地缓冲，分腿落地时双脚尖都朝前方，并且基本在一条直线上。

常见错误：后腿膝关节弯曲；前后脚不在一条直线上。

动作变化：左右弓步跳、前后弓步跳、侧弓步跳。

图 6–26　弓步跳

3. 吸腿跳

动作描述：一腿屈膝抬起，落下还原，另一脚离开地面，向上跳起（图 6–27）。

技术要点：支撑腿保持屈膝弹动，大腿上抬至水平，上体保持正直，注意身体的稳定性。

常见错误：大腿与躯干的角度大于 90°；摆动腿的小腿未与地面垂直；勾着脚尖；支撑腿或吸腿交替时僵直无缓冲。

动作变化：向前吸腿跳、侧向吸腿跳、向斜前方吸腿跳、转体吸腿跳。

图 6–27　吸腿跳

4. 弹踢腿跳

动作描述：一脚跳起，另一腿经屈膝伸直（图 6–28）。

技术要点：无双腿落地的过程；弹踢腿不用很高，但要有控制。

常见错误：上体前倾，屈髋关节，展开不充分；摆动腿前踢时无控制，勾脚尖。

动作变化：原地弹踢腿跳、移动弹踢腿跳、转体弹踢腿跳、向前后的弹踢腿跳、向侧的弹踢腿跳。

5. 摆腿跳

动作描述：一腿自然摆动，另一腿向上跳起，落地时两腿屈膝缓冲（图 6–29）。

技术要点：保持上体直立。主力腿屈膝缓冲，摆动腿抬起时幅度不要过大，且要有控制。

常见错误：上体没有控制，身体重心前后左右摆动；摆动腿膝盖弯曲，勾着脚尖；落地时，主力腿僵直无缓冲。

动作变化：向前摆腿、向侧摆腿。

图 6-28　弹踢腿跳

图 6-29　摆腿跳

6. 小马跳

动作描述：以右脚起步为例。左脚蹬地跳起，同时右脚向侧迈步落地，随之左脚并右脚点地，随后反方向做一次，动作相同，方向相反（图 6-30）。

技术要点：两脚轻松蹬地，身体重心随之平稳移动，注意膝踝的弹动。

常见错误：左右脚交替衔接不流畅；支撑脚膝踝关节缺少弹性。

动作变化：原地小马跳、向前（侧、后）小马跳、转体小马跳。

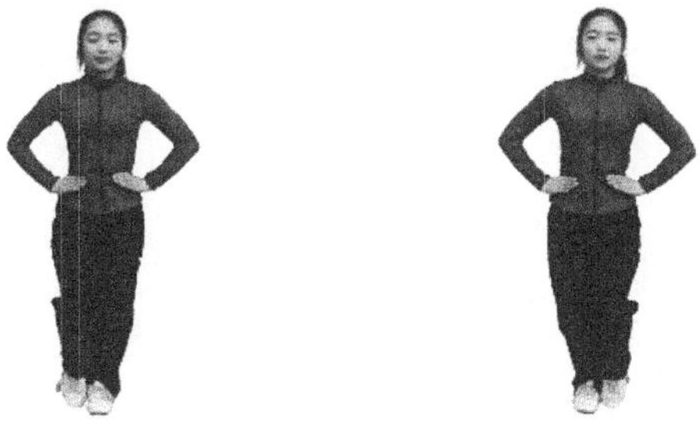

图 6-30　小马跳

7. 并步跳

动作描述：一脚迈出，随之蹬地跳起，后腿并于前腿（图 6-31）。

技术要点：脚迈出后，身体重心随之移动，空中有并腿过程，落地时屈膝缓冲。

常见错误：迈步并腿时膝关节没有屈伸，过分僵直。

动作变化：向前的并步跳、向后的并步跳、向侧的并步跳。

图 6-31　并步跳

六、练习时应注意的问题

（一）动作的规范性

动作的规范建立在动作的标准性上，因此，练习时肢体的位置、方向及运动的路线一定要准确。此外，注意动作速度、肌肉力度和动作幅度，使肌肉充分拉长与收缩，只有这样才能达到动作的整体效果。

（二）动作的弹性

动作富有弹性是健美操特点之一，动作的弹性所涉及的身体部位有踝关节、膝关节、髋关节、肘关节、肩关节以及脊柱。在练习时应注意肌肉的收缩与放松要有控制，使动作富有弹性，节奏均匀，避免动作过分僵硬和关节的过度伸展。在进行高冲击有氧练习和力量性的练习时，应调整好呼吸，使健美操运动达到最佳效果。

（三）动作的节奏感

掌握好动作节奏对健美操运动非常重要。练习者要想表演出较好的动作节奏感，必须具有一定的肌肉控制能力、音乐节奏感及动作的完成能力。因此，在开始练习时，要重视开发、训练学生的动作节奏感，使他们在听懂音乐节奏的基础上慢慢掌握动作的节奏感。

第七章　健美操套路实践

普通高校健美操课程教学套路包括大众有氧健身操类型、器械类型、时尚健身项目类型、竞技健美操类型，根据学生基础和教学时数选择合适的教学内容。本教材的健美操套路包括大众有氧健身操（二级）、有氧踏板操、街舞健美操、爵士健美操。

第一节　大众有氧健身操（二级）

大众有氧健身操二级套路共8节，适合没有健美操运动基础或者具有初级水平的练习者学习。其练习目的是：（1）初步了解和掌握有氧健身操的动作内容、风格及技术特征；（2）了解和熟练掌握健美操基本步伐及其变化；（3）提高身体素质，提高身体的协调性、力量和控制能力；（4）培养动作的节奏感、韵律感及动作表现力，提高健美操专业运动技能；（5）规范姿态，形成良好的气质，塑造健美体型。

一、动作做法

（一）第一节：4×8拍

第一个八拍（图7-1）：

预备：双腿分立，与肩同宽，身体保持正直；两小臂体前折叠，目视前方。

第1拍：右腿膝盖内扣，脚尖点地；身体保持正直；两小臂体前折叠，向左下方倾斜；目视左前下方。

第2拍：同预备姿势。

第3拍：与第1拍动作相同，方向相反。

第4拍：同预备姿势。

第5拍：右脚向左侧迈步，左脚后踢，身体朝向左侧；两手臂斜上方45°打开，手型呈花掌；目视左前方。

第6拍：右脚向左侧迈步，左脚点地；身体朝向左侧；两手臂斜上方45°打开，手型呈花掌；目视左前方。

第7拍：右脚与左脚处于同一直线，右脚在前脚尖点地；身体朝向正前方，右髋前顶；左手扶右髋，右臂水平向侧面伸直打开，手型呈开掌；目视左前方。

第8拍：右脚与左脚处于同一直线，右脚在前脚尖点地；身体朝向正前方，右髋后坐；左手扶右髋，右臂水平向侧面伸直打开，手型呈开掌；目视左前方。

第二个八拍（图7-2）：

第1拍：右脚与左脚处于同一直线，右脚在前脚尖点地；身体朝向正前方，右髋前顶；左手扶右髋，右臂水平向侧面伸直打开，手型呈开掌；目视左前方。

图 7-1　第一个八拍

第 2 拍：右脚与左脚处于同一直线，右脚在前脚尖点地；身体朝向正前方，右髋后坐；左手扶右髋，右臂水平向侧面伸直打开，手型呈开掌；目视左前方。

第 3 拍：同第 1 拍。

第 4 拍：同第 2 拍。

第 5 拍：左脚向前上步；身体朝向正前方；两手臂斜上方 45°打开，手型呈开掌；目视前方。

第 6 拍：右脚后点地，身体朝向正前方；双手落于身体两侧；目视前方。

第 7 拍：左脚后撤一步；身体朝向正前方；两手臂斜上方 45°打开，手型呈开掌；低头目视前下方。

第 8 拍：右脚与左脚处于同一直线，右脚在前脚尖点地；身体朝向正前方，右髋后坐；手肘后夹，双手张开置于腰间；抬头目视前方。

图 7-2　第二个八拍

第三个八拍（图 7-3）：

第 1-2 拍：左脚向前点地；身体朝向正前方；两手臂斜上方 45°打开，手型呈开掌；目视前方。

第 3-4 拍：左脚后撤，双脚并拢；身体屈膝弯腰；双手落于身体两侧，握拳；低头含胸。

第 5 拍：右脚向左前方上步；身体保持正直；两臂屈肘两手放于脑后；目视前方。

第 6 拍：左脚开始向右旋转；双手落于身体两侧；目视前方。

第 7-8 拍：左脚点地，左膝微屈；身体朝向右前方 45°；右臂上举，左臂平举，手型呈花掌；目视前方。

第四个八拍（图 7-4）：

第 1-2 拍：右脚与左脚处于同一直线，右脚向后迈步，右膝微屈，左脚脚尖点地；身

1-2　　3-4　　5　　6　　7-8

图 7-3　第三个八拍

体朝向右侧；两臂屈肘双手放于脑后；目视后下方。

第 3 拍：两脚并拢，左脚在前，脚尖点地；身体保持正直；双臂平行，向斜下方伸直，手型呈枪指；目视前下方。

第 4 拍：两脚并拢，左脚在前，脚尖点地；上体保持正直双膝弯曲，左右髋后坐；屈肘小臂与大臂夹角为 90 度，手型呈枪指；目视前方。

第 5-8 拍：左右脚在原地依次交替向前上步绕一圈回到正前方，双脚并拢；随步伐移动转动身体方向，上体正直；两手臂于身体两侧打开，手型呈并掌；目视前方。

1-2　　3　　4　　5　　6　　7　　8

图 7-4　第四个八拍

（二）第二节：4×8 拍

第一个八拍（图 7-5）：

第 1 拍：左脚向左前方上步；身体保持正直；双手向左斜上方 45°角方向伸直，手型呈开掌；目视前方。

第 2 拍：右脚向右前方上步；身体保持正直；双手向右斜上方 45°角方向伸直，手型呈开掌；目视前方。

第 3 拍：左脚向右后方撤步；身体保持正直；双手向左斜下方伸直，手型呈开掌；目视前方。

第 4 拍：右脚向左后方撤步；身体保持正直；双手向右斜下方伸直，手型呈开掌；目视前方。

第 5 拍：左脚向前迈步；身体朝向前方，右臂屈肘放于体前，握拳；目视前方。

第 6 拍：右侧转身，右脚在前；身体朝向后方；左臂屈肘放于体前，握拳；目视后方。

第 7 拍：左脚上步；身体朝向后方；右臂屈肘放于体前，握拳；目视后方。

第 8 拍：双腿并拢；身体朝向正前方；手臂放于身体两侧，五指并拢；目视前方。

图 7–5　第一个八拍

第二个八拍（图 7–6）：

第 1 拍：左脚向左迈步；身体保持正直；右手叉腰，左手握拳上举；目视前方。

第 2 拍：右脚向左脚后方点地，双膝微屈；身体保持正直；右手叉腰，左手握拳置于体侧；目视前方。

第 3 拍：左脚向左迈步；身体保持正直；右手叉腰，左手握拳上举；目视前方。

第 4 拍：右脚于左脚脚弓内侧点地，右膝微屈；身体保持正直；右手叉腰，左手握拳置于体侧；头向左侧倾斜，目视前方。

第 5 拍：右脚向右迈步；身体保持正直；左手叉腰，右手握拳上举；目视前方。

第 6 拍：左脚向右脚后方点地，双膝微屈；身体保持正直；左手叉腰，右手握拳置于体侧；目视前方。

第 7 拍：右脚向右迈步；身体保持正直；双臂体前伸直，右臂在上，两掌根相对，手型呈开掌；目视前方。

第 8 拍：左脚于右脚脚弓内侧点地，左膝微屈；身体保持正直；双臂体前伸直，左臂在上，两掌根相对，手型呈开掌；目视前方。

图 7–6　第二个八拍

第三个八拍：与第一个八拍动作相同，方向相反。

第四个八拍：与第二个八拍动作相同，方向相反。

（三）第三节：4×8 拍

第一个八拍（图 7–7）：

第 1 拍：左脚向前上步；身体保持正直；右小臂屈肘握拳置于额前，左臂自然后摆，握拳；目视前方。

第 2 拍：右脚向前上步；身体保持正直；左小臂屈肘握拳置于额前，右臂自然后摆，握拳；目视前方。

第 3 拍：左脚向前点地；身体保持正直，左髋向前顶；右手向斜上方冲拳，左手叉腰，握拳；目视前方。

第 4 拍：左脚向前点地；身体保持正直，左髋向后坐再向前顶；右手收回后再向斜上方冲拳，左手叉腰，握拳；目视前方。

第 5 拍：左脚向后撤步；身体保持正直；双臂置于身体两侧，握拳；目视前方。

第 6 拍：右脚向后撤步；身体保持正直；两臂侧下举；目视前方。

第 7 拍：左脚向后撤步；身体保持正直；两臂肩侧上屈；目视前方。

第 8 拍：左脚向后撤步；身体保持正直；两臂肩侧上屈，小臂以肘关节为中心向下与地面垂直，成肩侧上屈；目视前方。

图 7-7　第一个八拍

第二个八拍（图 7-8）：

第 1 拍：左脚向左迈步；身体保持正直，朝向左前方 45°；右臂经体前由右向左体前划过，左手置于体后腰间，手型呈开掌；头向右侧倾斜，目视前方。

第 2 拍：双脚并拢；身体保持正直；右臂右斜下 45°，左手置于体后腰间，手型呈开掌；目视前方。

第 3 拍：右脚向右迈步；身体保持正直，朝向右前方 45°；左臂经体前由左向右体前划过，右手置于体后腰间，手型呈开掌；头向左侧倾斜，目视前方。

第 4 拍：双脚并拢；身体保持正直；左臂右斜下 45°，右手置于体后腰间，手型呈开掌；目视前方。

第 5 拍：左脚左迈步，右膝微屈；身体保持正直；右臂于左侧向上向右画圆，左手置于体后腰间，握拳；目视前方。

第 6 拍：双脚并拢；身体保持正直；左臂放于体后腰间，右臂放于体侧；目视前方。

第 7-8 拍：右脚向右迈步；身体保持正直，右髋向右顶；左臂于体前伸直左手前指，右手置于体后腰间；目视前方。

第三个八拍：与第一个八拍动作相同，方向相反。

第四个八拍：与第二个八拍动作相同，方向相反。

（四）第四节：4×8 拍

第一个八拍（图 7-9）：

1　2　3　4　5　6　7-8

图 7-8　第二个八拍

第 1 拍：左脚向左迈步；身体保持正直；两臂屈肘握拳置于胸前，左臂屈肘向身体左侧下沉，右臂屈肘稍抬起；目视前方。

第 2 拍：右脚向左迈步；身体保持正直，朝向后方；两臂屈肘握拳置于胸前，右臂屈肘向身体右侧下沉，左臂屈肘稍抬起；目视前方。

第 3 拍：左脚向左迈步；身体保持正直；两臂屈肘握拳置于胸前，左臂屈肘向身体左侧下沉，右臂屈肘稍抬起；目视前方。

第 4 拍：右脚收于左脚并拢；身体保持正直；两臂肘部弯曲，两手体前相握；目视前方。

第 5 拍：左脚向左后方迈步；身体保持正直，朝向左前方 45°；左臂经体前向后画圆，右手贴于体侧；目视后方。

第 6 拍：右脚向右后方迈步；身体保持正直，朝向右前方 45°；右臂经体前向后绕，左手贴于体侧；呈两脚开立，两臂侧下举，手型呈并掌，目视前方。

第 7 拍：双脚并拢；屈膝，屈髋，弯腰；两臂伸直，体前交叉，握拳；低头目视下方。

第 8 拍：两腿分立，略比肩宽；身体保持正直；两臂斜下方 45°打开，握拳；目视前方。

1　2　3　4　5　6　7　8

图 7-9　第一个八拍

第二个八拍（图 7-10）：

第 1 拍：两腿分立；身体保持正直，左髋向左顶；两臂屈肘握拳置于胸前，左臂屈肘向身体左侧下沉，右臂屈肘稍抬起；目视前方。

第 2 拍：两腿分立；身体保持正直，左髋向右顶后再向左顶；两臂屈肘握拳置于胸前，左臂向上顶后右臂向上，目视前方。

第 3-4 拍：两腿分立，左脚脚尖点地；身体保持正直，右髋向右顶；右臂向右侧伸直打开，左臂肘部弯曲，小臂平行于地面，置于胸前，立掌；头向右侧倾斜，目视前方。

第 5 拍：左脚点地；身体保持正直，朝向左侧；右臂屈肘于体前大小臂夹角为 60°；目视左侧。

第 6 拍：右脚前点地；身体保持正直，朝向左侧；左臂屈肘于体前大小臂夹角为 60°。

第 7 拍：右脚后撤；身体保持正直，朝向左侧；右臂屈肘于体前大小臂夹角为 60°；目视左侧。

第 8 拍：左脚后撤点地，双膝微屈；身体下倾，朝向左侧；右臂向斜下方伸直，左手叉腰，开掌；目视左下方。

1 2 3–4 5 6 7 8

图 7–10　第二个八拍

第三个八拍：与第一个八拍动作相同，方向相反。

第四个八拍：与第二个八拍动作相同，方向相反。

（五）第五节：4×8 拍

第一个八拍（图 7–11）：

第 1 拍：双腿并拢，左脚脚尖点地，左膝微屈；身体保持正直；左手置于右髋，右手置于头顶；低头，目视前下方。

第 2 拍：双腿并拢，右脚脚尖点地，右膝微屈；身体保持正直；左手置于右髋，右手置于头顶；抬头，目视前方。

第 3 拍：双腿并拢，左脚脚尖点地，左膝微屈；身体保持正直；左手斜上方打开，右手置于脑后，手臂打开；头转向右侧，目视右下方。

第 4 拍：双腿并拢，右脚脚尖点地，右膝微屈；身体保持正直；双臂置于身体两侧；握拳，目视前方。

第 5 拍：两脚分立，屈膝呈马步；屈髋，弯腰；左臂握右臂肘关节，右臂体前向下伸直，开掌；低头，目视前下方。

1 2 3 4 5 6 7 8

图 7–11　第一个八拍

第 6 拍：两脚分立，屈膝呈马步；身体保持正直；双臂斜下举，握拳；目视前方。

第 7 拍：两脚分立，屈膝呈马步；身体保持正直，右肩耸起；双臂斜下打开，握拳；头转向右侧，目视右前方。

第 8 拍：双腿并拢，左脚脚尖点地，左膝弯曲；身体保持正直；左肩耸起；双臂斜下打开，握拳；目视前方。

第二个八拍（图 7-12）：

第 1 拍：左脚向左上步；身体保持正直，朝向左侧；双臂置于身体两侧；目视左前方。

第 2 拍：右腿向左前踢出，绷脚尖；身体保持正直，朝向左侧；双臂置于身体两侧；目视左前方。

第 3 拍：双腿并拢；身体保持正直，朝向后方；双臂置于身体两侧；目视后方。

第 4 拍：左脚向左迈步点地，双膝微屈；髋顶向右侧，身体朝向后方；左臂置于体前，右臂斜下举；目视右臂的方向。

第 5-6 拍：左腿伸直，右腿微屈，两膝相碰；身体保持正直，朝向右侧；右臂置于头顶，左臂扶右髋；低头，目视下方。

第 7 拍：两脚分立，屈膝呈马步；身体保持正直；双臂伸直，自右向左体前划过；目视前方。

第 8 拍：双腿并拢；身体保持正直；胸前平屈；目视前方。

1　2　3　4　5-6　7　8

图 7-12　第二个八拍

第三个八拍（图 7-13）：

第 1 拍：双腿分立；身体保持正直；双臂由前向上向后绕，落于身体两侧；目视前方。

第 2 拍：双腿分立呈马步姿势；弯腰，拱背；双臂置于体前，两手相叠下压；目视前方。

第 3 拍：右腿伸直，左腿微屈；身体保持正直，顶左肩；双臂置于体前，两手相叠下压；目视前方。

第 4 拍：左腿伸直，右腿微屈；身体保持正直，顶右肩；双臂置于体前，两手相叠下压；目视前方。

第 5 拍：右脚踩地，左脚向左画小圆；身体保持正直；手臂斜下举，立掌；目视前方。

第 6 拍：左脚落于右脚右斜后方；身体保持正直；手臂斜下举，立掌；目视前方。

第 7 拍：右脚后撤；身体保持正直；两臂放于身体两侧；目视前方。

第 8 拍：右脚在前，两脚交叉；身体保持正直；两臂斜上举，立掌；目视右斜下方。

第四个八拍（图 7-14）：

第 1 拍：左右脚踮脚尖从身体左侧转 270°；身体保持正直；双臂由上向下落于身体两侧；目视前方。

1 2 3 4 5 6 7 8

图 7-13　第三个八拍

第 2 拍：左腿在前，右腿在后，交叉步；身体保持正直，朝向右方；双臂置于体侧；目视右前方。

第 3 拍：右小腿折叠弹踢；身体保持正直；双臂置于体侧；目视右斜前方。

第 4 拍：双腿分立；身体保持正直；右大臂向前平行于地面，小臂向上折叠，垂直于地面，大臂小臂夹角为 90°，左手置于右手肘下；右手手型呈枪，左手手型呈并掌，目视前方。

第 5-6 拍：右腿膝盖内扣，脚尖点地；身体保持正直，朝向左侧 45°；右手手臂斜下举，左手扶于右髋；左手手型呈并掌，右手手型呈枪手，目视前方。

第 7 拍：右脚并与左脚点地；身体保持正直，朝向左侧；左手置于额前，右手叉腰；低头，目视下方。

第 8 拍：左脚点地；身体保持正直，朝向左侧；左手置于额前，右手叉腰；抬头，目视左前方。

1 2 3 4 5-6 7 8

图 7-14　第四个八拍

（六）第六节：4×8 拍

第一个八拍（图 7-15）：

第 1 拍：左脚向左侧迈出，两腿分立；身体保持正直；左臂从前向后绕头，右手叉腰；低头，目视右下方。

第 2 拍：双腿并拢；身体保持正直；左手扶于左脸颊，右手叉腰；目视前方。

第 3 拍：右脚向右迈步；身体保持正直；右臂从前向后绕头，左手扶于左脸颊；低头，目视左下方。

第 4 拍：双腿并拢，左脚脚尖点地，左膝微屈；身体保持正直；双手扶于脸颊；目视前方。

第 5 拍：左脚后撤；身体保持正直；双臂体前平举，手型呈花掌；目视前方。

第 6 拍：右脚后撤；身体保持正直；双臂体前平举，手型呈花掌；目视前方。

第 7 拍：右脚在前，脚跟点地；身体保持正直；双臂向斜 45° 上举，手型呈花掌；目视前方。

第 8 拍：双腿并拢；身体保持正直，朝向后侧；双臂紧贴身体两侧。

图 7–15　第一个八拍

第二个八拍（图 7–16）：

第 1 拍：左脚向左上步；身体保持正直，朝向后侧；双臂贴紧身体两侧。

第 2 拍：右腿向右侧提起；身体保持正直；手臂侧平举；目视前方。

第 3 拍：右腿向右侧提起；身体保持正直；手臂斜上举；目视前方。

第 4 拍：右脚落地，双腿分立；身体保持正直，朝向左后侧；双臂紧贴身体两侧；目视后方。

第 5 拍：左腿吸腿，大腿与小腿垂直，脚尖下压；身体保持正直，朝向左侧；右臂前摆，大小臂夹角呈 60°；目视前方。

第 6 拍：双腿并拢；身体保持正直，朝向左侧；双臂紧贴身体两侧；目视左侧。

第 7 拍：左腿吸腿，大腿与小腿垂直，脚尖下压；身体保持正直，朝向左侧；右臂前摆，大小臂夹角呈 60°；目视前方。

第 8 拍：双腿并拢；身体保持正直，朝向左侧；双臂紧贴身体两侧；目视左侧。

图 7–16　第二个八拍

第三个八拍：与第一个八拍动作相同，方向相反。

第四个八拍：与第二个八拍动作相同，方向相反。

（七）第七节：4×8 拍

第一个八拍（图 7–17）：

第 1 拍：左脚向左迈出，两腿分立；髋顶向左侧；右臂侧上举，左手贴于身体；手型成一指，目视前方。

第 2 拍：右脚向右迈出，两脚开立；髋顶向右侧；两臂侧上举；手型成一指，目视前方。

第 3 拍：左脚后撤；身体保持正直；肘部弯曲，两手胸前击掌；目视前方。

第 4 拍：右脚后撤，双腿并拢；身体保持正直；肘部弯曲，两臂体前击掌；目视前方。

第 5 拍：左脚向左后方撤步；髋顶向左侧；左臂斜下举，右臂屈肘置于胸前，握拳；目视前方。

第 6 拍：右脚向右后方撤步；髋顶向右侧；两臂斜下举，握拳；目视前方。

第 7 拍：两腿处于统一直线，左腿在前，脚尖点地，右腿在后，膝盖微屈；髋顶向左侧；左臂斜下举，右臂置于脑后；目视前方。

第 8 拍：两腿处于统一直线，左腿在前，脚尖点地，右腿在后，膝盖微屈；髋顶向左侧；左臂屈肘置于胸前后斜下举，右臂置于脑后；目视前方。

1 2 3 4 5 6 7 8

图 7–17 第一个八拍

第二个八拍（图 7–18）：

第 1 拍：左脚向左迈出，右脚后踢；身体保持正直，朝向右侧；双手斜上举，手型呈花掌；目视右前方。

第 2 拍：右脚落地，重心后移；身体保持正直，朝向右侧；双手斜上举，手型呈花掌；目视右前方。

第 3–4 拍：左脚向左侧迈出，同时跳起右脚并于左脚后落下；身体保持正直；肘部弯曲，两手置于腰间；目视前方。

第 5 拍：右脚紧靠左脚点地，膝盖微屈；弯腰屈髋；右臂向右伸直打开，左臂向右于体前斜下举，开掌；目视前方。

第 6 拍：左脚紧靠右脚点地，膝盖微屈；弯腰屈髋；左臂向左伸直打开，右臂向左于体前斜下举，开掌；目视前方。

第 7 拍下肢：右脚点地，膝盖弯曲；身体保持正直；两臂胸前上屈朝向右侧，握拳；头朝向左侧，目视左前方。

第 8 拍：左脚点地，膝盖微屈；身体保持正直；两臂胸前上屈朝向左侧，握拳；头朝向右侧，目视右前方。

第三个八拍：与第一个八拍动作相同，方向相反。

第四个八拍：与第二个八拍动作相同，方向相反。

1 2 3 4 5 6 7 8

图 7-18 第二个八拍

(八) 第八节：4×8 拍

第一个八拍（图 7-19）：

第 1 拍：左脚向前迈步；身体保持正直；左臂屈肘置于腰后，右手置于左肩，握拳；目视前方。

第 2 拍：右脚向前迈步；身体保持正直；左臂屈肘置于腰后，右臂屈肘向右打开，握拳；目视前方。

第 3 拍：双脚并拢，双膝微屈；身体保持正直；两臂屈肘两手胸前相握；目视前方。

第 4 拍：左脚向前上步；身体保持正直；两臂经体前向斜 45 度上举后置于体侧；目视前方。

第 5 拍：右脚向右侧上步，左脚后点地；向右转身，身体保持正直；两臂紧贴身体两侧。

第 6 拍：左脚向前上步；身体保持正直，朝向左侧；手臂紧贴身体两侧；目视左侧前方。

第 7 拍：双脚并拢，双膝微屈，跳起后收右小腿；身体保持正直；手臂屈肘置于身体两侧，向斜下打开，手型呈并掌；目视前方。

第 8 拍：双脚并拢，双膝微屈；身体保持正直；手臂屈肘置于身体两侧，并掌；目视前方。

1 2 3 4 5 6 7 8

图 7-19 第一个八拍

第二个八拍（图 7-20）：

第 1 拍：右脚向右迈步；身体保持正直；右臂斜下举，左臂置于腰后，握拳；目视前方。

第 2 拍：左脚于右脚前点地；身体保持正直；右臂以肘关节为中心向内绕呈斜下举，左臂置于腰后，握拳；目视右斜下方。

第 3 拍：左脚向左迈步；身体保持正直；左臂斜下举，右臂置于腰后，握拳；目视前方。

第 4 拍：右脚与左脚交叉点地；身体保持正直；左臂斜下举，右臂置于腰后，握拳；目视前方。

第 5 拍：右脚向右侧迈出；髋顶向右侧；右手叉腰，左手置于额头前上方；手型呈并掌，目视后方。

第 6 拍：左脚向左侧迈出；身体保持正直；双手置于额头前上方重叠；手型呈并掌，目视前方。

第 7 拍：双腿开立呈马步；弯腰屈膝；两手扶于大腿上；手型呈四指并拢伸直，虎口打开，低头，目视前下方。

第 8 拍：两腿开立；右肩向后带动身体扭转；左手伸直，置于体前，握拳；目视前方。

图 7-20　第二个八拍

第三个八拍（图 7-21）：

第 1 拍：右脚向右迈步；身体保持正直；两臂贴于身体；握拳，目视右前方。

第 2 拍：左脚向右前迈步；身体保持正直，朝向后侧；两臂贴于身体，握拳。

第 3 拍：右脚向右迈步；身体保持正直；两臂贴于身体；握拳，目视右前方。

第 4 拍：双脚并拢，双膝微屈；身体保持正直；手臂前下举，握拳；目视前方。

第 5-6 拍：两腿后踢跳起；髋顶向右侧；左臂斜 45°打开，右臂体侧打开与地面平行；握拳，目视后方。

第 7-8 拍：双腿并拢，双膝微屈；身体保持正直；手臂前下举，握拳；低头，目视前下方。

图 7-21　第三个八拍

第四个八拍（图 7–22）：

第 1 拍：左脚向前迈步；身体保持正直，身体朝左侧；两臂贴于身体；目视左前方。

第 2 拍：右脚向前迈步；身体保持正直，身体朝左侧；两臂贴于身体；目视左前方。

第 3 拍：左腿前踢；身体保持正直朝向左侧；两臂侧平举；握拳；目视左前方。

第 4 拍：双腿并拢；身体保持正直，身体朝左侧；两臂侧平举；握拳，目视左前方。

第 5–6 拍：右脚向左前方上步，成右脚在前交叉步；身体保持正直；两手向侧打开成侧平举，立掌；目视前方。

第 7–8 拍：两脚尖原地旋转 270°，成两脚开立；身体保持正直，由后方至正前方；两臂贴于身体；目视前方。

结束拍：两脚开立，身体保持正直；左臂置于身后，右臂经体前上举；手型成一指，目视前方。

1　2　3　4　5–6　7　8　结束

图 7–22　第四个八拍

二、技术要点

（1）踏步：踏步运动强度较低，但要求在运动过程中至少有一只脚与地面接触；落地时，由脚尖过渡到脚跟着地；屈膝时，胯微收，两臂前后自然摆动。

（2）V 字步：脚向左前迈一步，屈膝缓冲，右脚向右前迈一步成屈膝半蹲，两脚运动轨迹呈 V 字形，然后从左脚开始依次退回原位。

（3）弓步：一腿屈膝，脚尖与膝垂直，另一腿伸直，重心落于两腿之间。

（4）踢腿：腿向上踢时，需加速用力；立腰；上体尽量保持不动。

（5）跳跃落地：由脚跟过渡到全脚掌或由前脚掌过渡到脚掌，然后迅速屈膝、屈髋缓冲，以分解地面对人体的冲击力，同时躯干与手臂保持良好的姿态，肌肉用力以保持动作的稳定与控制。

（6）每一个动作都要控制准确，都有一个明确的开始与结束，每一个动作的过程都要控制。

（7）弹动技术主要依靠踝关节、膝关节、髋关节的屈伸缓冲而产生。通过腿部各屈伸肌肉群协调用力，形成弹动动作。

（8）半蹲时，身体重心下降，臀部向后下 45°方向用力，膝关节不应超过脚尖，腰腹、臀部和大腿肌肉收缩，上体保持正直，重心在两腿之间，起落要有控制。

（9）身体重心的节律性弹动，通过髋、膝、踝的合理屈伸，在完成的过程中，体现身体重心上下起伏，起伏的节奏与音乐保持一致。

（10）身体在跳操的过程中应保持自然挺拔，头部稍稍昂起，并始终保持腰腹和背部肌肉的协调收缩，无论肢体的位置如何变化都应有控制。

三、评价标准

优秀 10—9.0	（1）整套操熟练、规范、有力度； （2）音乐配合协调，队形变化自然流畅； （3）动作姿态优美、舒展、节奏感强，能充分伸展身体的各个部位； （4）具有较强的表现力。
良好 8.9—8.0	（1）整套操熟练，较规范、较有力度； （2）音乐配合较协调，队形变化较流畅； （3）动作姿态舒展、节奏感强，能充分伸展身体的各个部位； （4）有节奏感，具有一定的表现力。
中等 7.9—7.0	（1）整套操较为熟练，有些动作不太规范，较有力度； （2）音乐与动作有不协调、不合拍之处； （3）个别规定动作有漏缺，队形变化较自然，身体各部位基本能够伸展； （4）表现力一般。
及格 6.9—6.0	（1）整套操不太熟练，动作力度较差； （2）队形变化及音乐的配合不够自然，音乐与动作有不合之处； （3）有个别遗忘现象，但能独立完成，规定动作有漏缺。
不及格 6.0 以下	（1）整套操不熟练，动作力度较差； （2）队形变化凌乱，音乐与动作不协调； （3）遗忘现象较多，规定动作有多处漏缺。

第二节　有氧踏板操

有氧踏板操为健美操课程第二学期的教学内容，共 8 节。有氧踏板操是将体能测试中的台阶练习与健美操的基本步伐相结合，适合有健美操基础的学生学习。其练习目的是：（1）初步了解和掌握有氧踏板的动作内容、风格及技术特征；（2）提高身体素质，训练有氧耐力，提高身体的协调性与灵活性；（3）培养动作的节奏感与表现力，提高健美操专业运动技能；（4）学会利用踏板进行练习，增加运动乐趣。

一、动作做法

（一）预备节：2×8 拍

第一个八拍（图 7-23）：

第 1-4 拍：向右并步、向左并步；双手并掌，掌心朝前，经体侧向上交叉；

第 5-8 拍：向右并步、向左并步；双手并掌，掌心朝前，经上交叉向体侧还原；第 8 小拍“抢拍”将双手握拳，胸前交叉，拳心朝内。

1-4　　5-8

图 7-23　第一个八拍

第二个八拍（图 7-24）：
第 1-2 拍：向右并步，双手经体前打开至斜上方、开掌、掌心朝前；
第 3-4 拍：向左并步，双手回至胸前交叉，握拳、拳心朝内；
第 5-6 拍：向右并步，双手经体前打开至斜下方、开掌、掌心朝前；
第 7-8 拍：向左并步，双手回至胸前交叉，握拳、拳心朝内。

1-2　　3-4　　5-6　　7-8

图 7-24　第二个八拍

（二）第一节：4×8 拍

第一个八拍（图 7-25）：
第 1 拍：右脚上板，双手并掌、前平举、掌心朝下；
第 2 拍：左脚上板，双手握拳与腰侧、拳心朝上；
第 3 拍：右脚向后、板下直膝踩地，双手并掌、前平举、掌心朝下；
第 4 拍：右脚上板，双手握拳与腰侧、拳心朝上；
第 5 拍：同第 3 拍动作，方向相反；
第 6 拍：左脚上板，双手握拳与腰侧、拳心朝上；
第 7 拍：同第 1 拍动作，右脚下板；
第 8 拍：左脚下板，双手握拳与腰侧、拳心朝上。

1　　2、4、6　　3　　8

图 7-25　第一个八拍

第二个八拍（图 7-26）：
第 1 拍：身体面向正前方，右脚上板，双手并掌、前平举、掌心朝下；
第 2 拍：身体面向左斜前方，左脚上板，双手握拳与腰侧、拳心朝上；
第 3 拍：身体转向左斜后方，右脚向后、板下直膝踩地，双手并掌、前平举、掌心朝下；
第 4 拍：身体转向左斜前方，右脚上板，双手握拳与腰侧、拳心朝上；
第 5 拍：身体面向左斜前方，左脚向后、板下直膝踩地，双手并掌、前平举、掌心朝下；
第 6 拍：身体面向左斜前方，左脚提膝，双手握拳与腰侧、拳心朝上；

第 7 拍：身体面向左斜前方，左脚下板，双手并掌、前平举、掌心朝下；
第 8 拍：身体面向正前方，右脚下板，双手握拳与腰侧、拳心朝上。

图 7-26　第二个八拍

第三个八拍：同第一个八拍，方向相反。
第四个八拍：同第二个八拍，方向相反。

（三）第二节：4×8 拍

第一个八拍（图 7-27）：
第 1 拍：右脚上板，双手握拳，胸前交叉，拳心朝内；
第 2 拍：左脚提膝，双手经体前打开至斜上方、开掌、掌心朝前；
第 3 拍：左脚下板，双手握拳，胸前交叉，拳心朝内；
第 4 拍：右脚板上直膝、勾脚点地，双手经体前打开至斜下方、开掌、掌心朝前；
第 5 拍：同第 1 拍；
第 6 拍：左脚提膝，双手握拳侧平、拳心朝下；
第 7 拍：左脚下板、在板左侧踩地，双手握拳与腰侧、拳心朝上；
第 8 拍：右脚直膝、板上脚尖点地，双手开掌，左手侧平举、右手前平举；

图 7-27　第一个八拍

第二个八拍（图 7-28）：
第 1 拍：右脚板上踩地，双手自然摆动；
第 2 拍：左脚板后踩地，双手自然摆动；
第 3 拍：右脚下板，双手自然摆动；
第 4 拍：左脚上板，双手握拳，胸前交叉，拳心朝内；
第 5 拍：右脚提膝，双手经体前打开至斜上方、开掌、掌心朝前；
第 6 拍：右脚下板，双手握拳，胸前交叉，拳心朝内；
第 7 拍：左脚板上直膝、勾脚点地，双手经体前打开至斜下方、开掌、掌心朝前；
第 8 拍：同第 4 拍。
第三个八拍（图 7-29）：

图 7-28　第二个八拍

第 1 拍：右脚提膝，双手握拳侧平、拳心朝下；

第 2 拍：右脚下板、在板左侧踩地，双手握拳与腰侧、拳心朝上；

第 3 拍：左脚直膝、板上脚尖点地，双手开掌，左手侧平举、右手前平举；

第 4 拍：左脚板上踩地，双手自然摆动；

第 5 拍：右脚板后踩地，双手自然摆动；

第 6 拍：左脚下板，双手自然摆动；

第 7 拍：右脚上板，双手自然摆动；

第 8 拍：左脚上板于右脚后，双手自然摆动，身体面向左侧。

图 7-29　第三个八拍

第四个八拍（图 7-30）：

第 1 拍：右脚板上踩地，双手自然摆动，身体面向左侧；

第 2 拍：左脚下板，双手自然摆动，身体面向正前方；

第 3 拍：右脚下板，双手自然摆动，身体面向正前方；

第 4 拍：左脚上板，双手自然摆动；

第 5 拍：右脚上板于左脚后，双手自然摆动，身体面向右侧；

第 6 拍：左脚板上踩地，双手开掌、屈肘，右手在上、左手在下，掌心朝外，身体面向右侧，眼睛看向正前方；

第 7 拍：右脚下板，双手自然摆动，身体面向正前方；

第 8 拍：左脚下板，双手自然摆动，身体面向正前方。

（四）第三节：4×8 拍

第一个八拍（图 7-31）：

第 1 拍：右脚上板；

第 2 拍：左脚吸腿跳；

第 3 拍：左脚侧摆腿跳；

第 4 拍：右脚侧摆腿跳；

第 5 拍：左脚侧摆腿跳；

图 7–30　第四个八拍

第 6 拍：左脚吸腿跳；

第 7 拍：左脚下板；

第 8 拍：右脚下板。

图 7–31　第一个八拍

第二个八拍：同第一个八拍，方向相反。

第三个八拍（图 7–32）：

第 1 拍：右脚上板，身体面向左斜前方；

第 2 拍：左脚吸腿，身体面向左侧；

第 3 拍：左脚下板（板左侧），身体面向左侧；

第 4 拍：右脚下板（板右侧）、点地，右脚直膝，左脚屈膝；

第 5 拍：右脚上板、身体面向左斜前方；

第 6 拍：左脚吸腿，身体面向左斜前方；

第 7 拍：左脚下板；

第 8 拍：右脚下板。

图 7–32　第三个八拍

第四个八拍

第 1 拍：左脚上板，身体面向右斜前方；

第 2 拍：右脚吸腿，身体顺时针旋转，面向左侧；

第 3 拍：右脚下板（板右侧），身体面向左侧；

第 4 拍：左脚下板（板左侧）、点地，左脚直膝，右脚屈膝，右手握拳于腰侧、拳心朝上，左手并掌前平举、掌心朝下；

第 5 拍：左脚上板，身体逆时针旋转，面向后侧；

第 6 拍：右脚吸腿，身体逆时针旋转，面向右侧；

第 7 拍：右脚下板；

第 8 拍：左脚下板。

（五）第四节：4×8 拍

第一个八拍（图 7–33）：

第 1–2 拍：右脚上板、左脚板下，原地并步跳，身体面向左侧；

第 3 拍：左脚上板，于右脚后踩地，身体面向左侧；

第 4 拍：右脚原地踩地，身体面向左侧；

第 5–6 拍：左脚下板、右脚板上，原地并步跳，身体面向左侧；

第 7 拍：右脚下板，于左脚后踩地，身体面向左侧；

第 8 拍：左脚原地踩地，身体面向左侧。

图 7–33　第一个八拍

第二个八拍（图 7–34）：

第 1–4 拍：右脚上步、左脚提膝两次，身体面向左侧；

第 5–6 拍：左、右脚各后退一步，身体面向左侧；

第 7 拍：双脚开立，身体转回至正前方；

第 8 拍：双脚并腿跳回，双手提手腕经侧平举后落回体侧。

图 7–34　第二个八拍

第三个八拍：同第一个八拍，方向相反。

第四个八拍：同第二个八拍，方向相反。

（六）第五节：4×8 拍

第一个八拍（图 7–35）：

第 1 拍：右脚上板，身体面向正前方；

第 2 拍：左脚左侧踩地，身体面向正前方；

第 3 拍：右脚下板于左脚后侧踩地，身体面向正前方，双手并掌、掌心朝下，左手侧平举、右手前平举；

第 4 拍：右脚踩板，身体向右扭转，双手并掌于胸前、掌心朝下、手肘与肩同高；

第 5–6 拍：双手保持第 4 拍动作，逆时针平转身体，面向右侧；

第 7–8 拍：左脚向前并步跳，身体面向右侧，双手并掌、掌心朝下，左手侧平举、右手前平举。

图 7–35 第一个八拍

第二个八拍（图 7–36）：

第 1–2 拍：右脚上步、左脚提膝，身体面向右侧；

第 3–4 拍：左、右脚各后退一步，身体面向右侧；

第 5 拍：左脚上板，身体顺时针转、面向正后方；

第 6 拍：右脚上板，身体顺时针转、面向正前方；

第 7 拍：左脚下板，身体面向正前方；

第 8 拍：右脚下板，身体面向正前方。

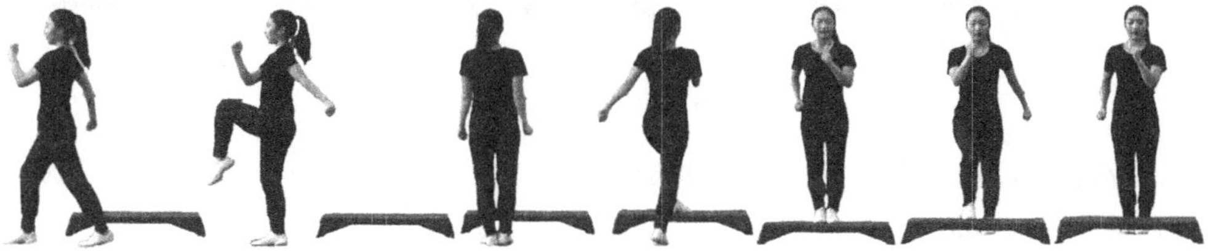

图 7–36 第二个八拍

第三个八拍：同第一个八拍，方向相反。

第四个八拍：同第二个八拍，方向相反。

（七）第六节：4×8 拍

第一个八拍（图 7–37）：

第 1 拍：右脚上板，双手握拳，屈臂、小臂垂直于地面、手肘与肩同高，拳心朝内；

第 2 拍：左脚侧踢腿，双手并掌、掌心朝下、侧平举；

第 3 拍：左脚下板，双手握拳，屈臂、小臂垂直于地面、手肘与肩同高，拳心朝内；

第 4 拍：右脚下板，双手并掌于体侧、掌心朝内；

第 5–8 拍：同第 1–4 拍，方向相反。

第二个八拍：同第一个八拍。

第三个八拍（图 7–38）：

1、3、5、7　　2、6　　4、8

图 7-37　第一个八拍

第 1 拍：右脚上板，身体面向左斜前方，双手并掌、掌心朝下、前平举；

第 2 拍：左脚吸腿，身体面向左斜前方，双手握拳于腰侧、拳心朝上；

第 3 拍：左脚下板踩地，身体面向左斜前方，双手握拳，屈臂、小臂垂直于地面、手肘与肩同高，拳心朝内；

第 4 拍：左脚后屈腿，身体面向左斜前方，右手握拳于体侧、拳心朝前；

第 5 拍：同第 3 拍；

第 6 拍：左脚左后踢腿，身体面向左斜前方，双手并掌，左手上举、掌心朝前，右手侧平、掌心朝下；

第 7-8 拍：左、右脚依次下板，身体面向正前方，双手落于体侧。

1　　2　　3、5　　4　　6　　7　　8

图 7-38　第三个八拍

第四个八拍：同第三个八拍，方向相反。

（八）第七节：4×8 拍

第一个八拍（图 7-39）：

第 1-2 拍：双脚开立，微屈髋、屈膝跳起，双手掌心朝下、压腕、从体前向下划；

第 3 拍：右脚膝盖向外打开，双手握拳，右手于体侧，左手屈肘、拳心朝下、向外扩胸；

第 4 拍：同 3 拍；

第 5 拍：左腿前踢腿跳（45°），双手并掌，右手于体侧，左手经体侧至前平举、掌心朝下，身体逆时针转体至面向左侧；

第 6 拍：双脚跳至并腿，双手于体侧，身体面向左侧；

第 7 拍：左脚脚跟前点地，身体面向左侧、后倒，双手叠掌向前推出；

第 8 拍：双脚并拢、下蹲，双手扶于膝盖上，身体面向左侧。

第二个八拍（图 7-40）：

第 1-2 拍：右脚屈膝，左脚直膝，身体面向左侧、右倾，双手握拳、拳心相对，屈肘、小臂平行于地面，右肩向上与左肩向上，依次交替三次；

1-2　3、4　5　6　7　8

图 7-39　第一个八拍

第 3-4 拍：同第 1-2 拍，方向相反；

第 5 拍：双脚交叉、右脚在前，双手侧平、并掌、掌心朝下，身体面向正前方；

第 6 拍：双脚踩地，身体逆时针旋转至正前方；

第 7 拍：右脚向右踩地，左手保持不动，右手侧平举、并掌、掌心朝下，身体面向正前方；

第 8 拍：左脚向左踩地，右手保持不动，双手侧平举、并掌、掌心朝下，身体面向正前方。

1-2　5　6　7　8

图 7-40　第二个八拍

第三个八拍（图 7-41）：

第 1 拍：右脚上板，身体面向正前方，双手握拳、拳心朝下，左手屈肘于胸前、右手侧平；

第 2 拍：左脚上板，双脚开立，身体面向正前方，双手握拳、拳心朝下，右手屈肘于胸前、左手侧平；

第 3 拍：双脚开立，胯部向右，双手握拳、拳心相对，左手屈肘、小臂垂直于地面，右手直臂下举；

第 4 拍：同第 3 拍，方向相反；

第 5-6 拍：双脚开立，双手握拳、拳心朝下、侧平举；

第 7-8 拍：双脚跳回至并脚，双手头顶击掌。

1　2　3　4　5-6　7-8

图 7-41　第三个八拍

第四个八拍：

第 1-2 拍：双脚跳至开立，身体面向左斜前方；左手并掌于体侧，右手与头部逆时针绕圈；

第 3-4 拍：双脚开立下蹲，身体面向左侧，左手并掌于体侧，右手握踏板边缘；

第 5-6 拍：右脚、左脚依次下板；

第 7-8 拍：双脚跳至开立，右手“一指”向前、前平举，身体向右后方倾斜。

（九）过渡节：2×8 拍

第一个八拍（图 7-42）：

双手自然摆臂，顺时针绕板走一圈，回到板后，身体面向正前方。

1　2　3　4　5　6　7　8

图 7-42　第一个八拍

第二个八拍（图 7-43）：

第 1-6 拍：原地踏步，双手额前击掌六次；

第 7-8 拍：原地踏步，双手置于体侧。

1-6　7-8

图 7-43　第二个八拍

（十）第八节：4×8 拍

第一个八拍（图 7-44）：

第 1 拍：右脚上板，身体面向左斜前方，双手花掌、上举、掌心相对；

第 2 拍：左脚提膝，身体面向左斜前方，双手握拳、置于腰间、掌心向上；

第 3 拍：左脚下板，身体面向左斜前方，双手花掌、上举、掌心相对；

第 4 拍：同 2 拍；

第 5 拍：同 3 拍；

第 6 拍：右脚下板，身体面向正前方，双手握拳、置于腰间、掌心向上；

第 7 拍：开合跳，身体面向正前方，双手花掌、上举、掌心相对；

第 8 拍：双脚跳至并拢，身体面向正前方，双手握拳、置于腰间、掌心向上。

第二个八拍：同第一个八拍，方向相反。

第三个八拍（图 7-45）：

第 1 拍：右脚上板、脚尖点地在踏板左边，身体面向正前方；

第 2 拍：右脚上板、脚尖点地在踏板右边，身体面向正前方；

第 3-4 拍：右脚下板，身体面向右斜前方，向后交换步；
第 5-8 拍：同第 1-4 拍，方向相反。

1、3、5　　2、4　　6、8　　7

图 7-44　第一个八拍

1　　2　　3　　4

图 7-45　第三个八拍

第四个八拍（图 7-46）：

第 1 拍：右脚上板，髋向右，身体面向正前方，双手开掌向前，右手斜上举、左手屈肘于头顶；

第 2 拍：左脚上板，髋向左，身体面向正前方，双手开掌向前，左手斜上举、右手屈肘于头顶；

第 3-6 拍：同 1-2 拍；

第 7 拍：右脚下板；

第 8 拍：左脚下板。

1　　2、4、6　　3、5　　7、8

图 7-46　第四个八拍

（十一）结束（造型）：1 拍

双脚跳至开立，右手上举“一指”向上，身体面向正前方（图 7-47）。

图 7-47　结束

二、技术要点

（1）侧摆腿跳：跳起踢腿约45°，脚背朝向正前方。

（2）并步跳：（以左脚、向前为例）左脚向前迈步、跳起后右脚向左脚并拢，双脚脚背绷直，右脚、左脚依次落地。

（3）板上原地并步跳：（以右脚、向右为例）身体面向左侧，右脚上板跳起后左右脚依次落下。

（4）侧踢腿：（以左脚为例）双脚膝盖伸直，左脚脚背朝上踢腿。

（5）向后交换步：（以左脚为例）左脚向后迈步，右脚向左脚并拢，左脚向前迈步，重心始终保持在中间，脚步移动时不改变重心位置，三次移动步伐在2拍内完成。

三、评价标准

优秀 10—9.0	（1）整套操熟练，踩板连贯、清晰、有力度； （2）音乐配合协调，队形变化自然流畅； （3）动作姿态优美、舒展、节奏感强，能充分伸展身体的各个部位；
良好 8.9—8.0	（1）整套操熟练，踩板正确、脚步不够清晰，较有力度； （2）音乐配合较协调，队形变化较流畅； （3）动作姿态舒展、节奏感强，能充分伸展身体的各个部位；
中等 7.9—7.0	（1）整套操较为熟练，踩板存在错误、连贯性较差，步伐力度欠缺； （2）音乐与动作有不协调、不合拍之处； （3）个别规定动作有漏缺，队形变化较自然，身体各部位基本能够伸展；
及格 6.9—6.0	（1）整套操不太熟练，踩板有明显错误，动作力度较差； （2）队形变化及音乐的配合不够自然，音乐与动作有不合之处； （3）有个别遗忘现象，但能独立完成，规定动作有漏缺。
不及格 6.0以下	（1）整套操不熟练，动作力度较差； （2）队形变化凌乱，音乐与动作不协调； （3）遗忘现象较多，规定动作有多处漏缺。

第三节　街舞健美操

街舞健美操为健美操课程第三学期的教学内容，共7节。街舞健美操是健身活力舞蹈，它吸纳了街舞的动作特性，依据健身原则，在音乐的伴奏下，在身体松弛的状态中，突出街舞的律动及身体的起伏。其练习目的是：（1）增强学生的韵律感、节奏感，提高身体各部分的协调性和灵敏性，培养正确的身体姿势；（2）增强学生的自信心，增进学生审视美、表现美、创造美的能力；（3）提高学生的力量、速度、灵活性，使动作更加协调、准确，改善学生的神经系统机能。

一、动作做法

（一）第一节：6×8拍

第一个八拍（图7-48）：

第 1 拍：右脚后撤成弓步，身体后仰，右手并掌、从前向后环绕一圈，左手后背；
第 2 拍：右脚向左脚并拢，双手握拳、拳眼朝内，小臂交叉于胸前；
第 3 拍：左脚侧点地，右脚屈膝，左手立掌向左推出，右手于体侧，眼睛看向左手；
第 4 拍：左脚并回，双手于体侧；
第 5 拍：右脚向前迈步，身体后仰，左手食指至小指立拳、拇指竖起向前推出，右手于体侧；
第 6 拍：左脚向右脚并拢，双手于体侧；
第 7 拍：双脚并拢，双手于体侧，右肩、左肩依次向前环绕一圈；
第 8 拍：左脚提膝、脚尖于右脚膝盖旁，右脚屈膝，身体向前屈体，双手开掌抱于体前，右手在上、左手在下。

1　2　3　4　5　6　7　8

图 7-48　第一个八拍

第二个八拍（图 7-49）：
第 1 拍：左脚向左迈步、屈膝，右脚拖地，双手向右侧推出，眼睛看向双手：
第 2 拍：右脚向左脚并拢，双手于体侧；
第 3-4 拍：右脚吸腿，由内向外至体侧时屈膝落地，右手握拳屈肘、小臂与右腿方向一致、向外绕圈于右侧；
第 5-6 拍：动作同 3-4 拍，方向相反；
第 7 拍：双脚开立，头、颈、胸、腰依次向前波浪，双手握拳，屈肘由双肩前向下穿至体侧；
第 8 拍：回至第 6 拍动作。

1　2　3　4　5　6　7　8

图 7-49　第二个八拍

第三个八拍（图 7-50）：
第 1-3 拍：保持第二个八拍的第 8 拍动作，同时跳起，胸向后；
第 4 拍：双脚跳至并拢，双手握拳、拳眼相对，小臂与大臂、大臂与身体均成 90°；
第 5 拍：在第 4 拍基础上，右脚向左臂后踢，头向左倾斜；
第 6 拍：同第 4 拍；
第 7-8 拍：动作保持第 6 拍，双脚跳起顺时针转一周。

1-3　4　5　6　7-8

图 7-50　第三个八拍

第四个八拍（图 7-51）：

第 1-3 拍：身体转向右侧，拍由右脚开始，向右迈步三次，手臂自然摆动；

第 4 拍：左脚吸腿跳，手臂自然摆动；

第 5-8 拍：右脚、左脚跳起并依次由前向后划圈。

1　2　3　4　5　6　7　8

图 7-51　第四个八拍

第五个八拍（图 7-52）：

第 1-2 拍：左脚吸腿跳，同时向后转 180°，左臂配合左脚动作由直臂到屈肘；

第 3-4 拍：右脚吸腿跳，同时双手并掌、小臂于体前交叉、掌心朝下；

第 5、6、7 拍：双脚开立，臀部向右（左），双手由下向上于体前交叉，并掌、掌心朝下；

第 8 拍：双脚跳回并拢，双手直臂并由前向后环绕一周于体侧。

1　2　3　4　5　6　7　8

图 7-52　第五个八拍

第六个八拍（图 7-53）：

第 1 拍：双脚跳起后，左脚落地、右脚侧摆腿，双手圆手型，左手斜上、右手斜下；

第 2 拍：保持第 1 拍动作，身体逆时针旋转，面向左侧；

第 3 拍：右脚落地，双手于体侧，身体面向右侧；

第 4 拍：左脚于右脚前落地，身体转向右侧，右手于体侧，左手在头部逆时针绕一圈；

第 5 拍：右脚屈膝，身体前屈，左手触碰左脚脚尖；

第 6 拍：左手摸左脚起身；

第 7-8 拍：身体向右旋转，面向正前方，右脚跳起向左脚并拢，双手直臂于头顶叠掌、掌心朝前。

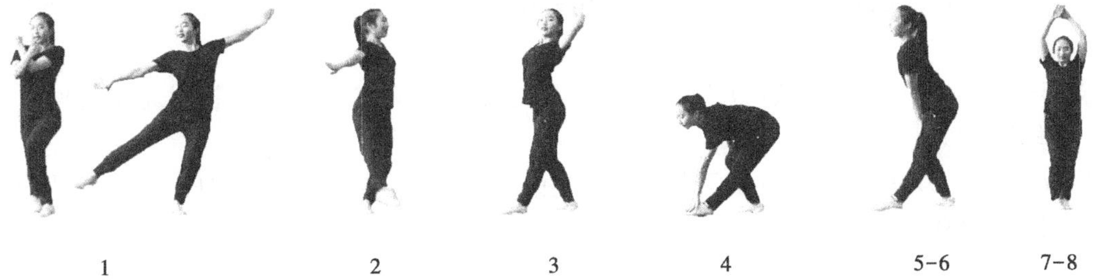

图 7-53　第六个八拍

（二）第二节：4×8 拍

第一个八拍（图 7-54）：

第 1、3、5 拍：右脚向右迈步，臀部向右顶，双手向下压至体后，身体面向右斜前方；

第 2、4 拍：左脚原地踏步一次，臀部向左撅臀，双手叠掌于体前下压，身体面向右斜前方；

第 6、7、8 拍：左脚向右脚并拢，双脚下蹲，双手叉腰，胸向后。

图 7-54　第一个八拍

第二个八拍（图 7-55）：

第 1、3 拍：左脚向左迈步、屈膝，双手握拳，右手直臂于右脚前侧，左手屈臂于左肩前；

第 2、4 拍：右脚向左脚并拢，左右手交换动作；

第 5-6、第 7-8 拍：右脚由前向旁划圈并收回至左脚足弓处点地，双手于腰间抓握。

图 7-55　第二个八拍

第三、四个八拍：动作同第一、二个八拍，方向相反。

（三）第三节：6×8 拍

第一个八拍（图 7-56）：

第 1、3 拍：右脚向右迈步，双脚屈膝，身体转至面向右侧，身体向右脚屈体，右手叉腰，左手直臂握拳，划至体前，眼睛看向右脚；

第 2、4 拍：双脚直立，右手叉腰，左手经体前由屈肘至左斜上方直臂，拳心朝前，眼睛看向右脚；

第 5-6 拍：双脚经弯曲后直立，身体由右侧转至正前方，右手叉腰，左手逆时针绕一圈至上举并开掌、掌心朝前；

第 7-8 拍：双脚开立，右手叉腰，左手由开掌抓握至拳，拳心朝内，大臂与小臂、小臂与身体均成 90°。

1 2 3 4 5 6 7 8

图 7-56 第一个八拍

第二个八拍（图 7-57）：

第 1-2 拍：右脚向右迈步，左手于体侧，右手开掌、从体前向上举、掌心朝前；

第 3-4 拍：左脚保持直膝，右脚膝盖内扣，重心移至右脚，屈肘向下将手指置于眼前；

第 5-6 拍：保持第 4 拍动作，右手扶头，头部逆时针转一周；

第 7-8 拍：双脚开立，双手扶头，头部逆时针转一周。

1 2 3-4 5 6 7 8

图 7-57 第二个八拍

第三个八拍（图 7-58）：

第 1-2 拍：右脚向右迈步、屈膝下蹲，身体前倾，双手握拳于肩前上抬两次；

第 3-4 拍：同第 1-2 拍，方向相反；

第 5 拍：双脚打开、屈膝，右手、左手依次向左斜下方、右斜下方伸直手臂，开掌、掌心朝内，身体前倾；

第 6 拍：双脚跳回并拢，身体直立，双手握拳于肩前、屈肘、与肩同高；

第 7 拍：第一步，面向右斜前方，右弓步跳，双手握拳、拳眼朝前，置于体侧斜下 45°；第二步，双脚跳回并拢，面向正前方，双手置于体侧；

第 8 拍：同第 7 拍第一步动作，方向相反。

1 2 3 4 5 6 7 8

图 7-58　第三个八拍

第四、五、六个八拍：动作同第一、二、三个八拍，方向相反。

（四）第四节：4×8 拍

第一个八拍（图 7-59）：

第 1-2 拍：双手撑地，双脚打开，成高位支撑；

第 3-4 拍：双手开立，保持高位支撑，双脚做一次开合跳；

第 5 拍：身体向后转体至仰撑，面向右侧，右脚屈膝踩地，左脚勾脚向上踢出；

第 6 拍：保持仰撑，左右脚互换；

第 7-8 拍：右手撑地、左手抬起，头朝后侧，双脚打开，高位支撑。

1 2 3 4 5 6 7-8

图 7-59　第一个八拍

第二个八拍（图 7-60）：

第 1-6 拍：同第一个八拍的第 2-8 拍；

第 7-8 拍：同第 1-2 拍。

1 2 3 4 5-6 7 8

图 7-60　第二个八拍

第三个八拍（图 7-61）：

第 1-2 拍：双脚并拢、屈膝跳至胸前，双手撑地、保持不动；

第 3-4 拍：身体向后转体至仰撑，面向右侧，双脚屈膝踩地；

第 5-6 拍：保持仰撑，左脚屈膝踩地，右脚勾脚向上踢出；

第 7-8 拍：同第 5-6 拍，方向相反。

1-2　3-4　5-6　7-8

图 7-61　第三个八拍

第四个八拍（图 7-62）：

第 1 拍、第 3-4 拍：同第三个八拍的第 5-6 拍；

第 2 拍：同第三个八拍的第 5-6 拍，方向相反；

第 5 拍：同第三个八拍的第 3-4 拍；

第 6 拍：向后转体，右脚在前，双脚屈膝，左手扶地、右手扶腿撑起；

第 7-8 拍：双脚开立，双手小臂向内绕圈、叠掌于腹前。

1　2　3-4　5　6　7　8

图 7-62　第四个八拍

（五）第五节：2×8 拍

第一个八拍（图 7-63）：

第 1-2 拍：第一步，右脚向右迈步，双手握拳，右手于体侧，左手屈肘于胸前向外扩开；第二步，右脚并回，双手握拳，右手于体侧，左手屈肘于胸前向内回收；第三步重复第一步的动作；第四步，右脚并回，双手于体侧；

第 3-4 拍：同第 1-2 拍，方向相反；

第 5-6、第 7-8 拍：（完成 3 个动作）第一步，开合跳跳开，双手握拳、拳心相对，手臂于两侧，大臂与小臂、大臂与身体均成 90°；第二步，在第一步动作的基础上，拳向下、将小臂与身体垂直；第三步，双脚跳回，双手握拳、手肘与肩同高，扩胸一次；

1　2　5-6、7-8

图 7-63　第一个八拍

第二个八拍：动作同第一个八拍，方向相反。

（六）第六节：4×8 拍

第一个八拍（图 7-64）：

第 1、3 拍：右脚向前迈步，双脚屈膝，双手屈肘、握拳胸前抬起，身体前倾（换脚时，跳起、双手经直臂后屈肘）；

第 2、4 拍：同第 1、3 拍，方向相反；

第 5-6 拍：右脚向右迈步，下蹲且双手直臂、握拳、拳眼朝前，双臂抬起至比肩稍高，2 次；

第 7-8 拍：右脚向左脚并拢，下蹲且双手屈肘、握拳、拳眼朝内，双臂抬起至比肩稍高，2 次。

1、3　　5-6　　7-8

图 7-64　第一个八拍

第二个八拍

第 1-4 拍：同第一个八拍的第 5-8 拍，方向相反；

第 5 拍：同第一个八拍的第 5-6 拍（做一次）；

第 6 拍：同第一个八拍的第 7-8 拍（做一次）；

第 7 拍：同第 5 拍，方向相反；

第 8 拍：同第 6 拍，方向相反。

第三、四个八拍：动作同第一、二个八拍，方向相反。

（七）第七节：6×8 拍

第一个八拍（图 7-65）：

第 1 拍：右脚向前迈步、前脚掌踩地，双脚直膝站立，身体转向左侧，左手于体侧，右手在前做小臂、肩膀同时向内绕圈；

第 2 拍：双脚屈膝，身体前倾，右手握拳、左手并掌呈抱拳礼于胸前，低头；

第 3-4 拍：第一步，右脚勾脚向右斜前方弹踢腿跳出；第二步，左脚后踢腿；第三步，左脚向左斜前方弹踢腿出，双手扶于两髋；

第 5-6 拍：双脚跳至开立，双手扶于两髋，身体由下至上左向前波浪；

第 7 拍：第一步，右脚膝盖内扣，双脚下蹲，双手握拳，左手拳眼朝内、屈肘于左肩前，右手向下冲拳、全面朝下；第二步直膝，双手握拳、拳眼朝内、屈肘于肩前；

第 8 拍：同第 7 拍，方向相反。

第二个八拍（图 7-66）：

第 1 拍：右脚后踢腿跑，右手于体侧，左手握拳、屈肘与肩同高，小臂向内绕圈；

第 2 拍：跳开至双脚开立，右手于体侧，左手握拳、手肘与肩同高，小臂向外绕圈至水平、拳背朝下；

1　2　3–4　5–6　7　8

图 7–65　第一个八拍

第 3 拍：双脚膝盖内扣、脚跟抬起，右手于体侧，左手握拳、屈肘与肩同高，小臂向内绕圈；

第 4 拍：双脚屈膝，身体转至面向右斜前方，右手并掌、屈肘与腹前，左手握拳（拳背）砸拳于右手；

第 5 拍：双脚保持第 4 拍动作，重心前移，双手握拳、拳心相对于体侧斜下 45°，扩胸；

第 6 拍：双脚保持第 4 拍动作，重心后移，双手握拳、拳心相对于体侧斜下 45°，扩胸；

第 7–8 拍：同第 5 拍。

1　2　3　4　5　6　7–8

图 7–66　第二个八拍

第三个八拍（图 7–67）：

第 1–2 拍：第一步，左脚向前迈步，屈膝，重心向下，身体前倾，双手经体前打开至侧平；第二步，跳起重心换至右脚；第三步，跳起重心换至左脚踩地，右脚勾脚前踢腿，双手于后背；

第 3–4 拍：脚步动作同第 1–2 拍的第二、三步，方向相反，双手于后背；

第 5 拍：左脚落地，右脚膝盖内扣，双脚下蹲，身体面向左侧屈体、低头，双手抱头、手肘向下；

第 6 拍：右脚膝盖向外打开，保持下蹲，身体与左脚夹角不变，身体转至面向前侧，手肘朝向两侧；

第 7–8 拍：双脚开立，身体正直，双手抱头，手肘朝向两侧。

1–2　3　4　5　6　7–8

图 7–67　第三个八拍

第四、五、六个八拍：动作同第一、二、三个八拍，方向相反。

（八）结束动作

第1、2、3拍：左脚内扣，面向右斜前方、双脚下蹲，双手握拳于体侧斜下45°，含胸；第2拍在第1拍基础上含胸、身体前屈；第3拍在第2拍基础上含胸、身体前屈（图7–68）。

1　　2　　3

图7–68　结束动作

二、技术要点

（1）动作松弛自如：肌肉持续的用力会使动作僵硬，动作幅度受影响；而放松不当又会使动作松懈，软弱无力。经过反复练习，掌握控制肌肉的能力，在动作随意、松弛的同时，强调动作的爆发力。

（2）动作的流畅与停顿：街舞的音乐有大量切分音，在连接流畅的同时，做少量空拍停顿，视觉效果上形成强烈的反差，动作因此更具有层次感，增强了街舞随意、自然的感觉。

（3）身体弹动技术：街舞健美操身体的弹动主要体现在各个关节（踝、膝、髋、肩、肘、胸等），弹动技术可以让舞者把握住街舞的动作特点，尤其是膝关节始终处于微屈或弹动的状态，整个身体动作的感觉是“up and down”的律动和弹性，身体其他部位的弹动也要靠相关肌肉的控制及交替收缩来实现，使动作律动感很强且松弛自然，对身体关节起到保护作用，避免运动损伤。

三、评价标准

优秀 10—9.0	（1）整套操熟练、规范、有力度； （2）音乐配合协调，队形变化自然流畅； （3）动作姿态优美、舒展、节奏感强，能充分伸展身体的各个部位；
良好 8.9—8.0	（1）整套操熟练，较规范、较有力度； （2）音乐配合较协调，队形变化较流畅； （3）动作姿态舒展、节奏感强，能充分伸展身体的各个部位；
中等 7.9—7.0	（1）整套操较为熟练，有些动作不太规范，较有力度； （2）音乐与动作有不协调、不合拍之处； （3）个别规定动作有漏缺，队形变化较自然，身体各部位基本能够伸展；

续表

及格 6.9—6.0	(1) 整套操不太熟练，动作力度较差； (2) 队形变化及音乐的配合不够自然，音乐与动作有不合之处； (3) 有个别遗忘现象，但能独立完成，规定动作有漏缺。
不及格 6.0 以下	(1) 整套操不熟练，动作力度较差； (2) 队形变化凌乱，音乐与动作不协调； (3) 遗忘现象较多，规定动作有多处漏缺。

第四节 爵士健美操

爵士健美操套路共 9 节，其中第九节 5 个八拍，其他都为 4 个八拍，适合具有一定健美操基础的学习者进行练习。其练习目的是：(1) 熟练掌握健美操基本步伐，了解爵士健美操的动作内容、风格及技术特征；(2) 了解和熟练掌握爵士健美操肩、胸、腰、臀的动作要求及其节奏变化；(3) 提高身体素质，提高身体的协调性、力量和控制能力；(4) 通过爵士与健美操的相互融合，培养动作的节奏感、韵律感及表现力，提高专业运动技能；(5) 规范姿态，形成良好的气质，塑造健美体型。

一、动作做法

(一) 第一节：4×8 拍

第一个八拍（图 7-69）：

第 1-2 拍：右脚向右迈步，左脚直膝拖步，肩膀向右扭转，同时左肩带动左手臂向右滑动，右手置于体侧，左手开掌、掌心朝后；

第 3-4 拍：左脚前踩地，双手由手腕叉腰、掌心向外，肩膀回正；

第 5、7 拍：左脚向左迈步，胯部向左，双手由手腕带动向左（手指朝右）；

第 6、8 拍：同第 5、7 拍，方向相反。

图 7-69 第一个八拍

第二个八拍：同第一个八拍，方向相反。

第三个八拍：同第一个八拍。

第四个八拍：同第一个八拍，方向相反。

(二) 第二节：4×8 拍

第一个八拍（图 7-70）：

第 1-4 拍：右脚前点地，臀部由后向前、逆时针扭一圈，胸、腰自然扭动，左手叉腰、右手围绕头部逆时针转一圈，同时右手手掌做波浪；

第 5-8 拍：同第 1-4 拍。

图 7-70　第一个八拍

第二个八拍：同第一个八拍。

第三个八拍（图 7-71）：

第 1-4 拍：右脚开始向右并步两次，身体面向右侧、同时做由上至下的身体向前波浪，右手叉腰，左手顺时针在体侧旋转一周，同时右手手掌“抓握”一次，眼睛看向正前方；

第 5-8 拍：同第 1-4 拍。

图 7-71　第三个八拍

第四个八拍：同第三个八拍，方向相反。

（三）第三节：4×8 拍

第一个八拍（图 7-72）：

第 1-4 拍：右脚开始向前迈步四次，手臂前后摆动；

第 5-8 拍：右脚开始原地小踏步四次，身体前倾，双手开掌、立腕，第 5、7 拍左手在上，第 6、8 拍右手在上。

图 7-72　第一个八拍

第二个八拍（图 7-73）：

第 1-4 拍：右脚开始向后迈步，同时身体顺时针旋转，手臂自然摆动，第 4 拍身体面向正前方，双手由手腕叉腰、掌心向外；

第 5-8 拍：右脚（左脚）向右（左）踩地，胯部向右（左），肩膀保持在同一位置，双手由手腕叉腰、掌心向外，右、左交替四次；

1　2　3　4　5　6　7　8

图 7-73　第二个八拍

第三个八拍（图 7-74）：

第 1-2 拍：右脚向左脚左后方踩地后，左脚原地踩地一次，身体面向右前方，右肩从前向后、左肩由后向前，双手直臂、压手腕、掌心朝下；

第 3-4 拍：右脚向右（左）踩地，胯部向右（左），肩膀保持在同一位置，手肘朝外，双手及手腕向右（左）；

第 5 拍：双脚自然开立，身体转向左斜前方，左手置于体侧，右手弯曲、向身体的正前方搭腕（与肩同高）；

第 6 拍：在保持第 5 拍动作的基础上，左手弯曲、向身体的正前斜上方搭腕；

第 7 拍：在第 6 拍的动作基础上，立踵，屈膝，髋部与大腿保持直线，双手直臂下压，压腕、掌心朝下；

第 8 拍：双脚自然开立，朝向正前方，双手握拳、上举、拳心相对。

1　2　3　4　5　6　7　8

图 7-74　第三个八拍

第四个八拍（图 7-75）：

第 1-4 拍：双脚膝盖朝向右前方、屈膝下蹲，身体面向右斜前方，双手握拳，手臂经上举、前水平、体侧、斜后方位置后变成右手斜下举、左手斜上举，手肘自然弯曲（接近直臂），胸部跟随手臂动作先向前顶出，后向后含胸；

第 5-8 拍：双脚自然开立，臀部由右后向前顺时针扭动一圈，右手叉腰、左手跟随臀部顺时针环绕。

（四）第四节：4×8 拍

第一个八拍（图 7-76）：

第 1 拍：右脚前点地，身体后仰，左手在前自然摆臂；

1-2　　3-4　　5　　6　　7-8

图 7-75　第四个八拍

第 2 拍：右脚后点地，身体前倾，右手在前自然摆臂；

第 3-4 拍：右脚向后交换步一次，手臂自然摆动；

第 5、7 拍：左脚向前迈步，左手置于体侧，右手握拳、屈肘，右手小臂、手腕逆时针向上至耳旁，高于肩膀；

第 6、8 拍：右脚向前迈步，左手置于体侧，右手握拳、屈肘，右手小臂、手腕顺时针向下至体侧。

1　　2　　3　　4　　5　　6　　7　　8

图 7-76　第一个八拍

第二个八拍：同第一个八拍，方向相反。

第三个八拍（图 7-77）：

第 1-4 拍：双脚开立、比肩稍宽，保持屈膝、跳起四次，同时，每跳起一次，扩胸一次、臀部向后一次，手臂自然放于身体两侧；

第 5-8 拍：右（左）脚向前迈步，双手并掌、屈肘、向右（左）倾斜并向后击打，胸部跟随手臂动作前顶。

1　　2　　3　　4　　5　　6　　7　　8

图 7-77　第三个八拍

第四个八拍（图 7-78）：

第 1-6 拍：以左脚为轴，右脚点地，逆时针旋转一周，屈臂、肘关节高于肩膀，小臂顺时针环绕，胸、腰、胯跟随动作自然扭转；

第 7-8 拍：双脚并拢，双手置于体侧，扩胸两次。

1 2 3 4 5 6 7 8

图 7-78　第四个八拍

（五）第五节：4×8 拍

第一个八拍（图 7-79）：

第 1-3 拍：右脚开始向右迈步三次，手臂自然摆动，身体面向右侧；

第 4 拍：左脚经提膝后跳起，双脚落地，左手握拳上举，右手置于体侧；

第 5-8 拍；左脚向左（由）迈步，双脚屈膝，双手开掌、屈肘，伸向右（左）侧，掌心朝右（左），第 8 拍左脚向右脚并拢。

1 2 3 4 5 6 7 8

图 7-79　第一个八拍

第二个八拍：同第一个八拍，方向相反。

第三个八拍（图 7-80）：

第 1、3 拍：右脚向右迈步，双脚屈膝，身体面向正前方，屈肘、双手经体前交叉后置于肩膀两侧，开掌、掌心朝外，手掌与肩同高；

第 2、4 拍：左脚向右脚并拢，身体面向正前方，双手胸前交叉；

第 5-8 拍：同第 1-4 拍，方向相反。

1 2 3 4 5 6 7 8

图 7-80　第三个八拍

第四个八拍（图 7-81）：

第 1-8 拍：第 1 拍右脚向右迈步，右脚直膝，左脚屈膝点地，重心在右脚；第 2、4 拍与第 1

拍动作相同，方向相反；第3拍双手在侧平位“响指”后放下；第5、6拍与第1、2拍动作相同；第7拍右手“一指”向上；第8拍与第7拍手部动作相同，腿部动作相同，方向相反。

图7-81　第四个八拍

（六）第六节：4×8拍

第一个八拍（图7-82）：

第1-6拍：身体转向左侧，左脚在前、下蹲，由臀部带动起身，双手抚摸腿、臀；

第7-8拍：左手叉腰，右手拍打右臀部，右臀右顶。

图7-82　第一个八拍

第二个八拍：同第一个八拍，方向相反。

第三个八拍（图7-83）：

第1-4拍：双脚脚尖转向左斜前侧，左脚在前，身体面向正前方，左手屈肘、立掌、掌心朝外，由右手拍打右臀部，右臀右顶四次；

第5-6拍：身体转向左侧，左脚在前、下蹲，由臀部带动起身，双手抚摸腿、臀；

第7-8拍：左手置于体侧，右手拍打右臀部，右臀右顶。

图7-83　第三个八拍

第四个八拍：同第三个八拍，方向相反。

（七）第七节：4×8拍

第一个八拍（图7-84）：

第1拍：双脚开立、与肩同宽，左手置于后背、右手置于脑后；

第 2 拍：双脚开立、与肩同宽，双手打开至侧平，掌心朝下；
第 3–4 拍：同第 1–2 拍，方向相反；
第 5 拍：双脚开立、与肩同宽，身体前倾，双手直臂下压，掌心朝下；
第 6 拍：双脚开立、与肩同宽，身体后仰，双手直臂向前推出，掌心朝前；
第 7–8 拍：在第 6 拍基础上，抬头一次。

1 2 3 4 5 6 7 8

图 7–84　第一个八拍

第二个八拍：同第一个八拍。

第三个八拍（图 7–85）：

第 1–8 拍：双脚开立、比肩稍宽，屈膝，跳起的同时臀部向后，双手叠掌，掌心朝前。

图 7–85　第三个八拍（1–8）

第四个八拍（图 7–86）：

第 1–4 拍：原地小步跑，身体前倾，双手胸前弯曲，低头、含胸；

第 5–6 拍：原地小步跑，身体前倾，双手经前向后绕一圈至体侧，低头、含胸；

第 7–8 拍：双脚跳起，直膝落地，双手握拳上举。

1–4 5–6 7–8

图 7–86　第四个八拍

（八）第八节：4×8 拍

第一个八拍（图 7–87）：
第 1、3、4 拍：右脚提膝，左手握拳下拉、找左脚膝盖，右手握拳、屈肘上拉；
第 2 拍：同第 1 拍，方向相反；
第 5–8 拍：同第 1–4 拍，方向相反。
第二个八拍（图 7–88）：
第 1 拍：双脚开立、垫步，双手握拳、打开至侧平举；
第 2 拍：双脚开立、垫步，双手握拳、体前交叉；

1 2 3 4 5 6 7 8

图 7-87　第一个八拍

第 3-4：同第 1-2 拍；

第 5-6 拍：右脚向左斜后方撤步，身体面向右斜前方，双手背于腰两侧，胸部向后顶两次，同时双手手肘向前；

第 7-8 怕：右脚回至双脚开立状态，膝盖自然弯曲，双手叠掌于头顶，掌心朝前，胸部向后顶两次，同时双手向前。

1 2 3 4 5 6 7 8

图 7-88　第二个八拍

第三个八拍（图 7-89）：

第 1-2 拍：右脚向内、双脚膝盖向左转屈膝后，右脚膝盖打开、双脚膝盖还原至直立、面向正前方，同时右手跟随右脚向内再打开至屈肘、拳心朝上；

第 3-4 拍：同第 1-2 拍，方向相反；

第 5-6 拍：保持第 4 拍的动作基础上，屈膝做身体由下至上的前波浪；

第 7-8 拍：保持第 6 拍的动作基础上，扩胸两次。

1 2 3 4 5 6 7 8

图 7-89　第三个八拍

第四个八拍（图 7-90）：

第 1-2 拍：以左脚为轴，右脚点地，逆时针旋转，手臂经上举至前举；

第 3-4 拍：以左脚为轴，右脚点地，逆时针旋转，双手握拳侧平，扩胸两次；

第 5-8 拍：同第 1-4 拍。

1 2 3 4 5 6 7 8

图 7-90 第四个八拍

（九）第九节：5×8 拍

第一个八拍（图 7-91）：

第 1-2 拍：右脚向右踩地，左手上举，开掌、掌心朝前；

第 3-4 拍：同第 1-2 拍，方向相反，保持双手上举；

第 5-6 拍：同第 1-2 拍；

第 7-8 拍：同第 1-2 拍，腿部方向相反，双手向下置于体侧。

1-2 3-4 5-6 7-8

图 7-91 第一个八拍

第二个八拍（图 7-92）：

第 1-4 拍：向右后交叉步，左手叉腰，右手经左斜前方屈臂至右水平直臂，掌心朝下；

第 5-6 拍：左脚屈膝，右脚点地，身体向左斜前方倾斜，左手叉腰，右手由手背带动向前；右脚屈膝向后踢；

第 7-8 拍：右脚落下向左脚并拢，身体面向正前方直立，左手叉腰，右手在第 6 拍基础上向上绕至后脑，再置于体侧；

1 2 3 4 5 6 7 8

图 7-92 第二个八拍

第三个八拍：同第二个八拍，方向相反。

第四个八拍：同第三个八拍。

第五个八拍：踏步，第 1-4 拍两拍一动，第 5-8 拍一拍一动，同时逆时针转一圈（图

7-93)；

1-2　3-4　5　6　7　8

图 7-93　第五个八拍

二、技术要点

（1）身体由上至下向前波浪：经颈、胸、腰、髋、膝各关节依次向前上方伸展，动作过程保持连贯、流畅、柔软。

（2）身体由下至上向前波浪：经膝、髋、腰、胸、颈各关节依次向前上方伸展，动作过程保持连贯、流畅、柔软。

（3）手掌波浪：以手掌的上提、下压运动模拟波浪动作。“上提”时手腕、手指关节、指尖依次上提，手掌呈抓握状；“下压”时，手腕、手指关节、指尖依次下沉，并使手掌打开，手指上翘。

（4）交换步：（以右脚为例）第 1 拍右脚向后撤步，“抢拍”左脚向右脚并拢，第 2 拍右脚向前迈步，整个动作过程身体躯干不发生位移。

三、评价标准

优秀 10—9.0	（1）整套操熟练、规范、有力度； （2）音乐配合协调，队形变化自然流畅； （3）动作姿态优美、舒展、节奏感强，能充分伸展身体的各个部位；
良好 8.9—8.0	（1）整套操熟练，较规范、较有力度； （2）音乐配合较协调，队形变化较流畅； （3）动作姿态舒展、节奏感强，能充分伸展身体的各个部位；
中等 7.9—7.0	（1）整套操较为熟练，有些动作不太规范，较有力度； （2）音乐与动作有不协调、不合拍之处； （3）个别规定动作有漏缺，队形变化较自然，身体各部位基本能够伸展；
及格 6.9—6.0	（1）整套操不太熟练，动作力度较差； （2）队形变化及音乐的配合不够自然，音乐与动作有不合之处； （3）有个别遗忘现象，但能独立完成，规定动作有漏缺。
不及格 6.0 以下	（1）整套操不熟练，动作力度较差； （2）队形变化凌乱，音乐与动作不协调； （3）遗忘现象较多，规定动作有多处漏缺。

第八章　健美操专项素质及其训练

身体素质是进行健美操项目的基础，是学习与掌握动作技巧、提高技术水平的前提与保障。健美操不仅需要学生具有一般性的身体运动能力，还应具备特殊的能力和素质，这是由各类操化动作和难度动作的需求所决定的。只有具备良好的身体素质和运动能力，才能更好地运用和控制身体，因此身体素质是健美操课程的基础。

第一节　健美操专项素质概述

一、身体素质的构成

我们平时所说的身体素质主要是指一个人的运动能力，身体各项机能的状况及反应能力，从狭义的概念来讲，身体素质主要包括五个方面的因素，分别是速度素质、力量素质、柔韧素质、灵敏素质以及耐力素质。身体素质就其本质而言，是指人的体质的强弱和运动的能力。1984 年中文版《体育词典》中指出，身体素质是指人体活动的一种能力。指人体在运动、劳动与生活中所表现出来的力量、速度、耐力、灵敏及柔韧性等能力。在现代社会生活中，身体素质一词被广泛应用。身体素质的高低也成为衡量一个人健康与否的关键因素。在健美操的这项运动中，练习者的身体素质是决定运动效果的一个重要因素，好的运动效果是建立在良好的身体素质的基础上。

二、提高身体素质的意义

身体素质是人体在体育活动中所表现出来的各种能力。身体素质的训练是为了提高练习者的各种能力，使学生能够承受较大的运动负荷，保持良好的运动状态。随着健美操技术的发展以及动作难度的提高，对健美操动作完成的质量和难度提出了不同层次的要求，而拥有良好身体素质是完成健美操运动的关键所在，一切高难度动作的完成都必须由良好的身体素质做强有力的保障。

（一）完成健美操动作技巧的基础

良好的身体素质是练习健美操的基础，练习者的身体素质训练贯穿于整个训练过程之中。不同的动作技巧要充分发挥到一定的水平，对某些身体素质就会有较高的要求。如旋转动作需要平衡能力以及脚踝力量，跳跃动作则需要弹跳能力以及身体控制力，踢腿、劈腿等动作需要、髋关节等部位的柔韧性。因此，良好的身体素质是练习者完成健美操运动的基础，又是练习者高质量完成动作的关键。

（二）完成健美操难度动作的保证

作为直接影响健美操动作技术水平的主要因素，如力量、柔韧性、稳定性、协调与平衡性等身体素质，对健美操动作技巧的学习与掌握，以及难度动作的完成度起着决定性作用。不同的难度动作，对某些身体素质会有非常高的要求。如分腿支撑，要求身体的平衡能力以及手臂的力量；团身跳，要具备较好的弹跳力、腹部肌肉的力量以及身体的协调力等。这些高难度的动作如果没有力量、速度、灵敏、柔韧等身体素质是难以完成的。因此，要提高健美操难度动作的完成水平，就必须提高学生的身体素质。

（三）预防损伤

“最好的治疗就是预防”，而预防健美操损伤的关键是要增强身体素质。健美操运动是操化与技巧动作的结合，完成健美操运动需要良好的身体素质，如果身体素质较差就容易发生损伤，发生损伤的部位多集中在膝、踝、腰背等部位，这就需要足够的肌肉力量，良好的稳定性、爆发力、耐力、协调性、柔韧性等。有了这些素质条件，才能降低运动损伤的发生率及其严重程度。

第二节　健美操专项柔韧训练

一、并腿体前屈

1. 动作要求

坐在垫子上，双腿伸直，骨盆端正，背部直立；向前转动骨盆，保持背部直立，从大腿根部开始，把上半身向前向下送；背部轻微伸展；肩膀自然后展下沉手臂放松，腹部靠大腿，胸部靠膝盖，额头或下巴贴小腿；完成坐位体前屈。

2. 练习方法

（1）基础地面练习：向前缓慢延伸，静力保持 1 至 2 分钟，需同伴辅助。

（2）进阶腿部加高练习：将脚放在具有一定高度的障碍物上，如瑜伽垫、踏板等；练习方法同基础地面练习。

3. 注意事项

（1）练习前，要进行体前屈准备活动练习，让腿部韧带拉开，然后身体前屈，两臂向前延伸时两腿不能弯曲；匀速向前延伸，避免突然发力。

（2）将小腹部慢慢靠近大腿，手臂向前延伸，眼睛看向手指延长线（不要弓背）。

4. 动作示范（图 8–1）

图 8–1　并腿体前屈

二、分腿体前屈

1. 动作要求

坐在垫子上，用手拨动臀肌使骨盆端正，脊柱立直；伸直双腿，双脚向两侧平行打开到自己的幅度；双手在体前撑地，前后晃动骨盆，稳定骨盆；吸气时，脊柱延展；呼气时，骨盆前倾，身体前屈到自己的幅度；保持动作、静力拉伸。

2. 练习方法

（1）基础地面练习：向前缓慢延伸，静力保持 1 到 2 分钟，需同伴辅助。

（2）进阶腿部加高练习：将一只脚（或双脚）放在具有一定高度的障碍物上，如瑜伽垫、踏板等；练习方法同基础地面练习。

3. 注意事项

（1）练习前，要进行体前屈准备活动练习，让腿部韧带拉开，然后身体前屈，两臂向前延伸时两腿不能弯曲；匀速向前延伸，避免突然发力。

（2）将小腹部慢慢靠近地面，手臂向前延伸，眼睛看向手指延长线（不要弓背）。

4. 动作示范（图 8–2）

图 8–2　分腿体前屈

三、竖叉

1. 动作要求

将腿前后分开，双腿成"一"字形，双手左右撑地，挺直上身，然后将身体尽力向下压，让双腿贴合地面，最终两腿分开成为一条线后坐在地上。

2. 练习方法

（1）基础地面练习：先缓缓放松，在极限位置定住至少 30 秒，保持均匀呼吸，不要憋气；身体放松，随着每一次呼气再向下沉。

（2）进阶腿部加高练习：将前腿（或后脚）放在具有一定高度的障碍物上，如瑜伽垫、踏板等；练习方法同基础地面练习。

3. 注意事项

（1）在练习劈叉之前最好先热身，比如说跑跑步，通过充分地放松肌肉，这样劈叉时就能预防抽筋等问题了。

（2）开始劈叉时，动作要缓慢柔和，忌讳为求速成而猛烈地急压，或别人施加外力帮忙，一旦用力不当，反而会造成伤害。

（3）在劈叉时，要掌握好劈叉的正确姿势，双手按地，把整个身子向下压。刚开始尽量慢一点，可以起来一点再向下压，就像弹簧一样，上下多压几次，最后压到最大限度时，臀部要接触地面。身体不能向前倾，上身要挺直，切忌手不要扶地，会影响练习效果。

（4）如果劈叉时感到"张力"或"酸"，说明拉筋卓有成效，但是当感到"痛"时，就意味着离受伤不远了。

（5）劈叉成功后，要继续练习用双脚起身，而不是只用双手撑地起来，虽然难度不小，但时间长了对腿部的肌肉训练很有帮助。

4. 动作示范（图 8-3）

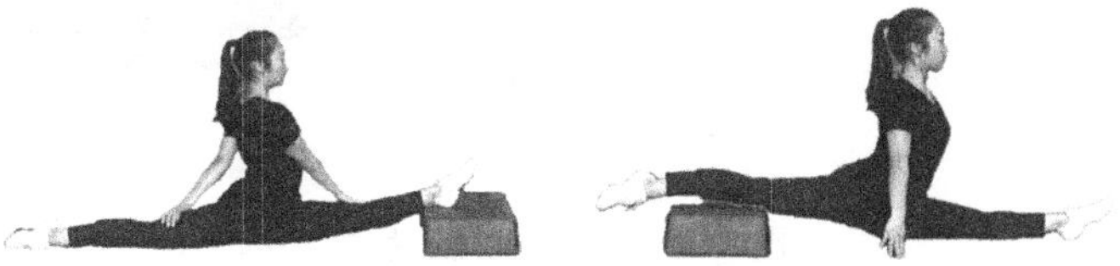

图 8-3　进阶腿部加高竖叉练习

第三节　健美操专项力量训练

一、手臂力量

（一）俯卧撑

（1）动作要求：始终保持骨盆内收，核心、臀部肌肉收紧，身体在动作过程中呈一条直线；身体在顶峰时，手腕与肩关节处于一条垂直线上，在练习俯卧撑的过程中，动作幅度要求完整，屈臂到胸部接近贴地、推起至手臂充分延展；屈臂向下的过程中，两侧肩胛积极发力，向中央收拢；而在延展手臂、推起身体的过程中，肩胛则向两边延展，回归自然状态。

（2）练习方法：

跪姿俯卧撑（1 级）：跪姿撑地，双手打开与肩同宽，置于胸部下方。

上斜俯卧撑（2 级）：俯撑姿，双脚支撑于地面，双手撑在椅凳上。

标准俯卧撑（3 级）：俯撑姿，双脚并拢，双手分开，手臂伸直。

下斜俯卧撑（4 级）：俯撑姿，双脚支撑于椅凳，双手撑在地面上。

单腿俯卧撑（5 级）：俯撑姿，一脚抬起，双手分开，手臂伸直。

（3）注意事项：幅度到位；保持后腰平直，整个身体始终呈一条直线；颈部保持直立；节奏适宜。

（4）动作示范（图 8-4）。

上斜俯卧撑

下斜俯卧撑

图 8-4　部分俯卧撑动作

（二）高位支撑移动

（1）动作要求：始终保持骨盆内收，核心、臀部肌肉收紧，身体在动作过程中呈一条直线，颈部保持直立，肩膀保持正直。

（2）练习方法：

高位支撑移动（上下）：高位支撑准备，双手依次在踏板（凳、椅等）向上、向下；

高位支撑移动（左右）：高位支撑准备，双手依次在踏板（凳、椅等）向左、向右；

（3）注意事项：移动过程核心收紧；保持后腰平直，整个身体始终呈一条直线；颈部保持直立；节奏适宜。

（4）动作示范（图 8-5）。

高位支撑移动（上下）

高位支撑移动（左右）

图 8-5　高位支撑移动

（三）反姿俯卧撑

（1）动作要求：始终保持骨盆内收，核心、臀部肌肉收紧，身体在动作过程中呈一条直线，颈部保持直立，肩膀保持正直，臀部向上抬起。

（2）练习方法：腿部加高，双手同时弯曲，肩胛夹紧，手肘向后，不能向外打开。

（3）注意事项：臀部肌肉收紧；注意腿部姿态；肩部保持正直、不能耸肩；保持后腰平直，整个身体始终呈一条直线；颈部保持直立；节奏适宜。

（4）动作示范（图 8-6）。

二、跳跃力量

（1）动作要求：踝关节紧张，腿部发力，核心收紧，手臂带动跳起，连续跳跃。

图 8-6　反姿俯卧撑

（2）练习方法：

①纵跳：原地小跳、障碍物上下（左右）跳动（图 8-7）。

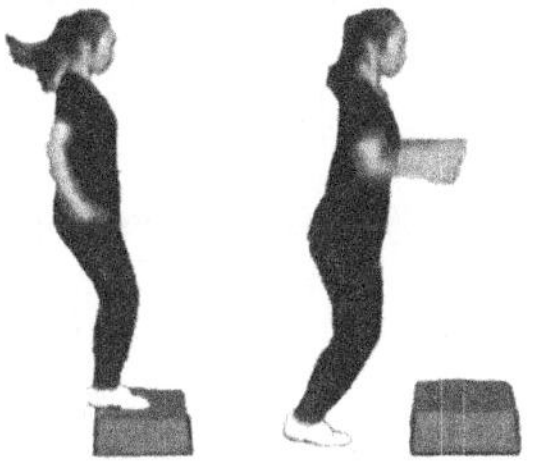

障碍物上下跳动

障碍物左右跳动

图 8-7　纵跳

②交换腿跳：一脚踩在踏板上，跳起时双脚并拢，落地时交换另一脚落地（图 8-8）；

图 8-8　交换腿跳

③跃障碍向前跳：站在踏板一侧，双脚并拢跳起，越过踏板落地（图 8-9）。

图 8-9　跃障碍向前跳

（3）注意事项：在平地上穿运动鞋进行练习，尤其注意膝踝关节，落地要屈膝缓冲。

三、核心力量

（1）高位支撑：双手、双脚支撑，核心收紧，肩膀、手掌垂直于地面，颈部保持直立，眼睛看向两手之间；头至脚为一条直线（图 8-10）。

上斜高位支撑　　　　下斜高位支撑

图 8-10　高位支撑

（2）平板支撑：手肘、双脚支撑，核心收紧，肩膀、手肘垂直于地面，颈部保持直立，眼睛看向两手之间；头至脚为一条直线（图 8-11）。

图 8-11　平板支撑

（3）直角支撑：手臂支撑，核心发力、将臀部抬起（图 8-12）。

图 8-12　直角支撑

（4）反姿高位支撑：臀部向上抬起，颈部保持直立；头至脚为一条直线（图 8-13）。

图 8-13　反姿高位支撑

（5）侧向支撑：侧腰发力，向上抬起，颈部保持直立；头至脚为一条直线，手臂垂直于地面（图 8-14）。

图 8-14　侧向支撑

第四节　常见健美操素质练习方法

一、Tabata

（一）定义

Tabata 是高强度间歇训练的一种形式，其训练方法被总结为：20 秒高强度运动，休息 10 秒，重复 8 组，共计 4 分钟。Tabata 间歇训练的目的是在运动中使用尽可能多的肌肉群，以促进有效的热量消耗，同时提高身体的有氧耐力水平和无氧耐力水平，使身体能够承受越来越大的运动量。

（二）起源

这种训练方法最早由日本速度滑冰国家队教练入泽孝一提出，后来经过 Tabata 博士对其实用性和科学性进行论证，并最后以科研论文的形式发表出来。正是因为 Tabata 博士的论文，这种训练法最初在美国引起关注，并流行起来，随后风靡全球，这个训练法也在普及的过程中被称为 Tabata 训练法。

（三）注意事项

（1）交替练习 Tabata 中的动作，每个动作练习 20 秒，动作之间休息 10 秒；

（2）重复每组 Tabata 练习 4 次（每组各包含 2 个动作），每组总共 4 分钟；

（3）每组 Tabata 练习，循环之间休息一分钟；

（4）每次锻炼时都应竭尽全力，以百分比衡量的话，尽量做到 90% 以上；

（5）Tabata 训练法要求所选动作简单、以大肌群（尤其是下肢肌群）为主；

（6）Tabata 训练前后需要分别进行准备活动和整理运动；

（7）在整个锻炼过程中要随时监测训练强度，如果心率过高，请立即停止运动；

（8）根据自身实际调整训练计划，避免进行任何会引起疼痛或不适的运动。

二、HIIT

（一）定义

高强度间歇训练（High-intensity Interval Training，简称 HIIT），是一种在短时间内进行全力、快速和爆发式锻炼的训练技术。这种技术会让训练者在短期内心率提高并且燃烧更多热量。

（二）原理

通过多组高强度的爆发期和低强度的恢复期的组合训练，使训练者的有氧和无氧系统同时进行运转，从而同时取得有氧和无氧的训练效果。用间歇训练法在三十分钟内，训练者就能达到训练目的。

（三）注意事项

（1）HIIT 训练前后需要分别进行准备活动和整理运动；

（2）注意时长控制，高强度间歇运动时，身体分泌皮质激素，促进脂肪消耗，但是随着时间的增长分泌会下降，所以要科学控制时长；

（3）间隔动作注意搭配，训练动作所对应的目标肌肉群，在组与组之间要交替，尽量避免两个连续动作共同作用一个目标肌肉；

（4）过度训练：HIIT 一周练习 3 到 4 次即可，重点是要在单位时间内达到最大消耗，然后增强难度和强度。高强度的 HIIT 要注意休息，否则很容易引起关节炎症，或运动损伤；

（5）循序渐进：HIIT 对心肺功能要求较高，练习过程要及时确认自己的心率及血氧饱和度。

第九章　健美操欣赏

普通高校健美操课程主要以健身健美操为主，课堂教学中没有竞技健美操内容。教学和考核中通常要求学生能够运用所学健美操知识进行创编和表演。竞技健美操是健身健美操的更高形式，它是以健身健美操为基础，在动作设计、难度完成、表演等方面的进一步展示。了解竞技健美操的创编有助于我们进一步把握健身健美操的精髓。

一、健身健美操欣赏

健身健美操是以锻炼身体，促进健康为主要目的，欣赏衡量的标准是健身操是否达到健身健心的效果。健身套路主要从动作的大众性、连续性、科学性、娱乐性四个方面进行设计。表演性健美操的赏析则更为复杂。因为表演性健美操是以表演为主要目的，衡量的标准是健美身心的享受效应以及“健、力、美”给人带来的视听效果。内容主要包括操化组合、队形变化、音乐选配、造型与托举、主题与高潮、成套动作的完美完成，以及着装等。我们第四个学期的教学内容中，通常会要求学生以小组为单位创编一套表演性健美操，欣赏这种类型的健美操套路主要从以下几个方面来进行：

（一）操化组合

健美操的操化组合要体现健美操的技术特点，清晰地体现出七种基本步伐及其变化，手臂动作也要具有操化特点，不能以“舞”代“操”。步伐与手臂动作的配合要体现出高度的协调性，幅度的大小、速度的快慢、方向的变化、空间的利用、线条的流畅，以及 1 拍 2 动的节奏变化等都是操化组合的可变因素。

（二）队形变化

表演性健美操的队形变化可以从以下几方面欣赏：一是“快”，以最少的时间改变队形；二是“近”，以最短的距离改变队形；三是“流畅”，变而不乱，动中有序，清晰地、流动地在展示队形的过程中改变队形；四是“对比”，采用各种各样的对比手法，给人以强烈的视觉冲击；五是“点线面的处理”，在成套动作的各种队形变化中，始终注意点线面的合理搭配与处理，高水平地展示与变化队形。

（三）音乐选配

音乐应与动作融为一体，给人以强烈的视听感觉，形成一种动作是无声的音乐、音乐为动作推波助澜之势。音乐中的每一个乐句、乐段和重音等都要与动作密切配合，使动作尽可能表达音乐的情绪。

（四）造型与托举

健美操套路的表演往往是开始于造型也结束于造型，造型可以是托举动作亦可是非托举动作。造型是一种姿态静止 2 秒钟的动作，托举是一名或多名运动员被托、举、支撑或抬离地面的动作。造型与托举都要有审美价值，集体的造型与托举要反映出团队的合作精神。造型与托举还应该与成套动作融为一体，前后呼应、连接流畅。

（五）主题与高潮

健美操表演还应有一定的主题与高潮，尽管这种主题只是简单地表达一种情绪。主题往往与音乐的选择有关。健美操的表演还注重高潮的创编，采用一个高潮还是两个高潮，高潮前后的铺垫怎样，都是欣赏一套健美操动作所必须考虑的因素。

（六）完美完成

一套再好的编排，如果没有运动员的高质量完成都将成为空话。欣赏表演性健美操成套动作的完美完成主要看三个方面：一是动作的准确性，所有动作准确到位，能表达创编者的创作意图；二是合拍与一致性，所有运动员的所有动作在幅度、强度、力度和速度上都做到协调一致，整齐划一，并与音乐同步；三是运动员的激情与活力，运动员要非常自信地由内向外迸发出一种青春的活力，这种激情能感染运动员、裁判员和观众。

（七）着装

设计新颖、色彩协调、整洁统一的健美操着装也是表演性健美操的一道亮丽风景。它可以提升运动员的品位和魅力，使运动员的形象更加健美动人。

二、竞技健美操欣赏

一套高质量的健美操表演配以动听的音乐，能给人们以丰富的视觉及听觉享受。竞技健美操的欣赏主要体现在难度和创新上。竞赛中以运动员所完成动作的操化、难度、新颖、稳定、优美等因素判定其技能水平的高低。如何欣赏健美操，可以从以下几个方面入手：

（一）欣赏艺术表现

竞技健美操成套动作的艺术性，主要通过设计、音乐、配合以及创造性等方面表现出来。运动员所设计的动作风格有活力、动感、趣味和快乐等，必须要与音乐的风格相一致，选用音乐的主题也必须通过运动员的动作体现出来。

（二）欣赏动作姿态

健美操运动员的动作姿态，要求躯干挺直，呈一条直线，臂腿动作有力。动作清晰，不拖泥带水。

（三）欣赏动作难度

在所有健美操成套动作中，必须包括四组难度动作展示：一是俯卧撑、倒地、旋腿与分切类；二是支撑与水平类；三是跳与跃类；四是柔韧类与变化类。四组难度动作必须体现出空中、站立和地面三个空间动作的均衡性。

（四）欣赏美的服装

运动员比赛有服装要求，女运动员的服装一般是紧身衣、肉色连裤袜及运动袜，男运动员一般是连衣裤或背心、短裤。比赛服装除了对胸沟、肩胛骨、腹部沟以及透明材料做了规定外，对服装款式没有限制。

（五）欣赏美的音乐

音乐是竞技健美操的重要组成部分。不同的音乐造就运动员不同的表现风格。可以使用一首或多首乐曲混合的音乐，也可在原始音乐中加入特殊效果，但音乐必须由运动员通过动作、感染力和活力表现出来，且必须适合竞技健美操的运动结构、节奏和风格。

（六）欣赏个人魅力

竞技健美操是一项表演性极强的运动项目，对运动员的形象要求非常高，无论长相、体型、服装及服装色彩的搭配，都会直接影响视觉效果。所以要求选择形体美、容貌好、气质佳、富有艺术表现力以及身体素质全面的运动员作为培养对象。作为一名优秀的健美操运动员，应做到音乐与表演完美结合，动作协调、轻松自如，具有丰富的艺术表现力。

（七）欣赏集体项目

欣赏集体项目主要从三个方面出发：一是在运动员的选择上，要求运动员在身高、体型、气质、技术和表现力上尽可能相近；二是在成套动作的编排和完成上要体现出运动员的合作意识；三是在完成动作时，在力度、幅度、速度及技术规格等方面都力求一致。

参考文献

[1] 刁在箴，郑捷. 健美操 [M]. 北京：高等教育出版社，2005 年.
[2] 周建设，李先雄. 健美操修炼 [M]. 长沙：湖南师范大学出版社，2012 年.
[3] 黄宽柔，李佐惠. 健美操（第二版）. 北京：高等教育出版社，2016 年.
[4]《全国全民健身操等级规定动作》[M]. 北京：国家体育总局体操运动管理中心，2012 年.
[5]《全国广场健身舞规定动作》[M]. 北京：国家体育总局体操运动管理中心，2015 年.
[6]《全国大众街舞规定动作》[M]. 北京：国家体育总局体操运动管理中心，2015 年.
[7]《全国校园健身操规定动作》[M]. 北京：全国大学生健美操、艺术体操协会，2014 年.

第十章 啦啦操概述

啦啦操是一项新兴的运动项目，由球类比赛中场休息的表演演变而来，是融健美操、舞蹈、音乐及各种技巧动作于一体的集体舞蹈，注重激情、活力和团队精神。随着啦啦操普及范围不断扩大，群众基础也越来越广泛，对啦啦操的发展及全民健身的推进都有深远意义。本章主要阐述啦啦操的概念、起源与发展，探析啦啦操项目的特点与分类。

第一节 啦啦操的概念、起源与发展

一、啦啦操的概念

啦啦操是在音乐的伴奏下，啦啦操队员共同完成该项目特有的、复杂的高难度动作，并结合各种舞蹈技巧，集中体现青春活力、健康向上的团队精神，是一项追求最高团队荣誉感的体育运动。

二、啦啦操的起源与发展

啦啦操（cheerleading）来源于早期部落社会的仪式，其中 cheer 的部分，有振奋精神，提振士气的意思。为激励外出打仗或打猎的战士们，他们通常会举行一种仪式，仪式中有族人欢呼、手舞足蹈的表演来鼓励战士，希望能凯旋。啦啦操作为体育运动中的一个新兴项目，起源于美国，最早源于为美式足球呐喊助威的活动，后来逐渐在全球范围内广泛传播，至今已经有 100 多年的历史，受到全世界人民的喜爱。

啦啦操起初是在美国的足球赛场上，有观众看到自己支持的队伍获胜后，由衷地感到自豪、兴奋，想为他们呐喊、助威，于是就跳起来做了个举手或踢腿的动作，这就是啦啦操最原始的形态。到 19 世纪 70 年代，美国普林斯顿大学成立了第一个啦啦操俱乐部。1898 年，美国明尼苏达州立大学一年级的学生约翰尼·坎贝尔带领了六名男生组成了世界上第一支啦啦队，为明尼苏达州立大学橄榄球队加油助威，约翰尼·坎贝尔成为世界上第一个啦啦队队长，并被称作“呼喊王”“呐喊领袖”。

20 世纪，啦啦操的表演形式逐渐丰富起来，喇叭筒和用纸制作的线球（类似于现在的花球）作为道具加入了啦啦操的表演。随着女生在啦啦操中发挥越来越重要的作用，开始将体操、舞蹈等融入其中。20 世纪 50 年代美国校园啦啦操队开始有了自己的培训教程和训练班，教授基本的啦啦操技巧，并得到大力推广。进入 20 世纪 70 年代，啦啦队除了为足球和篮球助威外，开始逐渐涉及学校所有项目的运动队。1978 年，哥伦比亚广播公司通过电视第一次向全国转播学校啦啦操评选赛事，从此啦啦操开始作为一项运动被人们认识。20

世纪 80 年代初，啦啦操开始跨越美国国界，向世界传播，并建立统一的啦啦操标准，出于安全考虑，剔除了许多危险的翻转和叠罗汉动作。

1998 年，啦啦操伴随中国大学生篮球联赛（CUBA）的建立传入我国，啦啦操是团队协作的运动，体现了青春活力、积极向上的精神，它以独特的魅力受到了青少年学生的喜爱，并在我国得到了迅速地推广发展。

第二节　啦啦操运动的特点与分类

一、啦啦操运动的特点

（一）外显性

1. 表演形象的动感活力性

啦啦操运动充分体现着一种朝气蓬勃、健康向上的精神，因此啦啦操队员必须拥有一个青春的形象、健康的体魄和健美的体形。所有的啦啦操队员要求五官端正、仪态端庄、青春靓丽，具有当代青少年的青春美和健康美。

2. 表演技术的风格突出性

啦啦操运动的技术特点不同于健美操和舞蹈，它更加体现所有肢体类动作在过程中通过短暂加速和定位制动来实现其特有的力度感，适当的慢动作是允许的，但只作为过渡动作出现。一般运用啦啦操基本手位、步伐、跳跃，并结合多种舞蹈元素、口号等，通过多种空间、方向、队形、节奏的变化来展示啦啦操运动的项目特点。

3. 表演组织的团结协作性

啦啦操运动是以集体形式展开活动的。国际全明星啦啦操协会规定：参赛人员性别不限，参赛人数为 6 到 30 人。只有在人数上达到一定要求，才能编排更多具有创造性、复杂多变的动作，完成更多的空间转换及队形变换，才能真正体现啦啦操运动的无限魅力。啦啦操运动在技能上，需要队员间的技术、经验交流以达到技能的实施和配合的默契。啦啦操运动在托举、抛接、金字塔组合中彰显队员的团结协作，为了队伍的整体机能得到最大限度的发挥，强调成员之间的相互激励、相互配合，以争取团队目标的实现。

（二）内隐性

1. 集中体现健康快乐、积极向上的精神

啦啦操运动从最初体育赛事的附属品逐渐发展为一项竞技赛事。作为一个独立的运动项目，有世界杯、锦标赛等。健康快乐是啦啦操运动带给人们的整体印象。在啦啦操队员身上蕴含着无限的热情和魅力。无论啦啦操队员的外部形象还是他们的表演都会折射出一种青春美丽、蓬勃向上的气息。这种健康和快乐是由内而外，发自内心的。比赛时啦啦操队员都会按照规定身穿专业服装，适当化妆，仪表整洁、大方、健康、美丽。生活中，啦啦操队员都会展现出清新、时尚的仪表，体现健康、阳光的时代感，展现良好的风貌，引领健康活力的新风尚。啦啦操运动代表着健康快乐、积极向上的精神，向社会昭示着青春一代的风采。

2. 强调通力合作、集体至上的团队精神

协作精神、服务精神和大局意识三者集中体现着“团队精神”。团队精神的核心是协同合作，基础是尊重个人的兴趣和成就，最高境界是全体成员的凝聚力、向心力。在啦啦操运动中，完成抛接等一系列动作时没有队员之间的密切配合就没有安全。啦啦操运动最重要的因素是“安全”，“安全”意识贯穿于啦啦操运动的始终。

3. 凸显奋斗进取、顽强拼搏的竞争精神

在啦啦操运动中，很多不同的手势、标语和口号都代表着奋斗、进取的精神，鼓励队员顽强拼搏、越战越勇。啦啦操运动能够培养啦啦操队员奋斗拼搏、积极进取的精神，同时他们的这种精神也会激励体育比赛中的每一个队员不畏困难、勇往直前，最终取得比赛的胜利。

4. 培养个人综合能力，提升领导能力

啦啦操队员是天然的领导者和指挥家，美国学校里的啦啦操队员有 83% 在学校的组织中保持领导地位，成为学校主要的学生干部。在啦啦操运动发展早期，啦啦操队员的职责是在赛场外带领人群呐喊。能够成为一名勇敢的“啦啦操队员”，是学生在学校生活中最有价值的经历之一。此荣誉等同于高校体育运动中的英雄以及其他学生中的领导者。美国许多企业都乐意雇佣有啦啦操运动经历的员工，因为他们懂得顾客心理、善于运用肢体语言，有坚守目标和迎接挑战的勇气。

（三）专项特点

专项特点是指一个运动项目在比赛规则的允许下，以获得最大的运动效率为目标，在力学、生物学等方面表现出的主要运动特点。通常，啦啦操的专项特点可以分为技术、体能、心理和环境等不同的方面，每一个方面又由不同的因素构成。

1. 啦啦操的技术特点

啦啦操是一项渗透性极强的运动，该项目中融合了体操、蹦床、健美操项目中的很多技巧动作和拉丁、爵士、HIP-HOP、芭蕾及各种民间舞蹈的元素，种类繁多，使啦啦操这项运动展现出不同的风格特点和主题。技巧啦啦操的主要内容是翻腾、抛接、托举、金字塔、舞蹈动作、过渡连接和口号。这类动作难度大，危险性高，舞蹈啦啦操主要是以舞蹈动作为主，有平衡旋转、跳跃和踢腿，难度相对竞技啦啦操较小。

啦啦操运动员除了完成技术难度动作外，团队合作性和极强的艺术表现力也是啦啦操项目的重要技术特点。对集体项目运动队来说，群体整体实力的提高依赖于群体是否具有强大的凝聚力和合作精神。我们常常说啦啦操项目的比赛也是一个团队凝聚力和团结合作精神的比赛。

2. 啦啦操的体能特点

广义上体能包括身体体质和身体素质两个方面，运动员的体能是由身体形态、运动素质及生理机能的发展情况决定的。运动员的体质特征主要有身高、体重、身体形态、生理机能等；身体的基本素质包括柔韧、力量、速度、耐力与协调。柔韧和协调在运动员的身体素质中占据主要的位置。啦啦操的运动幅度和难度很大，所以要求运动员要有非常好的柔韧度和协调性才能够完成。当然速度、力量和耐力素质也不可轻视，对表演动作的完美完成起着非常重要的作用。

3. 啦啦操的心理特点

啦啦操是一项表演性很强的项目，运动员要有表现的欲望，自信心很重要。这样的自信心是运动员在进行专项运动时所建立的一种自我信任、敢于挑战的心态，只有运动员拥有了自信心才会有高昂的激情和出色的表现力，且能够使成套的表演动作更加具有感染力。运动员在赛场上可能遇到各种各样的突变情况，如果运动员反映积极则能很快适应比赛，一旦紧张或有其他的消极反应则将严重影响现场发挥。

4. 啦啦操的环境特点

运动员技能水平的提高、发展与该项运动的教练员有着密切的关系，教练员是运动项目训练中的组织者和指挥者，他是制定、组织、实施训练计划的专业人员。教练员对于运动项目的理解程度、理论的熟悉程度、技术的掌握度等直接影响着运动员的水平高低。另外，运动员的服装、道具、规则、场地等方面，也对运动员的表演是否能够完美展现起着不可忽视的作用。

（四）团队特点

啦啦操区别于其他项目最显著的特点是团队精神。啦啦操是一个特殊的集体项目，它要求队员在展示个人能力的基础上，通过与其他队员的相互配合来完成翻腾、抛接、托举、金字塔等不同难度的动作，各队员在整套动作的完成中均能在不同的位置扮演不同的角色。整个团队完成动作的一致性，包括动作一致性、口号一致性、配合一致性，这些可以营造队员间相互信任的集体氛围，提高团队整体的凝聚力。

（五）文化特点

啦啦操文化是基于啦啦操运动发展形成的，以表现青春活力、健康向上、团队精神、合作意识为目的的一种体育文化，其文化特点主要体现在以下方面：

1. 啦啦操运动与传统文化

啦啦操内容丰富多彩，形式多种多样。在北京奥运会期间，我国啦啦队的表演除了融合街舞、机械舞等元素，还融入了中国传统元素和现代竞技比赛的节奏，比如剑舞、藏舞、京剧水袖、长绸舞、水兵啦啦操、苗族反排、杂技等，不仅在动作编排中融入了大量的中国色彩，配乐也加入了一些武术的旋律作为前奏，比赛服装配以吉祥的龙凤图案、京剧服饰、水袖、长绸等。这些元素融合在一起，形成独特的具有中国特色的啦啦操，这是竞技啦啦操运动和中国传统文化的完美结合。

2. 啦啦队运动与校园体育文化

高等院校是啦啦队运动得以蓬勃发展的沃土。啦啦队运动以学校为发展阵地并非偶然，这与该运动本身的要求和高等院校的特点相吻合。啦啦队运动讲究集体风貌和团队精神，而校园中的莘莘学子有组织、懂纪律、富有青春、满怀激情，为啦啦队运动的发展创造了得天独厚的条件。啦啦队运动以校园为其生存的土壤，互相促进、相得益彰。校园体育文化建设对啦啦队运动有良好的导向作用，丰富多彩的校园体育文化，如大学生篮球联赛、足球联赛等，也为啦啦操的表演提供了广阔的舞台。

二、啦啦操运动的分类

啦啦操目前可分为两大类，一是竞技性啦啦操，包括舞蹈啦啦操和技巧啦啦操；二是表演性啦啦操，包括赛场啦啦操和庆典啦啦操。

（一）竞技性啦啦操

竞技性啦啦操是以团队形式出现的，也可称为啦啦队，它包含了舞蹈、口号、舞伴特技、轿子抛、叠罗汉、跳跃等动作技术，还搭配了音乐、服装、队形变化及标示物品（如彩球、口号板、喇叭、旗帜）等要素。竞技性啦啦操一般分为舞蹈啦啦操和技巧啦啦操两类。

1. 舞蹈啦啦操

舞蹈啦啦操是一项在音乐伴奏下，运用多种舞蹈元素的动作组合，结合转体、跳步、平衡与柔韧等难度动作以及舞蹈的过渡连接技巧，通过空间、方向与队形的变化表现出不同的舞蹈风格特点，强调速度、力度与运动负荷，展示运动舞蹈技能以及团队风采的体育项目。舞蹈啦啦操包括花球舞蹈啦啦操、爵士舞蹈啦啦操、街舞舞蹈啦啦操和自由舞蹈啦啦操。

（1）花球舞蹈啦啦操。成套动作要手持花球（团队手持花球动作应占成套动作的 80% 以上），再结合啦啦操基本手位、个性舞蹈、难度动作、舞蹈技巧等动作元素，展现干净、精准的运动舞蹈特点以及良好的花球运用技术，达到整齐划一，层次、队形不断变换的视觉效果。花球舞蹈啦啦操的技术特点主要体现为：肢体动作通过短暂加速、制动定位来实现啦啦操特有的力度感；动作完成干净利落；在运动过程中重心稳定、移动平稳，身体控制精确、位置准确，并通过动作的强度和快速发力突出运动舞蹈的特点。

（2）爵士舞蹈啦啦操。成套动作由爵士风格的舞蹈动作、难度动作以及过渡连接动作等内容组成，通过队形、空间、方向的变换，同时附加一定的运动负荷，表现参赛运动员的激情以及团队良好的运动舞蹈能力。爵士舞蹈啦啦操的技术特点主要体现为：肢体动作由内向外的延伸感；通过延伸制动实现爵士舞蹈啦啦操特有的力度感；通过动作的松弛有度的强度突出运动舞蹈的特点。

（3）街舞舞蹈啦啦操。成套动作以街舞风格的舞蹈动作为主，强调街头舞蹈形式，注重动作的风格特点以及身体各部位的律动与控制，要求动作的节奏与音乐和谐一致，同时可附加一定的强度动作，如包括不同跳步的变换及组合，或其他配合练习。街舞啦啦操的技术特点主要体现为：通过肢体多关节动作短暂加速、制动定位来实现特有的力度感；动作完成干净利落、身体控制精确、位置准确，并通过动作的松弛有度的强度突出运动舞蹈的特点。

（4）自由舞蹈啦啦操。以某种区别于爵士、花球、街舞的形式出现，是具有一定的民族或地域特色的啦啦操。例如，各种具有民族舞风格特点的运动舞蹈。

2. 技巧啦啦操

技巧啦啦操是指在音乐的伴奏下，以跳跃、托举、叠罗汉、筋斗、抛接和跳跃等技巧性难度动作为主要内容，配合口号、啦啦操基本手位、舞蹈动作及过渡连接等，充分展示运动员高超的技术水平。技巧啦啦操的动作比较随意，用力方向向下，音乐节奏要求明快、热情、动感、奔放并富于震撼力和感染力。技巧啦啦操包括集体技巧啦啦操、五人配合技巧啦啦操和双人配合技巧啦啦操。

（1）集体技巧啦啦操。在音乐的伴奏下，以跳跃、翻腾、托举、抛接、金字塔组合等技巧性难度动作为主要内容，配合口号、啦啦操基本手位及舞蹈动作，充分展示运动员高超的技能技巧，参加的队员在五人以上。

（2）五人配合技巧啦啦操。在音乐的伴奏下，成套动作中以托举、抛接两类难度动作为主要内容，充分利用多种上架、下架动作以及过渡连接动作，进行空间转换、方向与造型的变化，展示五人组高超的动作技巧。

（3）双人配合技巧啦啦操。在音乐的伴奏下，两人在规定的时间内完成托举动作。

（二）表演性啦啦操

表演性啦啦操大多以团队形式出现，是根据所参加的表演、比赛的目的预先设计、编创和排练好的成套啦啦操，在各种比赛休息间隙进行，为参赛队伍加油鼓劲，活跃赛场气氛，提高比赛的观赏性。表演性啦啦操一般有赛场啦啦操和庆典啦啦操两类。

1. 赛场啦啦操

赛场啦啦操即人们常说的“场间啦啦操”，源于橄榄球比赛场边的呼喊，并伴随着橄榄球运动的流行而发展。赛场啦啦操主要在比赛中间休息时进行，目的是活跃赛场气氛、鼓舞双方士气、振奋观众情绪，让整个比赛更加精彩和激烈。随着啦啦操影响的扩大，它已不局限于为某项运动表演助兴，而是广泛地为多项运动服务。高水平的啦啦队表演能够提高体育赛事的精彩度，其自身也具有较强的观赏性，是赛场文化的一个组成部分。

2. 庆典啦啦操

庆典啦啦操是在各种庆祝活动、社区活动、开幕典礼、游行宣传以及慈善活动中进行的啦啦操表演，其目的是为各种庆典活动进行预热及烘托庆典气氛。

啦啦操运动由最初的呐喊助威活动演变为广受青少年欢迎的竞赛项目。职业体育赛事中的啦啦队表演为啦啦队队员提供了展示自我的平台；校园啦啦操运动项目由最初的为橄榄球呐喊助威的活动逐渐发展为一项竞技赛事，它越发的竞技化，价值普遍提升。

第十一章　啦啦操的基本动作

啦啦操基本动作既是该项目的基础与核心，也是其独特性的具体展现，更是保证啦啦操运动项目得以持续、稳定发展的重要因素。因此，分析不同动作技术中蕴含的技术特征，并通过透彻理解和掌握这些技术特征以提高自身啦啦操技术水平，这对全面增强团队协作能力、舞台表现能力具有重要的现实意义。

第一节　基本站位

（1）直立：双脚并拢，双手放于身体两侧，身体直立；
（2）分立：双脚分开与肩同宽，双手后背，身体直立；
（3）弓步：一腿屈膝迈步向前，后腿蹬直成弓步姿势，双手后背，上体直立；
（4）侧弓步：一腿屈膝迈步向侧，另一腿侧摆点地，双手后背，上体直立；
（5）锁步：双脚前后交错，双膝并拢，双手后背，上体直立；
（6）吸腿：一腿吸起水平面以上，另一腿直立向下，双手后背，上体直立（图 11-1）。

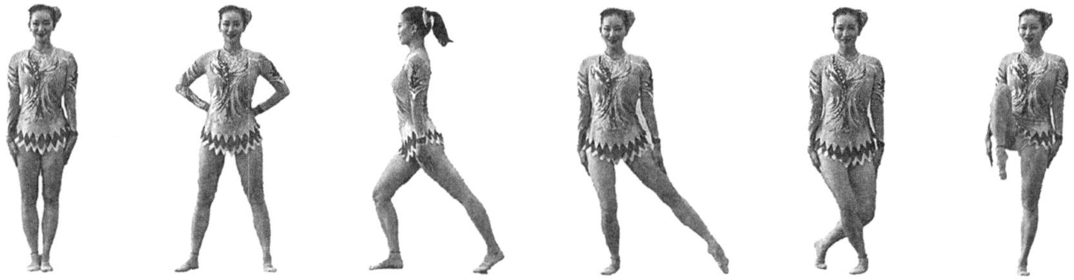

（1）　（2）　（3）　（4）　（5）　（6）

图 11-1　基本站位

第二节　基本手型

（1）胜利：食指和中指分开，比出“V”字姿态，其他三指握拳；
（2）力量：握拳，拇指在外，指关节弯曲，紧贴于食指和中指；
（3）喝彩：五指用力伸直，充分张开；
（4）酷：大拇指、食指和小拇指伸直，其余两指下屈；
（5）团结：双手四指并拢、两掌相握，两大拇指交错；

（6）真棒：大拇指上举，其余四指握拳；
（7）勇往直前：食指向上，其余四指握拳；
（8）自信：五指伸直，四指并拢，大拇指打开，手掌用力上翘（图 11-2）。

（1）（2）（3）（4）（5）（6）（7）（8）

图 11-2　基本手型

第三节　基本手位

一、啦啦操的 36 个基本手位

（一）第 1 类：R、O、W

R 手位：一手屈臂掌心贴于后脑勺；一手直臂于体前斜下举，小拳眼朝前；
O 手位：两臂微屈肘于头顶，握拳，两拳面相对；
W 手位：两臂屈肘侧平举，握拳，小拳眼朝前（图 11-3）。

R　O　W

图 11-3　第 1 类（R、O、W）

（二）第 2 类：A、V、T、K、L

1. A 手位（图 11-4）
（1）上 A：两个手臂朝上方举起，两拳心相对。
（2）下 A：两臂在胸部前方位置朝下举，两拳心相对。

上 A

下 A

图 11-4　A 手位

2. V 手位（图 11-5）

（1）高 V：两臂在身体两侧朝上方举起并握拳，大拳眼朝前。

（2）倒 V：两臂在身体两侧做朝下举握拳动作，大拳眼朝前。

高 V

倒 V

图 11-5　V 手位

3. T 手位（图 11-6）

（1）T：两臂在身体两侧平行举起，握拳，拳心向下。

（2）短 T：两臂在胸前位置平行，弯曲手臂并握拳，拳心向下。

T

短 T

图 11-6　T 手位

4. K 手位（图 11-7）

（1）K：身体面向“1”点站立，握拳，一手成“上 H”手位，一手成“下 H”手位。

（2）侧 K：身体朝左（右）侧站立，握拳，一手成“上 H”手位，一手成“下 H”手位。

K

侧 K

图 11-7　K 手位

5. L 手位（图 11-8）

（1）上 L：握拳，一手上举，一手侧平举，上举手臂小拳眼朝前，侧平举手臂大拳眼朝前。

（1）下 L：握拳，一手体前下举，一手侧平举，下举手臂拳面朝前，侧平举手臂大拳眼朝前。

上 L

下 L

图 11-7　L 手位

（三）第 3 类：M、弓箭

1. M 手位（图 11-9）

（1）上 M：两个手臂在肩部上方弯曲，手指和肩部接触，肘关节朝外侧。

（2）下 M：两手在髋部位置做叉腰动作，握拳，拳心向后。

（3）后 M：两手肘关节向后，握拳，拳心贴于腰间。

上 M

下 M

后 M

图 11-9　M 手位

2. 弓箭系列手位（图 11–10）

（1）弓箭：握拳，一手屈臂同时小拳眼朝前，一手直臂侧平举大拳眼朝前。

（2）小弓箭：握拳，一手屈臂大臂紧靠身体同时小拳眼朝前，一手直臂侧平举大拳眼朝前。

（3）短箭：握拳，一手屈臂大臂紧靠身体同时小拳眼朝前，一手叉腰同时小拳面朝前。

弓箭　　小弓箭　　短箭

图 11–10　弓箭系列手位

（四）第 4 类：X、H、冲拳

1. X 系列手位（图 11–11）

（1）前 X：前臂在身体前方完成交叉动作，拳心向下。

（2）屈臂 X：前臂在胸部前方的位置完成交叉动作，拳心朝内侧。

（3）高 X：两臂在头部的前上方位置完成交叉动作，拳心朝前面。

（4）低 X：两臂在身体的前下方位置完成交叉动作，拳心朝斜下方。

（5）X：两臂屈臂抬肘于脑后，拳心贴于后脑勺。

前 X　　屈臂 X　　高 X　　低 X　　X

图 11–11　X 手位

2. H 系列手位（图 11–12）

（1）上 H：两臂直臂上举，大臂贴于耳前，两拳心相对。

（2）下 H：两臂在身体的前下方位置直臂下举，拳心相对。

（3）小 H：一手直臂上举，小拳眼朝前；一手屈臂大臂紧贴躯干，小拳眼朝前。

（4）前 H：两臂前平举，拳心相对称“持烛”式；拳心向下称“提桶”式。

（5）屈臂 H：两臂屈臂于胸前，大臂紧贴躯干，两拳心相对。

上 H　　下 H　　小 H　　前 H（持烛式）　　前 H（提桶式）　　屈臂 H

图 11-12　H 手位

3. 冲拳系列手位（图 11-13）

（1）侧上冲拳：一手叉腰，一手侧上举，大拳眼朝前。

（2）侧下冲拳：一手叉腰，一手侧下举，大拳眼朝前。

（3）斜上冲拳：一手叉腰，一手斜上举，小拳眼朝前。

（4）斜下冲拳：一手叉腰，一手斜上举，小拳眼朝前。

（5）高冲拳：一手叉腰，一手直臂上举，小拳眼朝前。

侧上冲拳　　侧下冲拳　　斜上冲拳　　斜下冲拳　　高冲拳

图 11-13　冲拳手位

（五）第 5 类：加油、斜线

加油：两手屈臂于胸前，两拳心相靠；

斜线：一手臂侧上举，一手侧下举同时大拳眼朝前（图 11-14）。

加油　　斜线

图 11-14　第 5 类（加油、斜线）

二、啦啦操的基本动作

（一）啦啦操的基本动作

啦啦操的基本动作，有统一的动作规格，要求动作的速度及力度。

（1）加油动作：两手臂胸前击掌，双手位置略低于脸。拍手时应稳、准、狠，集体练习时节奏与高度要一致（图 11-15）。

图 11-15　加油动作

（2）高“V”字动作：手臂侧上举（略前倾）成“V”字，手臂伸直用力，注意手腕平直，是手臂的延长线；倒“V”字动作：同高“V”字动作，但方向向下（图 11-16）。

高“V”

低“V”

图 11-16　“V”字动作

（3）“T”字动作：两臂侧平举（略前倾），手臂伸直、手腕平直，大拇指向前；短“T”字动作：由“T”字动作屈肘，大小手臂在一个水平面上（图 11-17）。

“T”字

短“T”字

图 11-17　“T”字动作

（4）冲举动作：一只手臂上举（小拇指向前），伸直并靠向头，另一只手臂放于腰间（图 11-18）。

（5）短箭动作：一只手臂的大臂贴紧身体，小臂竖直屈肘，另一只手臂侧平举，注意手臂及手腕的平直（图 11-19）。

图 11-18　冲举动作

图 11-19　短箭动作

（6）上“H”动作：两只手臂上举（小拇指向前），伸直并靠向头，手腕平直；前 H 烛台动作：两手臂前举，保持手腕的平直，拳心向里，拳面向前。注意两手臂应朝正前方不能有夹角（图 11-20）。

（7）“L”动作是一个冲举动作，半个“T”字动作，开口朝左为正“L”动作，反之则为反“L”动作（图 11-21）。

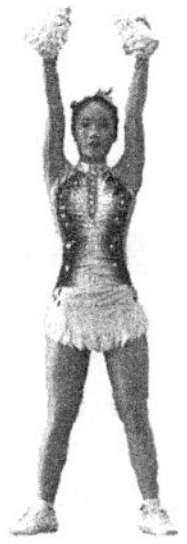

图 11-20　“H”动作

图 11-21　“L”动作

（8）斜线动作：一个手臂是高“V”字动作的一部分，另一个手臂是倒“V”字动作的一部分。举起右臂、放下左臂为右斜线动作，反之则为左斜线动作（图 11-22）。

左斜线　　右斜线

图 11-22　斜线动作

（9）“K”字动作：脚下为侧弓步，弓腿一侧手臂高“V”字动作，另一侧手臂朝屈腿方向做斜下冲拳，与身体组成“K”字图形，注意脸朝向前方（图 11-23）。

图 11-23　“K”字动作

三、啦啦操教学提示

（一）热身

因为啦啦操的项目特点，建议在进行学习或者练习之前做 5 到 10 分钟的热身练习。慢跑和原地的慢跑以及各种伸展手臂的运动都是很好的热身运动，注意幅度不要超过自身能力的极限，防止受伤。

（二）基本动作练习

基本动作练习，应采用不同的练习形式。

（1）单个动作练习。主要掌握基本动作的具体要求，培养良好的本体感觉。

（2）基本动作的组合练习。主要熟悉各基本动作之间的转换，了解正确的动作路线，采用递进的方式加入各个动作。

（3）基本动作的复合练习。在动作组合的基础上，可以加入如屈膝、转体、侧身、步法、口号、表情等元素，使练习内容更加适合啦啦操的实际功能，同时集体练习时动作的一致性也要重点练习。

（三）啦啦操的套路练习

连续快节奏的徒手动作或跑跳动作构成了啦啦操套路的主体部分，整套动作速度快、幅度大、节奏强、活动强度大，所以教师要根据练习者的掌握情况，酌情选择练习形式。若是练习者动作掌握不熟练，节奏把握不准确，教师就应放慢速度带着做或者语言提示。随着学习环节的不断深入，教师应选择适宜的啦啦操音乐来组织练习，并且强调集体练习时的动作统一、激情投入，力求“形一致”到“神一致”，更好地体现啦啦操积极向上、勇于拼搏的精神。

第十二章　啦啦操套路实践

啦啦操套路实践是啦啦操教学的主要内容。本章共四节，分别从花球啦啦操的基础版、提升版入手，过渡到爵士啦啦操与街舞啦啦操的学习。遵循体育教学的现实规律与基本原则，根据啦啦操实践特点，展开教学。

第一节　花球啦啦操（基础版）

花球啦啦操（基础版）为啦啦操课程第一学期的主要内容，其目的是了解花球啦啦操的基本手位及发力要点，寻找最短路径完成动作的同时，规范学生姿态，锻炼学生体能，提高身体协调性、灵活性和平衡性，培养学生良好的团队协作能力、展示能力，以及提升学生的自信心。

一、动作要领

（一）组合一：4×8 拍

1. 第一个八拍（图 12-1）

第 1-2 拍：下“H”手位，双手直臂拳心相对；同时双腿屈膝迈步，左脚在前。

第 3 拍：加油手位，双手屈臂拳心相对在胸前；同时双腿屈膝，左脚在前。

第 4 拍：上“H”手位，双手直臂拳心相对；同时双腿合拢并立踵。

第 5-6 拍：加油手位，双手屈臂拳心向对在胸前；同时双腿屈膝，左脚在前。

第 7-8 拍：上“V”手位，双手斜上拳心冲下；同时双腿屈膝，左脚在前。

1-2　3　4　5-6　7-8

图 12-1　第一个八拍

2. 第二个八拍（图 12-2）

第 1-2 拍：下“H”手位，双手直臂拳心相对；同时双腿屈膝，左脚在前。

第 3 拍：加油手位，双手屈臂拳心相对在胸前；同时双腿屈膝，右脚在前。

第 4 拍：上“H”手位，双手直臂拳心相对；同时双腿合拢并立踵。

第 5-6 拍：加油手位，双手屈臂拳心相对在胸前；同时双腿屈膝，右脚在前。

第 7-8 拍：下“V”手位，双手斜下拳心冲下；同时双腿屈膝，右在前。

图 12-2　第二个八拍

3. 第三个八拍（图 12-3）

第 1-2 拍：下“H”手位，双手直臂拳心相对；同时左脚向侧迈步，转体 360°。

第 3-4 拍：加油手位，双手屈臂拳心相对在胸前；同时双腿屈膝并脚。

第 5-6 拍：左“K”手位，开口向左，双手直臂，左手上、右手下，拳心相对；同时双腿屈膝，左脚在侧。

第 7-8 拍：加油手位，双手屈臂拳心相对在胸前；同时双腿直立并脚。

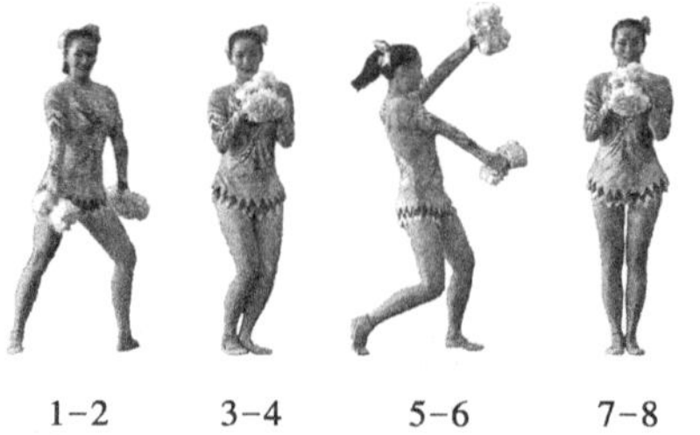

图 12-3　第三个八拍

4. 第四个八拍（图 12-4）

第 1-2 拍：下“H”手位，双手直臂拳心相对；同时右脚向侧迈步，转体 360°。

第 3-4 拍：加油手位，双手屈臂拳心相对在胸前；同时双腿屈膝并脚。

第 5-6 拍：右“K”手位，开口向右，双手直臂，右手上、左手下，拳心相对；同时双腿屈膝，右脚在侧。

第 7-8 拍：加油手位，双手屈臂拳心相对在胸前；同时双腿直立并脚。

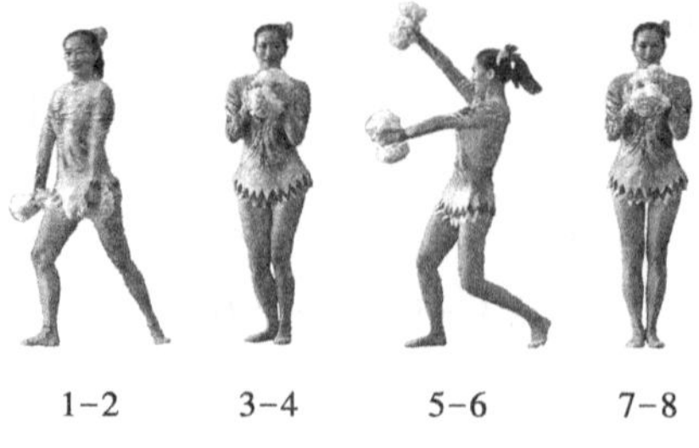

图 12-4　第四个八拍

（二）组合二：4×8 拍

1. 第一个八拍（图 12-5）

第 1 拍：上左“L”手位，右手直臂上举夹耳朵，左手直臂侧平举；同时双脚屈膝打开与肩同宽。

第 2 拍：加油手位，双手屈臂拳心相对在胸前；同时双腿直立并脚。

第 3 拍：上右“L”手位，左手直臂上举夹耳朵，右手直臂侧平举；同时双脚屈膝打开与肩同宽。

第 4 拍：加油手位，双手屈臂拳心相对在胸前；同时双腿直立并脚。

第 5 拍：前“L”手位，开口向左，右手直臂前平举，左手直臂侧平举；同时左脚在前弓步。

第 6 拍：上“H”手位，双手直臂拳心相对；同时双腿合拢并立踵。

第 7 拍：前“L”手位，开口向右，左手直臂前平举，右手直臂侧平举；同时右脚在前弓步，左脚侧点地。

第 8 拍：双手自然垂于两侧；同时双脚并脚站立。

1　2　3　4　5　6　7　8

图 12-5　第一个八拍

2. 第二个八拍（图 12-6）

第 1-2 拍：右上斜线手位，双手直臂右手斜上，左手斜下；同时右脚在前弓步，左脚侧点地。

第 3-4 拍：左上斜线手位，双手直臂左手斜上，右手斜下；同时左脚在前弓步，右脚侧点地。

第 5-6 拍：加油手位，双手相对于腹部，身体前倾；同时双脚屈膝并脚。

第 7-8 拍：双手直臂相对冲拳向前；同时双腿屈膝左脚在前。

1-2　3-4　5-6　7-8

图 12-6　第二个八拍

3. 第三个八拍（图 12-7）

第 1-4 拍：左手握拳叉腰，右手直臂上举夹耳朵；同时双脚直立分腿；点头一次。

第 5 拍：左手直臂右侧斜下，右手握拳叉腰；同时双脚直立分腿。

第 6 拍：左手直臂左侧斜上，右手握拳叉腰；同时双脚直立分腿。

第 7 拍：右手直臂左侧斜下，左手握拳叉腰；同时双脚直立分腿。

第 8 拍：右手直臂右侧斜上，左手握拳叉腰；同时双脚直立分腿。

1-4　5　6　7　8

图 12-7　第三个八拍

4. 第四个八拍（图 12-8）

第 1-6 拍：下“H”手位，双手直臂拳心相对；同时左右脚交替踏步。

第 7-8 拍：加油手位，双手屈臂拳心相对在胸前；同时双腿直立并脚。

1-6　7-8

图 12-8　第四个八拍

（三）组合三：4×8 拍

1. 第一个八拍（图 12-9）

第 1-2 拍：上“A”手位，双手直臂冲拳向上，拳心相对；同时双脚打开与肩同宽。

第 3-4 拍：身体下压，下“A”手位，双手直臂冲拳向下，拳心相对；同时双脚屈膝打开与肩同宽。

第 5 拍：双手直臂右斜上举；同时双脚打开与肩同宽。

第 6 拍：双手屈臂扶于右膝；同时双脚屈膝打开与肩同宽。

第 7 拍：双手自然下垂放于体侧；同时双脚并脚站立。

第 8 拍：身体面向左侧，双手握拳叉腰；同时右脚交叉在前，双腿屈膝。

图 12-9　第一个八拍

2. 第二个八拍（图 12-10）

第 1 拍：上“V”手位，双手斜上拳心冲下；同时左脚直腿侧摆。

第 2 拍：下“V”手位，双手斜下拳心冲下；同时左脚交叉在前，双腿屈膝。

第 3 拍：下“V”手位，双手斜下拳心冲下；同时右脚侧迈步，双脚打开与肩同宽。

第 4-8 拍：双手屈臂扶右膝，身体下压；同时双脚屈膝打开与肩同宽。

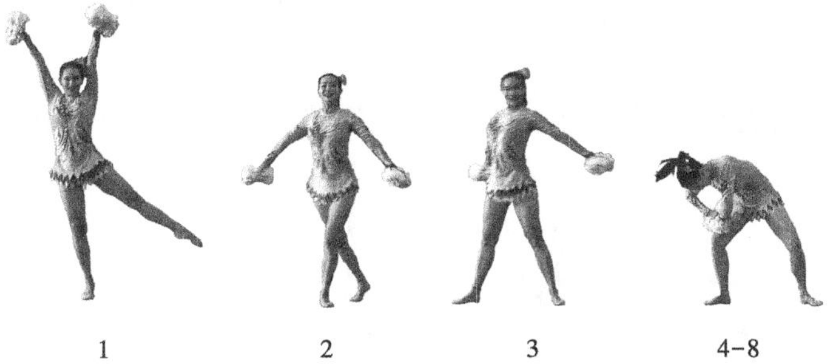

图 12-10　第二个八拍

3. 第三个八拍（图 12-11）

第 1 拍：双手直臂右斜上举；同时双脚打开与肩同宽。

第 2 拍：上“A”手位，双手直臂上举；同时双脚打开与肩同宽。

第 3 拍：双手直臂左斜上举；同时双脚打开与肩同宽。

第 4-8 拍：双手屈臂扶左膝，身体下压；同时双脚屈膝打开与肩同宽。

图 12-11　第三个八拍

4. 第四个八拍（图 12-12）

第 1-4 拍：加油手位，双手屈臂拳心相对在胸前；同时左右脚交替踏步。

第 5-6 拍：短“T”手位，双手屈臂侧平在胸前；同时左右脚交替踏步。

第 7-8 拍：加油手位，双脚成站立姿态。

1-4　　5-6　　7-8

图 12-12　第四个八拍

（四）组合四：4×8 拍

1. 第一个八拍（图 12-13）

第 1 拍：双手直臂前平举；同时右脚向前踢脚。

第 2 拍：短“T”手位，双手屈臂侧平在胸前；同时双脚屈膝打开与肩同宽。

第 3 拍：左手握拳叉腰，右手直臂上举夹耳朵；同时双脚屈膝打开与肩同宽。

第 4 拍：右手握拳叉腰，左手直臂上举夹耳朵；同时双脚屈膝打开与肩同宽。

第 5-6 拍：双手直臂于身体两侧，面向右侧身体前倾，低头；同时双脚屈膝打开与肩同宽。

第 7-8 拍：双手直臂于身体两侧，面向右侧震胸两次，抬头；同时双脚屈膝打开与肩同宽。

1　　2　　3　　4　　5-6　　7-8

图 12-13　第一个八拍

2. 第二个八拍（图 12-14）

第 1 拍：左手直臂侧平举，右手屈臂叉腰，头向右肩倾斜；同时双脚屈膝，重心向右侧。

第 2 拍：左手屈臂叉腰，右手屈臂叉腰，头向左肩倾斜；同时双脚屈膝，重心向左侧。

第 3 拍：下“V”手位，双手直臂斜下；同时双脚屈膝，重心向右侧。

第 4 拍：加油手位，双手屈臂拳心相对在胸前；同时双脚打开与肩同宽。

第 5-6 拍：由左至右双手直臂向前推手，至加油手位，身体前倾；同时双脚打开与肩同宽。

第 7-8 拍：加油手位，上半身扭向右侧；同时双脚打开与肩同宽。

1　2　3　4　5-6　7-8

图 12-14　第二个八拍

3. 第三个八拍（图 12-15）

第 1-2 拍：双手依次交替，由右手直臂斜下，至双手直臂下 H 回至加油手位于胸前，身体面向由右至中；同时双脚分立与肩同宽，双膝屈膝。

第 3-4 拍：双手依次交替，由左手直臂斜下，至双手直臂下“H”手位回至加油手位于胸前，身体面向由左至中；同时双脚分立与肩同宽，双膝屈膝。

第 5 拍：双手左侧斜上转动花球；同时双脚分立与肩同宽。

第 6 拍：双手右侧斜上转动花球；同时双脚分立与肩同宽。

第 7 拍：双手分别撑于两膝，身体前倾低头；同时双脚分立与肩同宽，双膝屈膝。

第 8 拍：上“A”手位，双手直臂上举拳心相对；同时双脚并拢立踵。

1　2　3　4　5　6　7　8

图 12-15　第三个八拍

4. 第四个八拍（图 12-16）

第 1 拍：左手屈臂打开在体侧，右手屈臂于腰旁；同时左脚踏步。

第 2 拍：右手屈臂打开在体侧，左手屈臂于腰旁；同时右脚踏步。

第 3-4 拍：左右手依次交替打开；同时左右脚交替踏步。

第 5-6 拍：双手屈臂放于髋部；同时左右脚交替踏步。

第 7-8 拍：加油手位，双手屈臂拳心相对在胸前；同时左右脚交替踏步。

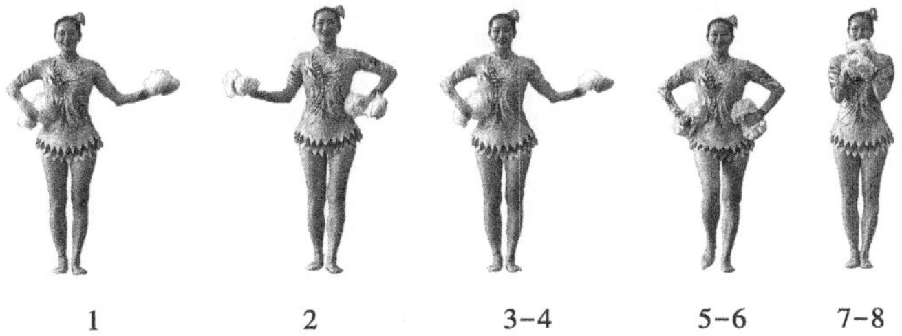

1　2　3-4　5-6　7-8

图 12-16　第四个八拍

（五）组合五：6×8 拍

1. 第一个八拍（图 12-17）

第 1-2 拍：双臂直臂斜下，双手转动花球；同时双脚并拢直立。

第 3-4 拍：加油手位，双手屈臂拳心相对在胸前；同时双脚并拢直立。

第 5-6 拍：双臂侧平举，双手转动花球；同时双脚并拢直立。

第 7-8 拍：加油手位，双手屈臂拳心相对在胸前；同时双脚并拢直立。

1-2　3-4　5-6　7-8

图 12-17　第一个八拍

2. 第二个八拍（图 12-18）

第 1-6 拍：右手直臂上举垂直夹耳朵，左手直臂垂直下摆于体侧；同时双腿屈膝，双脚并拢立踵。

第 7-8 拍：双手屈臂抱背于胸前，左上右下；同时双脚并拢直立。

1-6　7-8

图 12-18　第二个八拍

3. 第三个八拍（图 12-19）

第 1-2 拍：下“H”手位，双手直臂拳心相对；同时左脚向侧迈步，转体 360°。

第 3-4 拍：“T”手位，双手直臂侧平举，双脚并拢直立。

第 5-6 拍：双臂前后自然摆动，同时左脚在前，双脚依次踏步。

第 7-8 拍：双臂下垂贴于体侧，双脚并拢直立。

1-2　3-4　5-6　7-8

图 12-19　第三个八拍

4. 第四个八拍（图 12-20）

第 1-2 拍：双手直臂侧平举；同时吸左腿。

第 3-4 拍：双手直臂侧平举；同时左腿前踢至水平。
第 5-6 拍：双手直臂侧平举；同时右腿前踢至水平。
第 7-8 拍：双手直臂侧平举；同时左腿前踢至水平。

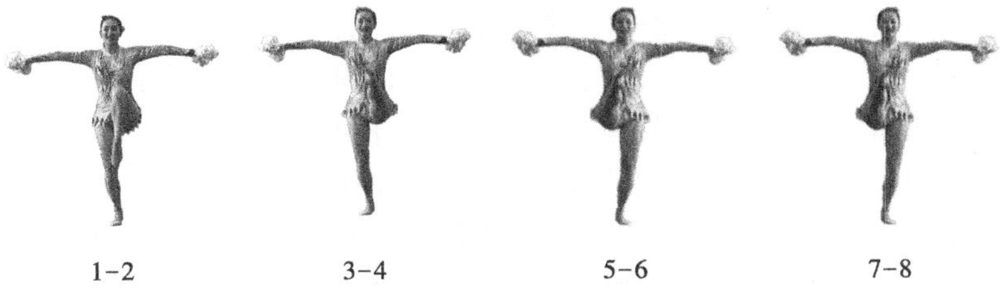

图 12-20　第四个八拍

5. 第五个八拍（图 12-21）
第 1-2 拍：双手屈臂放于髋部，身体转向左侧；同时双脚分立与肩同宽。
第 3-4 拍：双手直臂前平举；同时双脚分立与肩同宽。
第 5-6 拍：双手屈臂放于脑后；同时双脚分立与肩同宽。
第 7-8 拍：上“H”手位，双手直臂拳心相对；同时双脚分立与肩同宽。

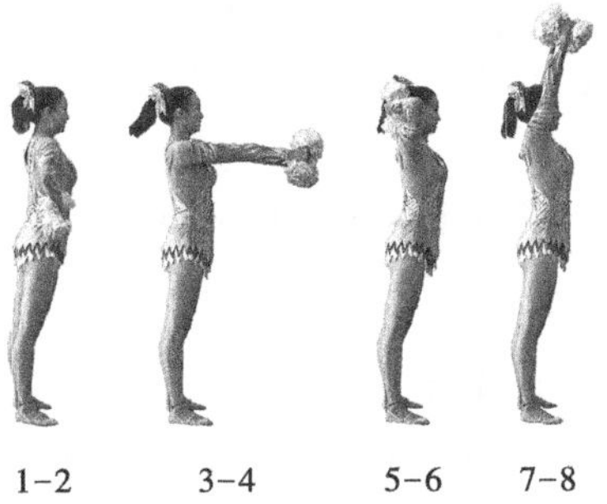

图 12-21　第五个八拍

6. 第六个八拍（图 12-22）
第 1-4 拍：左手握拳叉腰，右手直臂上举夹耳朵，转动花球；同时左右脚依次跑跳步。

第 5-6 拍：左手握拳叉腰，右手直臂斜上举，舞动花球；同时双脚分立微屈膝，向右顶髋一次。

第 7-8 拍：左手握拳叉腰，右手于头顶微屈臂，舞动花球；同时双脚分立微屈膝，向左顶髋一次。

图 12-22　第六个八拍

（六）组合六：2×8 拍

1. 第一个八拍（图 12-23）

第 1 拍：双手直臂斜下在左下侧；同时双腿屈膝，左脚在前交叉。

第 2 拍：双手直臂斜下在右下侧；同时双腿屈膝，右脚在前交叉。

第 3 拍：双手直臂斜上在左上侧；同时双腿屈膝，退左脚成右脚在前分腿。

第 4 拍：双手直臂斜上在右上侧；同时双腿直立并腿站立。

第 5 拍：双手直臂侧平举；同时左脚向前迈步成左腿在前侧弓步。

第 6 拍：双手直臂侧平举由内向外小臂转动花球；同时向前并步，成左腿在前侧弓步。

第 7 拍：双手自然下垂于身体两侧；同时 180°转体向后，双腿屈膝交叉，右脚在前。

第 8 拍：双手屈臂放于脑后；同时向右转体 90°至左侧，左脚向前迈步成双腿屈膝交叉，左脚在前。

1　2　3　4　5　6　7　8

图 12-23　第一个八拍

2. 第二个八拍（图 12-24）

第 1 拍：上"V"手位，双手斜上拳心冲下；同时右脚向前迈步成右腿在前侧弓步。

第 2 拍：下"V"手位，双手斜下拳心冲上；同时左腿向前并步。

第 3 拍：双手自然下垂于身体两侧；同时 180°转体向后，左脚在前，右脚后点地。

第 4-6 拍：双手自然下垂于身体两侧；面向后方，迈步向前。

第 7 拍：双手屈臂撑膝；同时双腿并脚屈膝。

第 8 拍：上"H"手位，双手直臂拳心相对；同时双腿并拢立踵。

1　2　3　4-6　7　8

图 12-24　第二个八拍

结束造型：左手屈臂上"M"手位，右手侧下下"V"手位；同时左脚点地；身体朝左的同时脸朝正面（图 12-25）。

图 12-25　结束

（二）技术要点

1. 基本脚位运用

（1）腿部肌肉控制练习。

保持腿部半蹲或平衡姿态的控制练习。例如吸腿站，一腿支撑，另一腿屈膝上抬，使大腿与地面平行，脚尖绷直，手臂上举。

（2）移动平稳重心练习。

运用组合动作进行练习，强化重心平稳移动。例如两个组合动作，先练习第一个组合然后两个组合连接起来，开始可以节奏放慢，熟练后加快。

（3）变换节奏练习。

同样的动作，根据不同的音乐节奏进行练习，一般都是由慢变快。例如一组 4 个 8 拍的动作，先跟慢音乐或两拍一动练习，两组后变为正常。

（4）腿部负重步伐练习。

两腿绑沙袋做下肢技术练习的动作。例如做一些步伐组合动作练习，用递加法。

2. 基本手位运用

（1）快速反应记忆。

教师说出动作名称，学生迅速反应并做出相对应的动作，然后教师强调动作的规范性并及时给予纠正，以便达到动作与名称精准匹配的目的。

（2）单个手位重复控制练习。

例如上“M”手位，重复练习 3 至 5 组，也可以将每次练习时间适当延长。在练习的同时注意感觉肌肉的控制力量，进而形成肌肉记忆。

（3）两个手位的变换练习法。

例如上“H”接“T”手位，两次动作发力方向与连接的准确性和控制力练习，刚开始可以慢拍节奏进行练习，熟练后可以正常节拍练习。

（4）手持器械负重练习。

例如短“T”手位，双手握小哑铃，用同样的发力感觉去做。

二、核心技术

花球啦啦操（基础版）要求上肢动作始终保持含胸夹臂，基本手位动作均在肩关节前制动，也就是要保持在身体前方。上肢动作要求完成得干净利落，具有清晰的开始和结束，发力速度快，制动时间短，制动之后没有延伸，身体控制准确；下肢动作要求重心稍低，做动作时膝关节不完全伸直，保持微微弯曲的状态，重心稳定，移动平稳。本套动作为基础版，是花球啦啦操的入门动作，注重对基本功和发力意识的培养，因此该套路核心技术主要放在基本手位的规范与记忆。

三、评分标准

（1）根据失误程度扣分：

① 小失误扣0.05分或0.1分；

② 中等失误扣0.2分；

③ 大失误扣0.3分~0.5分。

（2）总分10分，按完成情况予以扣分：

① 6.9分及以下：动作不熟练，有大段动作失去音乐；

② 7分~7.9分：动作较为柔和、较连贯个别地方失去控制、有姿态控制、音乐比较协调，个别地方有错误；

③ 8分~8.9分：动作较为柔和连贯有控制、舒展大方、姿态较优美、音乐比较协调；

④ 9分及以上：动作柔和连贯有控制、舒展大方、姿态优美、音乐协调。

第二节　花球啦啦操（提升版）

花球啦啦操（提升版）为啦啦操课程第二学期的主要内容，其目的是提升身体协调性、灵活性和平衡性，通过加大花球动作难度，增加团队协作能力，寻找最短路径完成动作的同时，提高学生姿态，提高学生体能。花球啦啦操（提升版）可以加深学生对成套动作的理解和运用。该成套动作共8套组合，每套组合4个8拍。

一、动作要领

（一）组合一：4×8拍

准备姿势：下“H”手位，双手直臂拳心相对；同时两脚并拢；目视前方（图12-26）。

图12-26　准备

1. 第一个八拍（图12-27）

第1拍：上“H”手位，双手直臂拳心相对；同时双脚朝右跳起并拢；目视前方。

第2拍：下“H”手位，双手直臂拳心相对；同时左脚向左跳开；目视前方。

第3拍：上“H”手位，双手直臂拳心相对；同时双脚朝左跳起并拢；目视前方。

第4拍：下“H”手位，双手直臂拳心相对；同时右脚向右跳开；目视前方。

第5-6拍：手臂自然放于体前；同时双腿分立，身体向左顶肩两次；目视前方。

第7-8拍：手臂自然放于体前；同时双腿分立，身体向左顶肩两次；目视前方。

1 2 3 4 5-6 7-8

图 12-27 第一个八拍

2. 第二个八拍（图 12-28）

第 1 拍：左弓箭手位；同时双腿分立，左顶胯；目视前方。

第 2 拍：左弓箭手位；同时右脚于左脚后交叉；头向左侧倾斜。

第 3 拍：上“A”手位；右脚前跨，身体朝向右侧；目视前方。

第 4 拍：双手收于胸前，低头；同时屈膝；低头。

第 5 拍：上“A”手位；同时双腿并拢，膝盖伸直，身体朝向右侧；目视前方。

第 6 拍：两臂置于体侧，伸直；同时左脚向斜前方呈左弓步；目视前方。

第 7 拍：两臂于体前向外绕环两次；同时双腿并拢站立；目视前方。

第 8 拍：还原至预备姿势。

1 2 3 4 5 6 7 8

图 12-28 第二个八拍

3. 第三个八拍（图 12-29）

第 1 拍：双手呈下“H”手位放于身体左侧，右臂在前；同时左脚前点地，目视前方。

第 2 拍：双手呈下“H”手位放于身体右侧，左臂在前；同时右脚前点地，目视前方。

第 3-4 拍：下“V”手位；同时两脚开立，稍比肩宽；向右转头看向右侧。

第 5-6 拍：右臂上举，左臂下举；同时左脚正踢腿；目视前方。

第 7-8 拍：两臂垂于体侧，手触地；同时左脚在前的蹲立姿势；低头。

1　　2　　3-4　　5-6　　7-8

图 12-29　第三个八拍

4. 第四个八拍（图 12-30）

第 1-7 拍：两臂于体侧自然摆动；同时踏步；目视前方。

第 8 拍：还原至预备姿势。

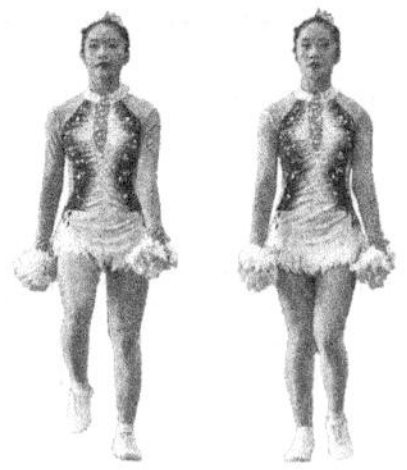

1-7　　8

图 12-30　第四个八拍

（二）组合二：4×8 拍

1. 第一个八拍（图 12-31）

第 1-2 拍：高“V”手位；同时双腿分立；目视前方。

第 3-4 拍：加油手位；同时双腿分立；目视前方。

第 5 拍：左侧侧上冲拳；同时双腿分立；目视前方。

第 6 拍：高“V”手位；同时双腿分立；目视前方。

第 7 拍：下“H”手位；同时马步姿势；目视前方。

第 8 拍：上“M”手位；同时双腿跳成并拢姿势，目视前方。

1-2　　3-4　　5　　6　　7　　8

图 12-31　第一个八拍

2. 第二个八拍（图 12-32）

第 1-2 拍：倒“V”手位；同时双腿分立；目视前方。

第 3–4 拍：加油手位；同时双腿分立；目视前方。
第 5–6 拍：右侧侧“K”手位；同时身体转向右侧；目视前方。
第 7–8 拍：还原至预备姿势。

1–2　3–4　5–6　7–8

图 12–32　第二个八拍

3. 第三个八拍（图 12–33）
第 1 拍：大臂伸直，右小臂上举，左小臂下举；同时右脚向前迈步；目视前方。
第 2 拍：大臂伸直，左小臂上举，右小臂下举；同时左脚向前迈步；目视前方。
第 3 拍：前“X”手位；同时右脚向前迈步；目视前方。
第 4 拍：短“T”手位；同时双腿并拢；目视前方。
第 5–6 拍：双手按于大腿上；同时双腿分立呈马步姿势；低头。
第 7 拍：“T”手位；同时双腿分立呈马步姿势；目视前方。
第 8 拍：手臂上举；同时双脚并拢；目视前方。

1　2　3　4　5–6　7　8

图 12–33　第三个八拍

4. 第四个八拍（图 12–34）
第 1–3 拍：手臂平举，呈“T”手位；同时平转。
第 4 拍：手臂上举；同时右脚后点地，身体朝向左侧；目视左前方。
第 5–6 拍：双手收于胸前；同时双腿屈膝并拢，身体朝向左侧；含胸低头。
第 7 拍：双手上举；同时小腿后踢跳起，身体朝向左侧；目视左前方。
第 8 拍：双手收于胸前；同时双腿屈膝并拢，身体朝向左侧；含胸低头。

1-3　　4　　5-6　　7　　8

图 12-34　第四个八拍

（三）组合三：4×8 拍

1. 第一个八拍（图 12-35）

第 1-2 拍：右弓箭手位；同时右腿伸直向前上步，左腿膝盖微屈，向右顶跨，身体朝向左侧；目视前方。

第 3-4 拍：加油手位；同时双脚并拢；目视前方。

第 5-6 拍：同 1-2 动作相同，方向相反。

第 7-8 拍：加油手位；同时双脚并拢；目视前方。

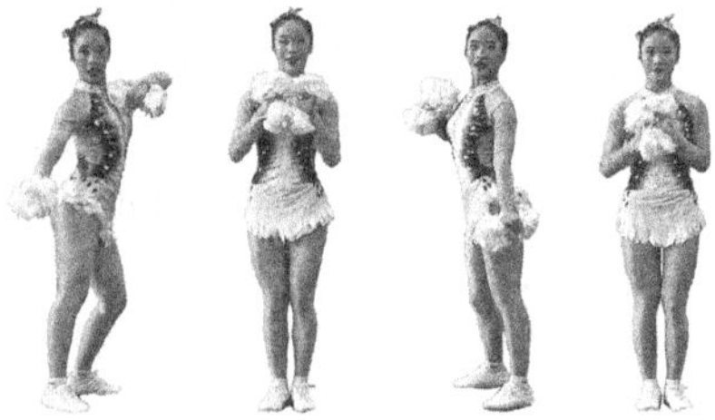

1-2　　3-4　　5-6　　7-8

图 12-35　第一个八拍

2. 第二个八拍（图 12-36）

第 1 拍：右侧斜上冲拳；同时左脚踏步；目视前方。

第 2 拍：右侧侧上冲拳；同时右脚踏步；目视前方。

第 3 拍：右侧斜上冲拳；同时左脚踏步；目视前方。

第 4 拍：右手放于右肩，左手叉腰；同时双腿并拢；目视前方。

第 5 拍：低“X”手位；同时左脚后撤呈右弓步；目视前方。

第 6 拍：高“V”手位；同时身体转向后侧。

第 7 拍：右手放于右肩，左手叉腰；同时双腿分立；目视前方。

第 8 拍：右侧侧下冲拳；同时双脚并拢；目视前方。

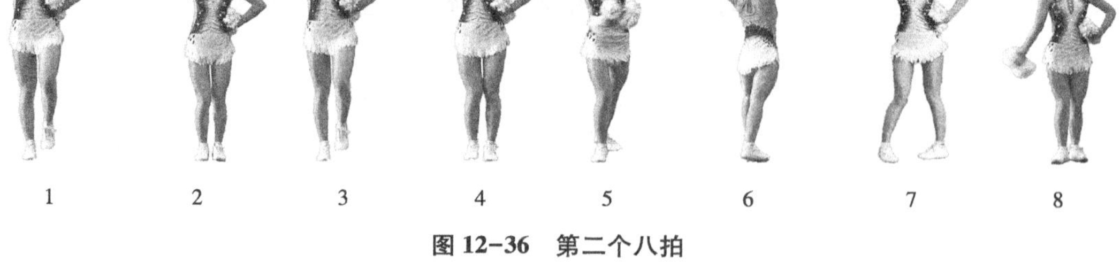

1　　2　　3　　4　　5　　6　　7　　8

图 12-36　第二个八拍

3. 第三个八拍（图 12–37）
第 1 拍：手臂伸直呈“T”手位；同时左腿后撤跪地；目视前方。
第 2 拍：上“H”手位；同时左腿后撤跪地；目视前方。
第 3 拍：手臂伸直呈“T”手位；同时左腿后撤跪地；目视前方。
第 4 拍：加油手位；同时左腿后撤跪地；目视前方。
第 5–6 拍：手臂伸直成“T”手位；同时左腿后撤跪地；目视前方。
第 7–8 拍：加油手位；同时左腿后撤跪地；目视前方。

图 12–37 第三个八拍

4. 第四个八拍（图 12–38）
第 1–2 拍：左手叉腰，右大臂平举，小臂上举；同时左腿后撤跪地；目视前方。
第 3 拍：手臂成倒“V”手位；同时左腿后撤跪地；目视前方。
第 4 拍：加油手位；同时左腿后撤跪地；目视前方。
第 5–6 拍：手臂成下“H”手位；同时踏步；目视前方。
第 7 拍：手臂成上“H”手位；同时双腿并拢；目视前方。
第 8 拍：加油手位；同时双腿并拢；目视前方。

图 12–38 第四个八拍

（四）组合四：4×8 拍
1. 第一个八拍（图 12–39）
第 1–2 拍：手臂下举；同时双腿并拢，上身向前向下折叠；低头。
第 3 拍：手臂上举；同时双脚并拢；目视前方。
第 4 拍：加油手位；同时双脚并拢；目视前方。
第 5–6 拍：手臂伸直成“T”手位；同时双脚分立；目视前方。
第 7–8 拍：手臂上举；同时双脚分立；目视前方。

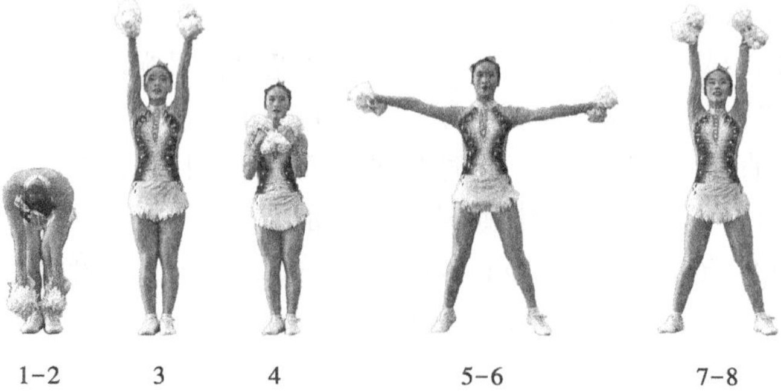

图 12-39　第一个八拍

2. 第二个八拍（图 12-40）

第 1 拍：左侧侧上冲拳；同时双脚分立；目视前方。

第 2 拍：双手扶于右髋；同时双脚分立，身体扭转向右侧；目视右前方。

第 3-4 拍：手臂于面前绕圈两次；同时双脚分立，身体扭转向右侧；目视右前方。

第 5 拍：手臂成上“A”手位；同时右腿向左后方撤步；目视前方。

第 6 拍：手臂成倒“V”手位；同时右腿前踢；目视前方。

第 7-8 拍：还原至预备姿势。

图 12-40　第二个八拍

3. 第三个八拍（图 12-41）

第 1 拍：右手向左前方冲拳；同时右脚右后方撤步；目视前方。

第 2 拍：加油手位；同时双腿并拢；目视右前方。

第 3-4 拍：手臂成倒“V”手位；同时右脚向前上步，双腿呈马步，身体朝向左侧；目视前方。

第 5-6 拍：双手自然垂于身体两侧；同时右腿后点，身体转向后方。

第 7-8 拍：还原至预备姿势。

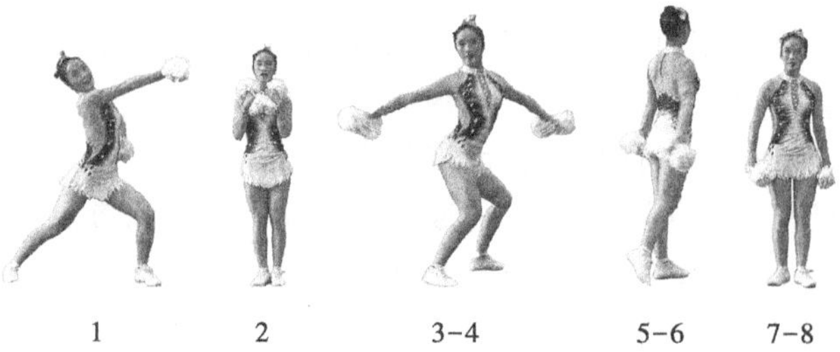

图 12-41　第三个八拍

4. 第四个八拍（图 12-42）

第 1-2 拍：下“H”手位；同时右脚向前上步，身体转向右侧；目视右斜下方。

第 3-4 拍：左侧“L”手位；同时右脚脚尖点地，膝盖弯曲，左侧提髋；目视前方。

第 5 拍：下“H”手位；同时重心移于右腿，顶右髋；目视前方。

第 6 拍：上“H”手位；同时重心移于左腿，顶左髋；目视前方。

第 7 拍：手臂成“T”手位；同时重心移于右腿，双腿分立；目视前方。

第 8 拍：加油手位；同时双腿并拢；目视前方。

1-2　3-4　5　6　7　8

图 12-42　第四个八拍

（五）组合五：4×8 拍

1. 第一个八拍（图 12-43）

第 1 拍：手臂高“V”手位；同时踏步；目视前方。

第 2 拍：加油手位；同时踏步；目视前方。

第 3-4 拍：手臂成短“T”手位；同时双脚分立；目视前方。

第 5-6 拍：右手叉腰，左手向下伸直；同时双脚分立，重心移于右腿，右膝弯曲，左腿伸直；低头含胸。

第 7-8 拍：右手叉腰，左手向下伸直；同时双脚分立，重心移于右腿，右膝弯曲，左腿伸直；抬头挺胸，目视前方。

1　2　3-4　5-6　7-8

图 12-43　第一个八拍

2. 第二个八拍（图 12-44）

第 1-2 拍：双手成长“T”手位；同时双脚分立；目视前方。

第 3-4 拍：双手成短“T”手位；同时双脚分立；目视前方。

第 5 拍：短“T”向身体左侧扭转；同时双脚分立，重心移于左侧，髋顶向左侧；目视前方。

第 6 拍：短“T”向身体右侧扭转；同时双脚分立，重心移于右侧，髋顶向右侧；目视前方。

第 7 拍：上“A”向身体左侧倾斜；同时双脚分立，右脚点地，右膝弯曲，左腿伸直；目视前方。

第 8 拍：上“A”向身体右侧倾斜；同时双脚分立，左脚点地，左膝弯曲，右腿伸直；目视前方。

图 12-44　第二个八拍

3. 第三个八拍（图 12-45）

第 1 拍：左手上“A”手位，右手斜下；同时双腿分立，重心于右腿，左脚脚尖点地，左膝弯曲；目视前方。

第 2 拍：手臂成倒“V”手位；同时双脚分立；目视前方。

第 3-4 拍：右侧侧下冲拳；同时左脚向右后方撤步；目视前方。

第 5-6 拍：斜线，左手高，右手低；同时双脚分立，重心移于右腿，左腿向侧踢出；目视前方。

第 7-8 拍：双手收于胸前；同时双脚并拢，屈膝，身体朝向右侧；低头含胸。

图 12-45　第三个八拍

4. 第四个八拍（图 12-46）

第 1-4 拍：左侧“L”手位，左手平举，右手上举；同时两脚开立，重心落于左腿，右脚脚尖点地，膝盖弯曲；目视前方。

第 5-6 拍：加油手位；同时双脚并拢；目视前方。

第 7-8 拍：右侧侧上冲拳；同时双脚并拢；目视前方。

1-4　　5-6　　7-8

图 12-46　第四个八拍

（六）组合六：4×8 拍

1. 第一个八拍（图 12-47）

第 1 拍：双臂伸直成长“T”手位；同时双脚分开，马步站立；头向右侧倾斜，目视前方。

第 2 拍：屈臂“H”手位；同时双脚并拢；目视前方。

第 3 拍：双臂伸直成长“T”手位；同时双脚分开，马步站立；头向左侧倾斜，目视前方。

第 4 拍：同第 2 拍。

第 5 拍：左小臂上举，右小臂下举；同时双脚分立；目视前方。

第 6 拍：右小臂上举，左小臂下举；同时双脚分立；目视前方。

第 7 拍：同第 5 拍。

第 8 拍：还原至预备姿势。

1　2　3　4　5　6　7　8

图 12-47　第一个八拍

2. 第二个八拍（图 12-48）

第 1-2 拍：左侧髋处手臂向外转圈；同时双腿分立，髋顶向左边；目视前方。

第 3-4 拍：右侧面前手臂向外转圈；同时双腿分立，髋顶向右边；目视手臂。

第 5 拍：左侧侧下冲拳；同时右脚向右后方撤步；目视前方。

第 6 拍：左屈臂放于体前，右侧侧下冲拳；同时双脚分立；目视前方。

第 7-8 拍：右侧侧上冲拳；同时双脚并拢；目视前方。

1-2　3-4　5　6　7-8

图 12-48　第二个八拍

3. 第三个八拍（图 12-49）

第 1 拍：双手按于右髋；同时双脚分立，髋顶向右侧；目视前方。

第 2 拍：左侧弓箭；同时双脚分立，髋顶向左侧；目视前方。

第 3 拍：右侧弓箭；同时双脚分立，髋顶向右侧；目视前方。

第 4 拍：右侧弓箭；同时左脚向右斜后方撤步；头向右倾斜，目视前方。

第 5 拍：手臂上“H”手位；同时双脚分立，髋顶向左侧；目视前方。

第 6 拍：手臂下“H”手位；同时双脚分立，髋顶向右侧；目视前方。

第 7-8 拍：斜线，右手斜上，左手斜下；同时双脚分立，重心落于左脚，左膝屈膝，向外打开；目视前方。

1　2　3　4　5　6　7-8

图 12-49　第三个八拍

4. 第四个八拍（图 12-50）

第 1-4 拍：手臂短“T”手位；同时平转；目视前方。

第 5-6 拍：加油手位；同时踏步；目视前方。

第 7-8 拍：双手叉腰；同时原地踏步；目视前方。

1-4　5-6　7-8

图 12-50　第四个八拍

（七）组合七：4×8 拍

1. 第一个八拍（图 12-51）

第 1 拍：右侧弓箭；同时双脚分开，马步站立；目视前方。

第 2 拍：左侧侧上冲拳；同时双脚并拢；目视前方。

第 3-6 拍：手臂环绕，收于胸前；同时双脚并拢，微屈膝，身体朝向右侧；低头含胸。

第 7-8 拍：加油手位；同时原地踏步；目视前方。

1　　2　　3-6　　7-8

图 12-51　第一个八拍

2. 第二个八拍（图 12-52）

第 1-2 拍：手臂上“V”手位；同时左脚踏步；目视前方。

第 3-4 拍：手臂下“V”手位；同时右脚踏步；目视前方。

第 5 拍：手臂短“T”手位；同时双脚并拢；目视前方。

第 6 拍：手臂“T”手位；同时双脚并拢；目视前方。

第 7 拍：手臂下“H”手位；同时双脚分开，马步站立；目视前方。

第 8 拍：手臂上“H”手位；同时双脚并拢；目视前方。

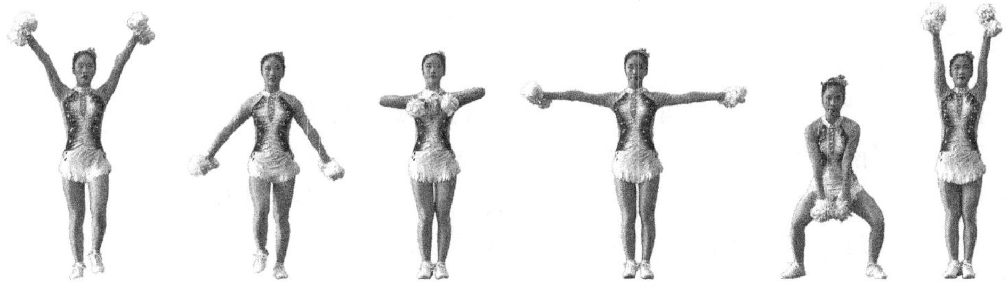

1-2　　3-4　　5　　6　　7　　8

图 12-52　第二个八拍

3. 第三个八拍（图 12-53）

第 1-2 拍：双手收于胸前；同时双脚并拢；低头含胸。

第 3-4 拍：手臂上“V”手位；同时双脚分立；目视前方。

第 5-6 拍：同第 1-2 拍。

第 7-8 拍：手臂下“V”手位；同时双脚分立；目视前方。

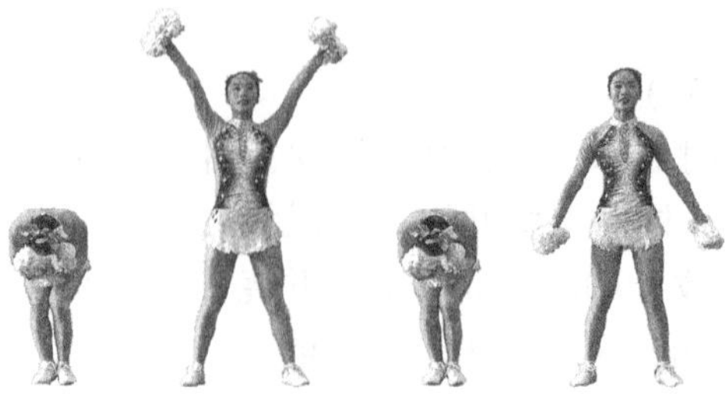

图 12-53　第三个八拍

4. 第四个八拍（图 12-54）

第 1-2 拍：立转上步手位；同时右脚向前上步；目视前方。

第 3-4 拍：双手自然放于体前；同时双脚并拢；低头含胸。

第 5-6 拍：手臂短“T”手位；同时踏步；目视前方。

第 7-8 拍：右手侧上冲拳；同时双脚并拢；目视前方。

图 12-54　第四个八拍

（八）组合八：4×8 拍

1. 第一个八拍（图 12-55）

第 1 拍：手臂“W”手位；同时右脚向前呈右弓步；目视前方。

第 2 拍：手臂前“X”手位；同时左脚向前呈左弓步；目视前方。

第 3 拍：手臂上“V”手位；同时右脚向前呈右弓步；目视前方。

第 4 拍：自然放于身体两侧；同时双脚并拢；目视前方。

第 5 拍：双手前平举；同时提左膝；低头含胸。

第 6 拍：双手自然放于身体两侧；同时双脚并拢；目视前方。

第 7 拍：加油手位；同时左脚向左上步呈左弓步，身体转向左侧；目视左前方。

第 8 拍：右侧弓箭手位；同时右腿在前，左腿在后交叉；目视前方。

图 12-55　第一个八拍

2. 第二个八拍（图 12-56）

第 1 拍：手臂上举；同时左脚向左上步，脚尖点地，膝盖微屈，身体朝向左侧；目视左前方。

第 2 拍：手臂上“M”手位；同时左脚向后撤步，脚尖点地，膝盖微屈，身体朝向左侧；目视左前方。

第 3 拍：手臂成“T”手位；同时右脚向后撤步，脚尖点地，膝盖微屈，身体朝向左侧；目视左前方。

第 4 拍：手臂短“T”手位；同时双脚并拢，左腿弯曲，身体转向右侧；目视前方。

第 5-6 拍：左手叉腰，右手置于胸前；同时右腿弯曲，髋顶于左侧；目视前方。

第 7-8 拍：还原至预备姿势。

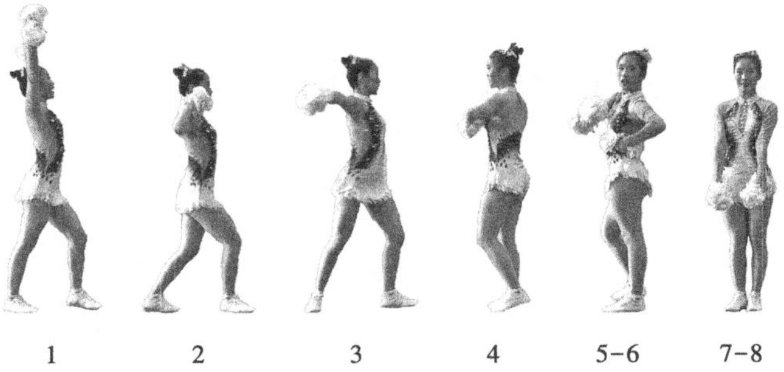

图 12-56　第二个八拍

3. 第三个八拍（图 12-57）

第 1 拍：左手叉腰，右手向左体前冲拳；同时两脚开立，髋顶向左侧；目视左前方。

第 2 拍：左手叉腰，右手大小臂折叠平行于地面；同时两脚开立，髋顶向左侧；目视左前方。

第 3-4 拍：高冲拳；同时两脚开立；目视前方。

第 5-6 拍：左侧倒“L”手位；同时右腿向左后方撤步，左膝盖弯曲；目视前方。

第 7-8 拍：左右小臂于体前折叠；同时双腿并拢；目视前方。

图 12-57　第三个八拍

4. 第四个八拍（图 12-58）

第 1 拍：手臂成屈臂“X”手位；同时左脚向前上步；目视左前方。

第 2 拍：手臂成下“V”手位；同时右腿前踢；目视左前方。

第 3 拍：加油手位；同时双脚并拢，膝盖微屈；目视前方。

第 4 拍：手臂成下“H”手位；同时双脚并拢；目视前方。

第 5-6 拍：手臂成上“V”手位；同时两脚开立；目视前方。

第 7-8 拍：加油手位；同时两脚开立；目视前方。

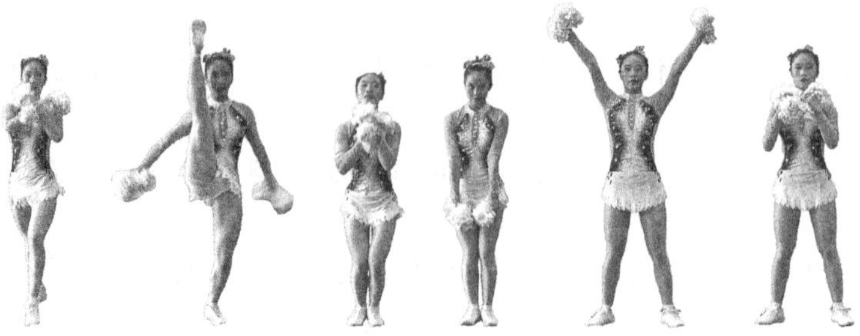

1　　2　　3　　4　　5-6　　7-8

图 12-58　第四个八拍

结束造型：右侧侧上冲拳；同时两脚开立；目视前方（图 12-59）。

图 12-59　结束

二、技术要点

（一）基本脚位运用

1. 腿部肌肉控制练习

保持腿部半蹲或平衡姿态的控制练习。例如吸腿站，一腿支撑，另一腿屈膝上抬，使大腿与地面平行，脚尖绷直，手臂上举。

2. 移动平稳重心练习

运用组合动作进行练习，强化重心平稳移动。例如两个组合动作，先练习第一个组合然后两个组合连接起来，开始可以节奏放慢，熟练后加快。

3. 变换节奏练习

同样的动作，根据不同的音乐节奏进行练习，一般都是由慢变快。例如组 4 个 8 拍的动作，先跟慢音乐或两拍一动练习，两组后变为正常。

4. 腿部负重步伐练习

两腿绑沙袋做下肢技术练习的动作。例如做一些步伐组合动作练习，用递加法。

（二）基本手位运用

1. 快速反应记忆

教师说出动作名称，学生迅速反应并做出相对应的动作，然后教师强调动作的规范性并及时给予纠正，以便达到动作与名称精准匹配的目的。

2. 单个手位重复控制练习

例如上“M”手位，重复练习 3 至 5 组，也可以将每次练习时间适当延长。在练习的同时注意感觉肌肉的控制力量，进而形成肌肉记忆。

3. 两个手位的变换练习法

例如上“H”手位接“T”手位，两次动作发力方向与连接的准确性和控制力练习，刚开始时可以慢拍节奏进行练习，熟练后可以正常节拍练习。

4. 手持器械负重练习

例如短“T”手位，双手握小哑铃，用同花球动作的发力感觉去做。

三、核心技术

花球啦啦操（提升版）比花球啦啦操（基础版）的难度稍高，同样要求上肢在保持含胸夹臂的基础上，注意寻找最短发力路径，实现动作的干净利落。基本手位动作应在肩关节前制动，并最大幅度将动作进行伸展。提升版套路所有肢体类动作的发力方式，应通过短暂加速、定位制动来实现花球啦啦操特有的力量感，具有清晰的开始和结束，完成动作干净利落并且位置更加精准；在运动过程中要求重心低、移动更加平稳。

四、评分标准

（1）根据失误程度扣分：

① 小失误扣 0.05 分或 0.1 分；

② 中等失误扣 0.2 分；

③ 大失误扣 0.3 分~0.5 分。

（2）总分 10 分，按完成情况予以扣分：

① 6.9 分及以下：动作不熟练，有大段动作失去音乐；

② 7 分~7.9 分：动作较为柔和、较连贯个别地方失去控制、有姿态控制、音乐比较协调，个别地方有错误；

③ 8 分~8.9 分：动作较为柔和连贯有控制、舒展大方、姿态较优美、音乐比较协调；

④ 9 分及以上：动作柔和连贯有控制、舒展大方、姿态优美、音乐协调。

第三节　爵士啦啦操

爵士啦啦操成套动作是啦啦操课程第三学期的主要内容，共 7 套组合动作。爵士啦啦操成套动作由爵士舞风格的舞蹈动作、难度动作以及过渡连接动作等内容组成，通过队形、空间、方向的变换，同时附加一定的运动负荷，表现参赛运动员的激情以及团队的运动舞蹈能力。动作技术特征主要体现为：肢体动作由内向外的延伸感，通过延伸制动实现爵士舞蹈啦啦操特有力度感。

一、动作做法

（一）组合一：4×8 拍

预备姿势：左腿屈膝贴于地面，成卧位，右腿伸直；右手向左侧延伸；低头（图 12-60）。

图 12-60　预备

1. 第一个八拍（图 12-61）

第 1-2 拍：右手经体侧划弧至前上方，身体成坐位；眼看前方。

第 3-4 拍：两腿屈膝并拢，双手延脚尖方向伸展；低头。

第 5-6 拍：双臂、左脚屈膝成支撑，右腿绷脚尖伸直；抬头伸展。

第 7-8 拍：左膝弯曲成自然坐位；眼睛看向脚尖所指方向。

1-2　　3-4　　5-6　　7-8

图 12-61　第一个八拍

2. 第二个八拍（图 12-62）

第 1-2 拍：右膝弯曲成自然坐位；眼睛看向脚尖所指方向。

第 3-4 拍：左手支撑，左腿屈膝跪地，右腿伸直；右手伸直；眼睛看向地面。

第 5-8 拍：身体由左腿支撑后成坐位后成站位；右臂从上拉至体前，左臂向后自然伸展，两手握拳；眼睛看向右手方向。

1-2　　3-4　　5-8

图 12-62　第二个八拍

3. 第三个八拍（图 12-63）

第 1-4 拍：右脚在前，两拍一动的柔软步。

第 5-6 拍：两臂经侧向下带动上体弯曲，同时双腿屈膝半蹲；低头。

第 7-8 拍：两臂于体前弯曲，左手稍高于右手，同时掌心朝上；两眼看向前方。

1-4　　5-6　　7-8

图 12-63　第三个八拍

4. 第四个八拍（图 12-64）

第 1-4 拍：两臂于体前弯曲，左手稍高于右手，同时掌心朝上；两眼看向前方。

第 5-8 拍：重心移至右侧，两手斜向伸展，同时眼睛看向左手指尖方向。

图 12-64　第四个八拍

（二）组合二：6×8 拍

1. 第一个八拍（图 12-65）

第 1-2 拍：向右转 180°，左手扶头，右手自然下落于体侧。

第 3-4 拍：右手上举，左手自然下落于身后；稍抬头。

第 5-6 拍：双脚开立同时右手经侧至平举，左手自然垂于体侧。

第 7-8 拍：身体向左转成左脚在前的弓步，同时两手置于腰间；向上抬头一次。

图 12-65　第一个八拍

2. 第二个八拍（图 12-66）

第 1 拍：身体半蹲的同时两臂屈肘于胸前；低头。

第 2 拍：向右转成直立姿势，同时两臂肘关节弯曲，双手扶于头后，成开掌；眼看前方。

第 3-4 拍：两腿微屈，身体弯曲同时右手直臂垂于身前；低头。

第 5-6 拍：右手在前带动身体旋转 360°。

第 7-8 拍：直立姿势；眼看前方。

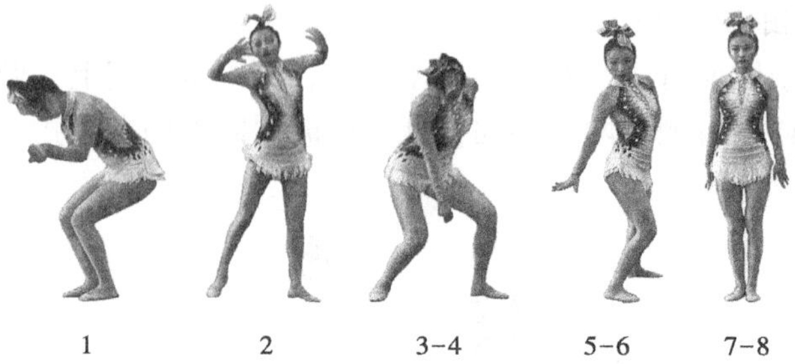

图 12-66　第二个八拍

3. 第三个八拍（图 12-67）

第 1 拍：两臂经侧至侧上举同时吸右腿，开掌；绷脚尖，眼看前方.

第 2 拍：两臂经前至侧下举，右腿自然落地；开掌；眼看前方。

第 3-4 拍：身体向左转 90°成左脚在前的弓步，同时左手成爵士手屈臂于胸前；眼看左手。

第 5-6 拍：右脚“片腿”一次；绷脚尖；眼看前方。

第 7-8 拍：右腿自然下落至分立，双腿弯曲同时手臂带动身体自然弯曲；眼看地上。

图 12-67　第三个八拍

4. 第四个八拍（图 12-68）

第 1 拍：双臂握拳屈臂，低头。

第 2 拍：身体向左转，同时两臂于胸前握拳交叉；眼看左侧，稍低头。

第 3-4 拍：身体朝前，同时两臂经前至侧下举；眼看右手指向的方向。

第 5-6 拍：身体朝左，两手置于腰间同时吸右腿，绷脚尖；眼看前方。

第 7-8 拍：右脚自然下落后成右脚在前的柔软步。

图 12-68　第四个八拍

5. 第五个八拍（图 12-69）

第 1-2 拍：身体面向右侧屈膝半蹲；两臂虎口按于大腿前侧；低头。

第 3-4 拍：右脚在前，右手叉腰；左手屈臂于胸前成一指；眼看左手。
第 5-8 拍：两臂带动身体平转两次，同时手臂由直臂至平屈。

1-2　　3-4　　5-8

图 12-69　第五个八拍

6. 第六个八拍（图 12-70）
第 1-4 拍：身体朝后，成左脚在前的柔软步，两手自然垂于体侧。
第 5-6 拍：重心后移；左脚向后撤步同时两臂经侧至平举；抬头。
第 7-8 拍：重心后移；左脚向后撤步同时两臂经前后成直立姿势；眼看前方。

1-4　　5-6　　7-8

图 12-70　第六个八拍

（三）组合三：4×8 拍
1. 第一个八拍（图 12-71）
第 1-2 拍：右脚向侧迈步同时重心移至前脚；眼看左前下方。
第 3-4 拍：动作同第 1-2 拍，方向相反。
第 5-6 拍：右腿前踢同时右手向上伸展，左手侧举；眼看右脚脚尖。
第 7-8 拍：右脚落地成蹲立，两臂垂于体侧；低头。

1-2　　3-4　　5-6　　7-8

图 12-71　第一个八拍

2. 第二个八拍（图 12–72）

第 1–4 拍：左脚跪地侧滚后成直立姿势，两手贴于体侧；低头。

第 5–6 拍：右脚向右，左脚抬起的同时右手侧平举，左手前平举；眼看左手。

第 7–8 拍：左脚向侧并步，绷脚尖。

1–4　　5–6　　7–8

图 12–72　第二个八拍

3. 第三个八拍（图 12–73）

第 1–2 拍：双脚分立，右手上举，左手侧平举；眼看左手。

第 3–4 拍：两臂经前至下举，低头，稍提踵。

第 5–6 拍：身体左转成蹲立，右脚在后；同时右手于胸前平屈，左手于后背自然弯曲；低头。

第 7–8 拍：右脚在前平转一次，成直立姿势。

1–2　　3–4　　5–6　　7–8

图 12–73　第三个八拍

4. 第四个八拍（图 12–74）

第 1–4 拍：右脚侧点地，左手向侧推出，右手贴于体侧；眼看左手。

第 5 拍：右脚后撤，左脚点地；身体朝前，两手平屈，掌心轻扶后脑勺；眼看前方。

第 6 拍：左脚后撤，右脚点地；身体稍朝侧，两手腕轻搭于肩；眼看左手。

第 7 拍：右脚后撤，左脚点地；身体朝前，双手叉腰；低头。

第 8 拍：左脚后撤，右脚点地；身体朝前，双手平举，手腕于胸前交叉；抬头。

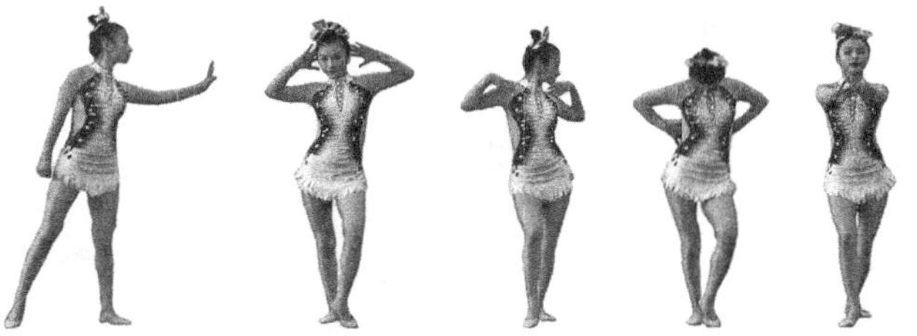

1-4　5　6　7　8

图 12-74　第四个八拍

（四）组合四：4×8 拍

1. 第一个八拍（图 12-75）

第 1-2 拍：右脚支撑，左脚向侧点地，左手经前推出至侧平举，右手叉腰；眼看前方。

第 3-4 拍：右脚后撤至左后，双手屈臂拳面贴于腰间。

第 5-6 拍：身体向右转 180°后成右脚在前；眼看前方。

第 7-8 拍：右脚前踢，脚尖绷直；双手屈臂拳面贴于腰间；抬头。

1-2　3-4　5-6　7-8

图 12-75　第一个八拍

2. 第二个八拍（图 12-76）

第 1-2 拍：右脚在前的蹲立姿势，两手自然下垂；弯腰低头。

第 3-4 拍：身体抬起的同时两脚分立；两手经下至侧平举后向下伸展。

第 5-6 拍：左脚向后成锁步，同时两臂成左手搭肩在上、右手扶腰在下；弯腰，低头。

第 7-8 拍：下蹲，两手自然下垂。

1-2　3-4　5-6　7-8

图 12-76　第二个八拍

3. 第三个八拍（图 12-77）

第 1-4 拍：左腿伸直、右腿屈膝、两手支撑的坐位；两眼平视前方。

第 5 拍：三点支撑；同时左腿上踢，同时顶髋；眼看左脚踢腿方向。

第 6 拍：三点支撑；同时左脚侧踢；眼看左脚踢腿方向。

第 7–8 拍：左腿伸直、右腿屈膝、顶髋；两眼平视前方。

1–4　　5　　6　　7–8

图 12–77　第三个八拍

4. 第四个八拍（图 12–78）

第 1–2 拍：左腿伸直、右腿屈膝、两手支撑的坐位；两眼平视前方。

第 3–4 拍：身体向左转 180°，右脚弯曲、左腿伸直；低头。

第 5–8 拍：两腿自然弯曲贴于地面，身体向左侧延伸；右手经侧贴于耳侧、左手自然垂于体前；眼看左边。

1–2　　3–4　　5–8

图 12–78　第四个八拍

（五）组合五：3×8 拍

1. 第一个八拍（图 12–79）

第 1–4 拍：身体成卧位，同时左手向地面伸展；低头。

第 5–8 拍：双膝朝侧跪地，双手自然垂于体侧；低头。

1–4　　5–8

图 12–79　第一个八拍

2. 第二个八拍（图 12–80）

第 1 拍：身体稍右倾，同时右手于体侧屈肘握拳，左手反向。

第 2 拍：动作同第 1 拍，方向相反。

第 3–4 拍：两手经前至上举；眼看双手。

第 5–6 拍：身体由跪地至半蹲，身体弯曲；低头。

第 7–8 拍：两手经前至侧平举；抬头挺胸。

1　2　3-4　5-6　7-8

图 12-80　第二个八拍

3. 第三个八拍（图 12-81）

第 1-2 拍：右手经下至斜上举，左手叉腰；眼看前方。

第 3-4 拍：顶左髋同时右脚点地；同时左手叉腰、右手屈肘抬臂扶肩。

第 5-8 拍：右脚为主力腿原地转圈一次成直立姿势。

1-2　3-4　5-8

图 12-81　第三个八拍

（六）组合六：4×8 拍

1. 第一个八拍（图 12-82）

第 1-2 拍：左脚后脚跟点地，同时两臂经前至平举贴于耳侧；低头。

第 3-4 拍：双脚成开立，两手经前成侧上举；眼看前方。

第 5-6 拍：双手扶头顺时针绕圈一次。

第 7-8 拍：身体向左转 90°，两腿并拢半蹲，同时双手于胸前交叉；低头。

1-2　3-4　5-6　7-8

图 12-82　第一个八拍

2. 第二个八拍（图 12-83）

第 1-2 拍：身体向右顶髋，左脚点地，同时两臂侧下举，握拳；眼看右下方。

第 3-4 拍：动作同第 1-2 拍，方向相反。

第 5-8 拍：右脚向右平转，后成开立姿势；眼看前方。

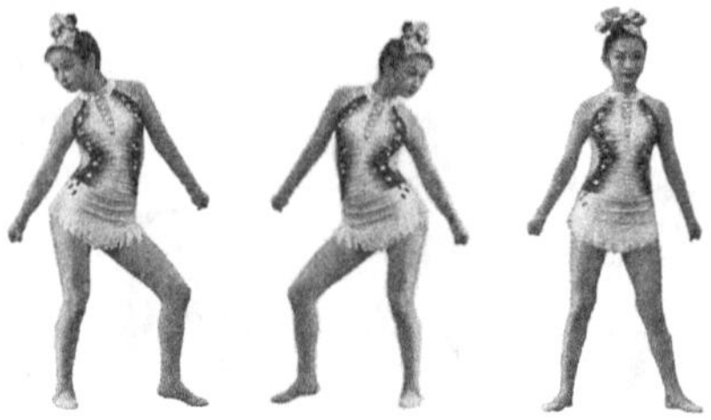

1-2　　3-4　　5-8

图 12-83　第二个八拍

3. 第三个八拍（图 12-84）

第 1-2 拍：左手开掌，右手屈臂于胸前，同时向右顶髋两次；眼看前方。

第 3-4 拍：向左顶髋两次，同时双手成开掌屈臂于胸前靠拢两次；眼看前方。

第 5-8 拍：左脚在前弓步站立，两臂自然垂于体侧。

1-2　　3-4　　5-8

图 12-84　第三个八拍

4. 第四个八拍（图 12-85）

第 1-4 拍：两臂侧平举，并腿立踵。

第 5-6 拍：两臂侧平举，成左脚在前的“跨跳”。

第 7-8 拍：双腿自然落地后，并腿立踵；手臂于胸前交叉；眼看左下方。

1-4　　5-6　　7-8

图 12-85　第四个八拍

（七）组合七：4×8 拍

1. 第一个八拍（图 12-86）

第 1-4 拍：左脚向后退三步成两脚开立姿势；低头，眼看地上。

第 5 拍：脚下同第 1-4 拍，右手上举，左手贴于体侧；眼看前方。

第 6 拍：脚下同第 1-4 拍，右手收回于胸前，左手抬至胸前稍低于右手；低头，眼看左手。

第 7-8 拍：重心左移，同时右脚点地；左手向前推出，右手屈肘搭肩。

1-4　5　6　7-8

图 12-86　第一个八拍

2. 第二个八拍（图 12-87）

第 1-6 拍：两臂经侧经下至胸前交叉；开掌掌心向下；低头。

第 7-8 拍：左脚向右后方撤步，同时右手经侧屈臂，掌心朝前；抬头，眼看右手。

1-6　7-8

图 12-87　第二个八拍

3. 第三个八拍（图 12-88）

第 1-2 拍：左脚后退两步成分立姿势，同时左手叉腰；低头。

第 3-4 拍：两脚分立，与肩同宽，同时两手经前至前平举；抬头，眼看前方。

第 5-6 拍：两脚分立，与肩同宽，两手经下至下举；弯腰低头。

第 7 拍：两脚分立，与肩同宽，顶右髋，同时手臂随髋关节摆动；低头。

第 8 拍：动作同第 7 拍，方向相反。

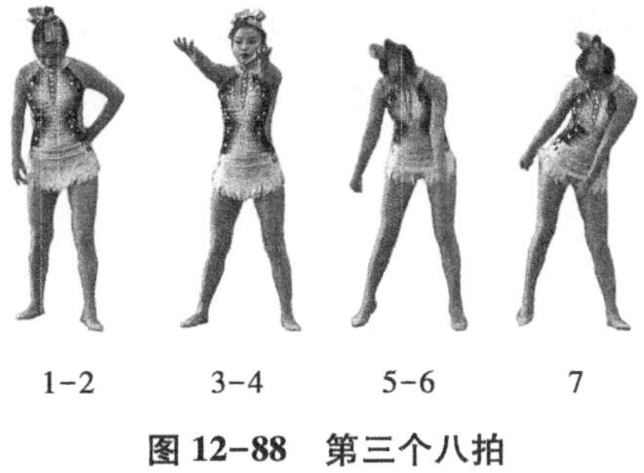

1-2　3-4　5-6　7

图 12-88　第三个八拍

4. 第四个八拍（图 12-89）

第 1-6 拍：左脚向侧转 180°成开立姿势；低头。

第 7-8 拍：两脚开立与肩同宽，肩膀带动左手经侧伸展至侧平举，掌心向下；眼看左手指尖方向。

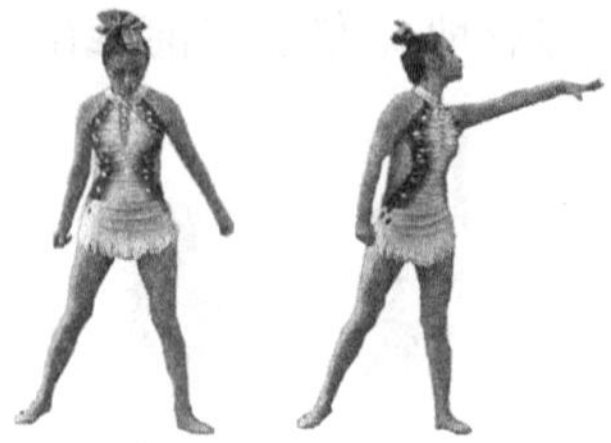

1-6　　7-8

图 12-89　第四个八拍

二、技术要点

（1）保持重心，使下肢灵活性增强，而上半身则保持松弛状态，按节奏迅速做出节拍上需求的动作。

（2）重心转移必须清晰、快速，特别是水平移动。

（3）当身体各个部位如头、肩、腰、臀做独立的动作时，头部动作要求方向和位置转变得清楚利落，臀部的摆动方向及位置清晰、准确。

（4）强调线条性的动作。通过明快、流畅而持续的肢体动作来展现运动员自身修长的线条。

（5）用身体表现出多重节奏，即身体的不同部位以不同节奏舞动。爵士啦啦操的动作比较清晰，与音乐的重拍同步，重拍强调明显，舞者能高度协调头、肩、躯干和臀的摆动。

（6）爵士啦啦操表现出动作中韵律的切分法。例如一个动作中，把重拍放在头部或手部，在做动作时就把手部与头部的动作与身体的动作切割来做，不与身体的动作同时行动。也就是说一个动作本在一拍里就可完成，但如果把它分割成四拍，动作也就分割成四部分表现。

（7）动作节奏快、慢变化。

（8）用力的大小强弱。

三、核心技术

爵士啦啦操具有很大的包容性和可塑性，它不但可以融合最流行的音乐，还可以在步法和动作上吸收芭蕾舞的跳跃和踢腿等动作。踢踏舞脚步的灵敏、现代舞躯体的收缩与放松、拉丁舞的摆臀以及东方舞蹈上半身的挪动位置等，这些要素的加入最后形成爵士啦啦操特有的技术动作。

四、评分标准

（1）根据失误程度扣分：

① 小失误扣 0.05 分或 0.1 分；

② 中等失误扣 0.2 分；

③ 大失误扣 0.3 分~0.5 分。

（2）总分 10 分，按完成情况予以扣分：

① 6.9 分及以下：动作不熟练，有大段动作失去音乐；

② 7 分~7.9 分：动作较为柔和、较连贯个别地方失去控制、有姿态控制、音乐比较协

调，个别地方有错误；

③ 8 分~8.9 分：动作较为柔和连贯有控制、舒展大方、姿态较优美、音乐比较协调；

④ 9 分及以上：动作柔和连贯有控制、舒展大方、姿态优美、音乐协调。

第四节　街舞啦啦操

街舞啦啦操套路是啦啦操课程第四学期的主要内容，共有 8 套组合。街舞啦啦操成套动作主要由街舞风格的舞蹈动作构成，强调街头舞蹈形式，注重动作的风格特征以及身体各部位的律动与控制，要求动作的节奏和音乐和谐一致，同时也可以附加一定的难度动作，如不同跳步的变化及组合，或其他配合动作。

一、动作要领

（一）组合一：4×8 拍

预备姿势：直立，两臂自然垂于体侧。

1. 第一个八拍（图 12-90）

第 1 拍：右脚斜前迈步成交叉，同时双手于体前下方交叉，握拳。

第 2 拍：左脚侧开，同时两手经前至侧下举，半蹲。

第 3 拍：左脚斜前迈步成交叉，同时双手于体前下方交叉，握拳。

第 4 拍：左脚并右脚，同时两臂经前至上举后于胸前平屈，拳心相对。

第 5 拍：膝弹动；两腿并拢，两手经前至头顶前臂交叉。

第 6 拍：膝弹动；两腿并拢，两手经下至体前前臂交叉。

第 7 拍：双脚脚后跟抬起两次，同时双手经侧抬至前臂弯曲，拳心向后；低头。

第 8 拍：右脚后撤，同时两掌合握于体前平举；抬头。

1　2　3　4　5　6　7　8

图 12-90　第一个八拍

2. 第二个八拍（图 12-91）

第 1 拍：髋弹动；右腿抬至大腿与地面平行，同时左臂于胸前屈臂、右手自由摆动。

第 2 拍：髋弹动；左腿抬至大腿与地面平行，同时右臂于胸前屈臂、左手自由摆动。

第 3 拍：两脚成左脚微屈的开立姿势，同时两臂顺势抡臂一次。

第 4 拍：膝弹动；两脚并拢，同时两臂于胸前屈臂，左手在上，上下摆动两次。

第 5 拍：膝弹动；两脚并拢，同时两臂于胸前屈臂，左手在上，上下摆动两次，同时两臂于胸前平屈振臂一次。

第 6 拍：左脚向前迈步成交叉，同时两臂经下至体侧屈臂，身体稍弯曲。

第 7 拍：膝弹动；两脚并拢，同时两臂于胸前屈臂，左手在上，上下摆动两次，同时两臂于胸前平屈振臂一次。

第 8 拍：左脚向前迈步成交叉，同时两臂经下至体侧屈臂，身体稍弯曲。

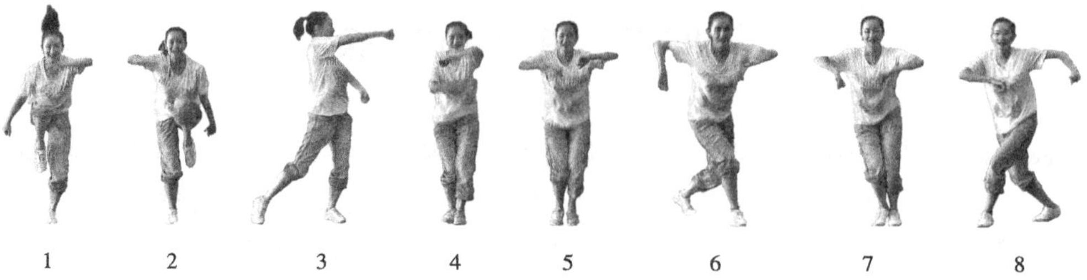

图 12-91　第二个八拍

3. 第三个八拍（图 12-92）

第 1 拍：双腿并拢，同时两臂经侧至上举向右摆动一次。

第 2 拍：双腿并拢，同时两臂经侧至下举向右摆动一次。

第 3 拍：双腿并拢，同时两臂经侧至上举向右摆动一次。

第 4 拍：双腿并拢，同时两臂经侧至下举向右摆动一次。

第 5 拍：膝弹动；同时右脚侧出、右臂侧上举、左臂侧下举后回收。

第 6 拍：膝弹动；同时左脚侧出、左臂侧上举、右臂侧下举后回收。

第 7-8 拍：膝弹动；同时右脚侧出、右臂侧上举、左臂侧下举后回收。

图 12-92　第三个八拍

4. 第四个八拍（图 12-93）

第 1 拍：左脚后撤成右脚在前吸腿，同时身体右转 90°，两臂于体前冲拳。

第 2 拍：双脚落地后成自然站立，两臂自然垂于体侧。

第 3-4 拍：右脚向侧迈步成后交叉，同时右臂于胸前平屈，左臂伸直；两臂随脚下步伐上下摆动两次。

第 5-6 拍：身体右转后成右脚在前的前后站立，同时两臂经侧至头顶击掌。

第 7-8 拍：膝弹动两次；左脚侧出成开立姿势，同时右手屈臂，大臂与地面平行，左手屈臂于胸前平屈。

1　2　3-4　5-6　7-8

图 12-93　第四个八拍

（二）组合二：4×8 拍

1. 第一个八拍（图 12-94）

第 1 拍：左脚斜前迈步成交叉，同时双手于体前下方交叉，握拳。

第 2 拍：右脚侧开，同时两手经前至侧下举，半蹲。

第 3 拍：右脚斜前迈步成交叉，同时双手于体前下方交叉，握拳。

第 4 拍：右脚并左脚，同时两臂经前至上举后于胸前平屈，拳心相对。

第 5 拍：膝弹动；两腿并拢，两手经前至头顶前臂交叉。

第 6 拍：膝弹动；两腿并拢，两手经下至体前前臂交叉。

第 7 拍：右脚脚后跟抬起两次，同时双手经侧抬至前臂弯曲，拳心向后；低头。

第 8 拍：左脚后撤，同时两掌合握于体前平举；抬头。

1　2　3　4　5　6　7　8

图 12-94　第一个八拍

2. 第二个八拍（图 12-95）

第 1 拍：髋弹动；左腿抬至与地面平行，同时右臂于胸前屈臂、左手自由摆动。

第 2 拍：髋弹动；右腿抬至与地面平行，同时左臂于胸前屈臂、右手自由摆动。

第 3 拍：两脚成右脚微屈的开立姿势，同时两臂顺势抡臂一次。

第 4 拍：膝弹动；两脚并拢，同时两臂于胸前屈臂，右手在上，上下摆动两次。

第 5 拍：膝弹动；两脚并拢，同时两臂于胸前屈臂，右手在上，上下摆动两次，同时两臂于胸前平屈振臂一次。

第 6 拍：左脚向前迈步成交叉，同时两臂经下至体侧屈臂，身体稍弯曲。

第 7 拍：膝弹动；两脚并拢，同时两臂于胸前屈臂，右手在上，上下摆动两次，同时两臂于胸前平屈振臂一次。

第 8 拍：右脚向前迈步成交叉，同时两臂经下至体侧屈臂，身体稍弯曲。

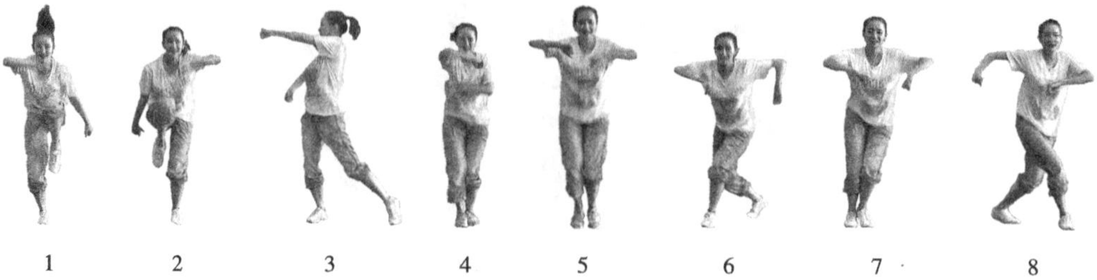

图 12-95　第二个八拍

3. 第三个八拍（图 12-96）

第 1 拍：双腿并拢，同时两臂经侧至上举向左摆动一次。

第 2 拍：双腿并拢，同时两臂经侧至下举向左摆动一次。

第 3 拍：双腿并拢，同时两臂经侧至上举向左摆动一次。

第 4 拍：双腿并拢，同时两臂经侧至下举向左摆动一次。

第 5 拍：膝弹动；同时左脚侧出、左臂侧上举、右臂侧下举后回收。

第 6 拍：膝弹动；同时右脚侧出、右臂侧上举、左臂侧下举后回收。

第 7–8 拍：膝弹动；同时左脚侧出、左臂侧上举、右臂侧下举后回收。

图 12-96　第三个八拍

4. 第四个八拍（图 12-97）

第 1 拍：右脚后撤成左脚在前的吸腿，同时身体向左转 90°，两臂于体前冲拳。

第 2 拍：双脚落地后成自然站立，两臂自然垂于体侧。

第 3–4 拍：左脚向侧迈步成后交叉，同时左臂于胸前平屈，右臂伸直；两臂随脚下步伐上下摆动两次。

第 5–6 拍：身体向左转后成左脚在前的前后站立，同时两臂经侧至头顶击掌。

第 7–8 拍：膝弹动两次；左脚侧出成开立姿势，同时左手屈臂，大臂与地面平行，右手于胸前平屈。

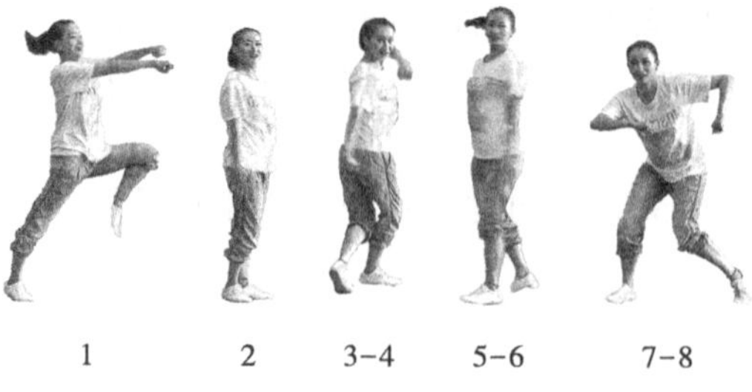

图 12-97　第四个八拍

（三）组合三：3×8 拍

1. 第一个八拍（图 12-98）

第 1 拍：膝弹动；左脚侧出，同时两臂侧平举，握拳。

第 2 拍：膝弹动；吸左腿，同时两臂经下至体前交叉，握拳。

第 3 拍：膝弹动；左脚自然落地后两臂侧平举，握拳。

第 4 拍：吸右腿，同时两臂经下至体前交叉，握拳。

第 5 拍：膝弹动；右脚自然落地，顶右髋，同时两臂经下至侧下举；握拳。

第 6 拍：膝弹动；两脚自然分立，顶左髋，同时两臂经下至侧下举；握拳。

第 7-8 拍：两脚自然分立，身体朝左侧，同时两臂抬至头顶击掌两次。

图 12-98 第一个八拍

2. 第二个八拍（图 12-99）

第 1 拍：身体向左转 90°，同时右脚前踢一次，两臂前后自由摆动，左手在前。

第 2 拍：右脚垫步后成左脚在前落地，眼看左边。

第 3-4 拍：从左至右身体波浪一次，两臂自然贴于体侧。

第 5 拍：双腿跳成蹲立，同时两手虎口撑于大腿前侧。

第 6 拍：双腿跳成两脚开立姿势，稍比肩宽，同时两臂于体前下按，叠于腹前。

第 7-8 拍：脚上动作同第 6 拍，同时上体稍前倾，抖肩两次。

图 12-99 第二个八拍

3. 第三个八拍（图 12-100）

第 1 拍：双腿跳至并拢，同时两臂经前至上举，握拳；抬头。

第 2 拍：双腿跳至开立，稍比肩宽，同时两臂经前至自然垂于体前；眼看前方。

第 3-4 拍：双脚开立，同时身体稍抬起震胸两次。

第 5 拍：双脚开立，向左顶髋一次，同时右手置于体前下举。

第 6 拍：双脚开立，向右顶髋一次，同时两手于体前合掌。

第 7 拍：双脚开立，同时两臂经侧置于体侧下举，稍抬头。

第 8 拍：双腿跳至并拢，同时两臂经前于胸前平屈，握拳。

1　2　3-4　5　6　7　8

图 12-100　第三个八拍

（四）组合四：3×8 拍

1. 第一个八拍（图 12-101）

第 1 拍：膝弹动；右脚侧出，同时两臂侧平举，握拳。

第 2 拍：膝弹动；吸右腿，同时两臂经下至体前交叉，握拳。

第 3 拍：膝弹动；右脚自然落地后两臂侧平举，握拳。

第 4 拍：吸左腿，两臂经下至体前交叉，握拳。

第 5 拍：膝弹动；左脚自然落地，顶左髋，同时两臂经下至侧下举；握拳。

第 6 拍：膝弹动；两脚自然分立，顶右髋，同时两臂经下至侧下举；握拳。

第 7-8 拍：两脚自然分立，身体朝右侧，同时两臂抬至头顶击掌两次。

1　2　3　4　5　6　7-8

图 12-101　第一个八拍

2. 第二个八拍（图 12-102）

第 1 拍：身体向右转 90°，同时左脚前踢一次，两臂前后自由摆动，右手在前。

第 2 拍：左脚垫步后成右脚在前落地，眼看右边。

第 3-4 拍：从右至左身体波浪一次，两臂自然贴于体侧。

第 5 拍：双腿跳成蹲立，同时两手虎口撑于大腿前侧。

第 6 拍：双腿跳成两脚开立姿势，稍比肩宽，同时两臂于体前下按，叠于腹前。

第 7-8 拍：双腿成开立姿势，同时上体稍前倾，抖肩两次。

1　2　3-4　5　6　7-8

图 12-102　第二个八拍

3. 第三个八拍（图 12-103）

第 1 拍：双腿跳至并拢，同时两臂经前至上举，握拳；抬头。

第 2 拍：双腿跳至开立，稍比肩宽，同时两臂经前至自然垂于体前；眼看前方。
第 3-4 拍：双脚开立，同时身体稍抬起震胸两次。
第 5 拍：双脚开立，向右顶髋一次，同时左手置于体前下举。
第 6 拍：双脚开立，向左顶髋一次，同时两手于体前合掌。
第 7 拍：双脚开立，同时两臂经侧置于体侧下举，稍抬头。
第 8 拍：双腿跳至并拢，同时两臂经前于胸前平屈，握拳。

1　2　3-4　5　6　7　8

图 12-103　第三个八拍

（五）组合五：4×8 拍

1. 第一个八拍（图 12-104）

第 1 拍：左脚弓步在前，同时双臂直臂侧平举，握拳。

第 2 拍：左腿直立，右腿吸腿。双臂屈臂侧平举，小臂立拳向上。

第 3 拍：左脚向左侧迈步成双腿分立，同时双臂屈臂，身体左侧倾，右手在上，左手在下。

第 4 拍：左脚向右侧并步成双腿并腿站立，同时双臂屈臂，身体左侧倾，双手向前击打一次。

第 5 拍：右脚向右侧迈步成双腿分立，同时双臂屈臂，身体右侧倾，左手在上，右手在下。

第 6 拍：右脚向左侧并步成双腿并腿站立，同时双臂屈臂，身体右侧倾，双手向前击打一次。

第 7 拍：左脚向左侧迈步成双腿分立，同时双臂屈臂，身体左侧倾，右手在上，左手在下。

第 8 拍：左脚向右侧并步成双腿并腿站立，同时双臂屈臂，身体左侧倾，右手在上，左手在下，双手向前击打一次。

1　2　3　4　5　6　7　8

图 12-104　第一个八拍

2. 第二个八拍（图 12-105）

第 1 拍：左脚侧下摆腿，右脚屈膝，同时双手握拳直臂前平举。

第 2 拍：左脚后摆至交叉，右脚在前双腿屈膝，同时双手握拳直臂下举。

第 3-4 拍：双脚分立，右脚屈膝点地，同时右手背后，左手由左边胸前屈臂波浪至直臂右侧斜上。

第 5 拍：双脚分立，右脚屈膝点地，同时右手背后，左手屈臂于胸前。

第 6 拍：双脚分立，同时右手背后，左手直臂右侧斜上。

第 7 拍：脚后摆至交叉，右脚在前双腿屈膝，同时右手背后，左手屈臂于胸前。

第 8 拍：双脚交叉原地转体至面向右侧，双手自然下垂。

1　2　3　4　5　6　7　8

图 12-105　第二个八拍

3. 第三个八拍（图 12-106）

第 1 拍：左手背后，右手屈臂于胸前；左脚前点地，右脚在后。

第 2 拍：右手背后，左手屈臂于胸前；双脚交叉原地转体至面向右侧。

第 3 拍：右手立臂屈臂于胸前，左手直臂摆臂与体侧；左脚向前迈步成分腿站立。

第 4 拍：立正姿态，双手自然下垂；双腿立正并脚。

第 5-6 拍：右手屈臂肘关节前击，左手自然下垂；左脚屈膝，右脚点地。

第 7-8 拍：左手屈臂肘关节前击，右手自然下垂；右脚屈膝，左脚点地。

1　2　3　4　5-6　7-8

图 12-106　第三个八拍

4. 第四个八拍（图 12-107）

第 1 拍：双手握拳直臂侧平举打开，身体前倾重心下压；双腿分立并屈膝。

第 2 拍：双手屈臂交叉抱拳于胸前，身体前倾重心下压；左腿吸腿，右腿屈膝。

第 3 拍：双手握拳直臂侧平举打开，身体前倾重心下压；双腿分立并屈膝。

第 4 拍：双手屈臂交叉抱拳于胸前，身体前倾重心下压；右腿吸腿，左腿屈膝。

第 5-8 拍：双手交替由直臂至屈臂交叉抱拳于胸前，身体前倾重心下压；左腿由吸腿至点地，右腿屈膝。

1 2 3 4 5 6 7 8

图 12-107 第四个八拍

（六）组合六：4×8 拍

1. 第一个八拍（图 12-108）

第 1 拍：双臂直臂侧平举握拳；右脚弓步在前。

第 2 拍：双臂屈臂侧平举，小臂立拳向上；右腿直立，左腿吸腿。

第 3 拍：双臂屈臂，身体右侧倾，左手在上，右手在下；右脚向右侧迈步成双腿分立。

第 4 拍：双臂屈臂，身体右侧倾，双手向前击打一次；右脚向左侧并步成双腿并腿站立。

第 5 拍：双臂屈臂，身体左侧倾，右手在上，左手在下；左脚向左侧迈步成双腿分立。

第 6 拍：双臂屈臂，身体左侧倾，双手向前击打一次；左脚向右侧并步成双腿并腿站立。

第 7 拍：动作同第 3 拍。

第 8 拍：双臂屈臂，身体右侧倾，双手向前击打一次；右脚向左侧并步成双腿并腿站立。

1 2 3 4 5 6 7 8

图 12-108 第一个八拍

2. 第二个八拍（图 12-109）

第 1 拍：双手握拳直臂前平举；右脚侧下摆腿，左脚屈膝。

第 2 拍：双手握拳直臂下举；右脚后摆至交叉，左脚在前，双腿屈膝。

第 3-4 拍：左手背后，右手由右边胸前屈臂波浪至直臂左侧斜上；双脚分立，左脚屈膝点地。

第 5 拍：左手背后，右手屈臂于胸前；双脚分立，左脚屈膝点地。

第 6 拍：左手背后，右手直臂左侧斜上；双脚分立，左脚屈膝点地。

第 7 拍：左手背后，右手屈臂于胸前；脚后摆至交叉，左脚在前，双腿屈膝。

第 8 拍：双脚交叉，原地转体至面向左侧，双手自然下垂。

1　2　3　4　5　6　7　8

图 12-109　第二个八拍

3. 第三个八拍（图 12-110）

第 1 拍：右手背后，左手屈臂于胸前；右脚前点地，左脚在后。

第 2 拍：左手背后，右手屈臂于胸前；双脚交叉原地转体至面向左侧。

第 3 拍：左手立臂屈臂于胸前，右手直臂摆臂与体侧；右脚向前迈步成分腿站立；

第 4 拍：立正姿态，双手自然下垂；双腿立正并脚。

第 5-6 拍：左手屈臂肘关节前击，右手自然下垂；右脚屈膝，左脚点地。

第 7-8 拍：右手屈臂肘关节前击，左手自然下垂；左脚屈膝，右脚点地。

1　2　3　4　5-6　7-8

图 12-110　第三个八拍

4. 第四个八拍（图 12-111）

第 1 拍：双手握拳直臂侧平举打开，身体前倾重心下压；双腿分立并屈膝。

第 2 拍：双手屈臂交叉抱拳于胸前，身体前倾重心下压；右腿吸腿，左腿屈膝。

第 3 拍：双手握拳直臂侧平举打开，身体前倾重心下压；双腿分立并屈膝。

第 4 拍：双手屈臂交叉抱拳于胸前，身体前倾重心下压；左腿吸腿，右腿屈膝。

第 5-8 拍：双手交替由直臂至屈臂交叉抱拳于胸前，身体前倾重心下压；右腿由吸腿至点地，左腿屈膝。

1　2　3　4　5　6　7　8

图 12-111　第四个八拍

（七）组合七：4×8 拍

1. 第一个八拍（图 12-112）

第 1 拍：右手斜下举，左手叉腰；双腿分立，左脚微屈膝，右脚点地。

第 2 拍：右手经侧至侧下举，左手叉腰；双腿分立，左脚微屈膝，右脚点地。

第 3 拍：左手斜下举，右手叉腰；双腿分立，右脚微屈膝，左脚点地。
第 4 拍：左手经侧至侧下举，右手叉腰；双腿分立，右脚微屈膝，左脚点地。
第 5 拍：右手斜下举，左手叉腰；双腿分立，左脚微屈膝，右脚点地。
第 6 拍：右手经侧至侧下举，左手叉腰；双腿分立，左脚微屈膝，右脚点地。
第 7–8 拍：右手撑地，左手直臂贴于耳后；右脚屈膝跪地，左脚伸直点地。

图 12–112　第一个八拍

2. 第二个八拍（图 12–113）
第 1–2 拍：身体面向右侧，双膝跪地，双手成支撑；同时扩胸两次。
第 3–4 拍：身体朝前，左脚、右手支撑，右脚伸直前伸。
第 5–6 拍：身体面向右侧，双膝跪地，双手成支撑；同时扩胸两次。
第 7–8 拍：身体面向右侧，左腿跪地，右腿屈膝踩地，同时两臂置于右大腿前侧。

图 12–113　第二个八拍

3. 第三个八拍（图 12–114）
第 1–2 拍：身体朝前，双膝稍开立跪地，同时两臂于侧下举，同时震胸两次。

第 3–4 拍：身体面向左侧，右腿跪地，左腿屈膝踩地，同时两臂置于左大腿前侧，同时震胸两次。

第 5–6 拍：双脚开立稍比肩宽，同时两臂屈臂用虎口撑于大腿前侧，同时震胸两次。
第 7 拍：双腿跳成并立，同时两臂经侧至头顶，手腕交叉。
第 8 拍：双脚开立稍比肩宽，同时两臂屈臂用虎口撑于大腿前侧。

图 12–114　第三个八拍

4. 第四个八拍（图 12-115）

第 1 拍：右腿跪地，左腿屈膝踩地，同时双手屈臂在左前摆臂。

第 2 拍：双膝跪地，双手屈臂在右前摆臂。

第 3-4 拍：左脚在前跨栏坐，双手屈臂撑地。

第 5-6 拍：双脚屈膝踩地，坐于地上；双手体后直臂撑地，面向右侧。

第 7 拍：双脚屈膝踩地，顶髋向上，同时右手直臂撑地，左手握拳直臂绕环。

第 8 拍：双脚屈膝踩地，坐于地上，同时双手体后直臂撑地，面向右侧。

1　2　3-4　5-6　7　8

图 12-115　第四个八拍

（八）组合八：4×8 拍

1. 第一个八拍（图 12-116）

第 1-4 拍：身体成左脚和双臂的三点支撑，同时右腿上踢、顶髋两次；眼看踢腿方向。

第 5 拍：双脚着地，同时右手离开地面；眼看上方。

第 6 拍：右脚于左腿大腿前侧交叉，身体成坐位；两手撑于臀部后侧。

第 7-8 拍：身体向后转成左腿跪立，右腿大腿与地面平行。

1-4　5　6　7-8

图 12-116　第一个八拍

2. 第二个八拍（图 12-117）

第 1-2 拍：右脚上步成跪撑，同时双手置于大腿前侧，挺胸两次。

第 3-4 拍：身体向后转 180°，膝弹动两次，两脚成开立，两臂自然垂于体侧。

第 5-6 拍：右脚朝左前迈步点地，同时挺胸，两臂经侧摆至斜下方。

第 7-8 拍：右脚收回，同时两臂经前至体前交叉，两脚开立。

1-2　3-4　5-6　7-8

图 12-117　第二个八拍

3. 第三个八拍（图 12-118）

第 1-2 拍：右脚朝左前迈步点地，同时挺胸，两臂经侧摆至斜下方。

第 3–4 拍：右脚收回，同时两臂经前至体前交叉，两脚开立。

第 5–6 拍：左脚朝侧跳开，同时右手经侧推出。

第 7–8 拍：右脚朝侧跳开，同时左手经侧推出。

图 12–118　第三个八拍

4. 第四个八拍（图 12–119）

第 1–4 拍：双手扶髋，同时从左至右绕环一次，眼看前方。

第 5–8 拍：双手自然垂于体侧，同时身体向左做侧波浪一次。

图 12–119　第四个八拍

二、技术要点

（1）要求肌肉的震动大，震动方法正确，肢体各部分均可以做动作。利用肌肉的紧绷与放松来产生身体的震动与定格。其动作规格要求有突然停顿，但不能太重，是将力量释放出来的“骤停”感觉，动作要配合音乐的节拍点“停顿”。停顿时肌肉瞬间收紧，动作中相对把肌肉放松，在肌肉的紧张和放松之间把握好“度”。

（2）要求动作干净利落、舒展、有力，在短时间内的发力与对力量的控制，从而产生身体运动之间的动与静的强大对比。例如要求强调手部的旋转与定位，配合整个肢体的律动以及极具爆发力的手臂动作。

（3）在各部位的动作分割与连贯中，强调身体的局部与整体的关系。

（4）动作轻盈、潇洒，与音乐融为一体。

（5）做到身体和情绪的收放自如。既要放开思想，让音乐控制身体，又要主宰自己，控制身体去迎合音乐节奏。

（6）强调大范围的移动及脚下步伐的多样性和灵活性。

三、核心技术

街舞啦啦操成套动作主要由街舞风格的舞蹈动作构成，强调街头舞蹈形式，注重动作的风格特征以及身体各部位的律动与控制，要求动作的节奏与音乐和谐一致，同时也可附加一定的难度动作，如不同跳步的变化及组合，其他配合动作。

四、评分标准

（1）根据失误程度扣分：

① 小失误扣 0.05 分或 0.1 分；

② 中等失误扣 0.2 分；

③ 大失误扣 0.3 分~0.5 分。

（2）总分 10 分，按完成情况予以扣分：

① 6.9 分及以下：动作不熟练，有大段动作失去音乐；

② 7 分~7.9 分：动作较为柔和、较连贯个别地方失去控制、有姿态控制、音乐比较协调，个别地方有错误；

③ 8 分~8.9 分：动作较为柔和连贯有控制、舒展大方、姿态较优美、音乐比较协调；

④ 9 分及以上：动作柔和连贯有控制、舒展大方、姿态优美、音乐协调。

参考文献

[1] 马鸿韬. 啦啦操运动 [M]. 北京：高等教育出版社，2009.

[2] 徐静. 舞蹈啦啦操创编理论研究 [D]. 武汉：华中师范大学，2012.

[3] 张巧. 啦啦操基础教程与指导 [M]. 长春：吉林人民出版社，2013.

[4] 李鸿. 我国啦啦队运动的开展现状与对策研究 [J]. 成都体育学院学报，2006（2）：89-91.

[5] 张海英. 高校啦啦操运动发展现状与对策 [J]. 中外企业家，2013（15）：208-209.

[6] 向超宗. 大学体育选项课教程 [M]. 重庆：重庆大学出版社，2019.

第四编　体育舞蹈

第十三章　体育舞蹈概述

第一节　体育舞蹈的概念与发展

一、体育舞蹈的概念

体育舞蹈的本质属性与舞蹈的本质属性关联较大。现代舞蹈理论研究者按体裁划分原理，将舞蹈分为独舞、双人舞、群舞和舞剧；依据美学特征划分原理，又将舞蹈分为芭蕾舞、中国古典舞、民间舞和现代舞等。这些舞蹈的本质属性是艺术表现、美感表现的身体运动。所以，舞蹈是指在音乐的伴奏下，借助人的身体动作，通过艺术与美感的再现，反映人类社会的思想、情感及生活方式等内容的一种身体运动。体育舞蹈是舞蹈大家族中的一员，它不像民族民间舞蹈那般柔和，也不像体育运动那样激烈，更没有选手之间的身体对抗。体育舞蹈兼有文化娱乐的内涵和体育竞赛的特征，在西方被认为是永恒的真正艺术。其他类型的舞蹈重在艺术效果的表演性，体育舞蹈则是竞技性与艺术表演性的高度融合，这是体育舞蹈区别于其他舞蹈的显著特征。在体育范畴中，体育舞蹈与体操、武术、跳水、花样游泳、花样滑冰等非对抗性、非周期性体育项目一样，同属于具有表现性的评分类项目，并且以强烈的艺术性和高度的审美价值，与艺术体操、冰上舞蹈并驾齐驱。体育舞蹈尽管从形式上看是古老的，但它仍属于科学时代新浪潮中应运而生的新事物。有关体育舞蹈的概念，国内至今尚无确切的定论。体育舞蹈的前身是“国际标准交谊舞”，人们常常简称为“国标”。在“国标”逐渐成为竞技性体育项目的过程中，体育舞蹈的概念随之显现出来。对体育舞蹈概念的界定不能局限于竞技性范畴，竞技性体育舞蹈只是体育舞蹈外延中的一个重要分支与高级的运动形式。体育舞蹈的外延还包括那些竞技性不强、群众普及率高的社交性舞蹈。由此，应从广义与狭义两个方面给体育舞蹈下定义，广义的体育舞蹈是指，在不同风格的音乐伴奏下，通过单人、双人或多人的身体语言或舞蹈动作，借以表达不同民族、不同文化、不同社会生活方式的思想内涵，并展现形体美、音乐美与服饰美等其他形式的艺术美。狭义的体育舞蹈就是指标准舞（华尔兹、探戈、狐步、快步、维也纳华尔兹）与拉丁舞（伦巴、恰恰恰、牛仔、斗牛、桑巴）两大类，共包括 10 种舞蹈。这 10 种舞蹈的风格各异，它们是在特定的音乐伴奏下通过男女双人动作及集体动作的配合，充分展示形体美、音乐美与服饰美以及其他形式的艺术美等，因此，体育舞蹈是集娱乐性、健身性、表演性和竞技性为一体的新兴运动项目。

二、体育舞蹈的发展

体育舞蹈的前身就近来说是舞厅舞，也称社交舞、交谊舞，有关舞厅舞最早的权威记载是1588年出版的《ORCHESOGRAPHIE》。书中记载最早的舞厅舞，其实是源于意大利的一种由5步组成的小步舞，这种舞蹈于1650年被引进法国巴黎，国王在公开场合跳起了这种来自民间的舞蹈，并很快使之成为一种流行。据说，这种舞蹈一直占据舞厅的重要位置，直到18世纪末期，巴黎开办了第一家交际舞厅，由此社交舞开始流行于欧美各国，成为一种普遍的社交方式。

19世纪初期在英国，舞厅舞得到了进一步的发展，除了其不胜枚举的各种舞会与各类舞蹈比赛促进了舞厅舞的进一步发展，最为关键的是有一群非常具有创造力和学术研究能力的教师致力于把舞厅舞向标准化、规范化引导；其次，就是国际化组织与机构的成立成为舞厅舞传播于世界的畅通渠道，这也是国际标准舞走向国际社会的一个开端。整理一些约定俗成的技术和时下流行的舞步，成为当时国际标准舞教材问世的主要方法。1924年，英国皇家舞蹈教师协会成立了舞厅舞分会，并于1925年正式颁布了华尔兹、探戈、狐步、快步4种舞的步伐，总称标准舞（翻译界早些年定义为摩登舞，其实是对当时英国教师的一个关于舞蹈的时间概念的界定，严格来讲，标准舞才是它的正确翻译）。国际标准舞的诞生，改变了舞厅舞的自娱性质，引起了社会各阶层的极大兴趣、它的典雅风格和优美舞姿征服了世界舞坛，掀起了近一个世纪的世界国标舞热潮。随着国际标准舞蹈赛事首先在西欧推广，继而又推广到世界各国和地区，受到了许多国家的欢迎和喜爱。

国际标准舞的比赛起始于英国，1929年成立的“舞会舞蹈委员会”制定了比赛规则、每年举行全英锦标赛和国际锦标赛等比赛。1947年在柏林举行了首届世界交际舞锦标赛。1960年，拉丁舞正式列入世界锦标赛比赛项目。1964年，国际标准舞又增加了新的表演和比赛项目——队列舞（也称团体舞）。

20世纪70年代起，世界思潮回转趋向稳定和平衡，反映在艺术上又开始崇尚高雅文明和经典艺术。在这样的环境中，文明典雅和严格规范的国际标准舞获得了广泛的发展。它不仅成为人们建立友谊、陶冶情操、锻炼身体的极好形式，同时，它的娱乐性和竞技性，使得许多国家从奥运战略角度出发，将其纳入竞技范畴，并成立相应的竞技性舞蹈组织。国际相关组织世界舞蹈理事会和国际体育舞蹈联合会联合起来共同努力，为的是使这种竞技性舞蹈进入奥运会，并成为正式的竞技项目。1997年，国际奥委会决定给予竞技性舞蹈（体育舞蹈）以承认资格，至此，带有竞技性特征的体育舞蹈进入了奥运大家庭。

目前，国际上唯一从属于国际奥委会的体育舞蹈组织为世界体育舞蹈联合会（WDSF，World Dance Sport Federation）。其前身是世界国际业余舞蹈总会，于1935年成立于布拉格，至1990年正式更名为国际体育舞蹈联合会，注册地为瑞士洛桑；1997年被国际奥林匹克组织认可为体育运动项目，并成为国际运动联合会的正式成员、国际奥林匹克委员会会员；2010年在该组织内成立职业体育舞蹈分会，至此改变了该组织只负责业余体育舞蹈竞赛的性质，从而拥有了自己协会的职业运动员以及职业比赛。2011年国际体育舞蹈联合会更名为世界体育舞蹈联合会，截止2014年，该协会拥有92个会员团体。世界体育舞蹈联合会设立管理委员会并分设专门委员会，规定各专门委员会的职责。目前专门委员会有运动员委员会、成员团体委员会、技术委员会、法律委员会、医务委员会、兴奋剂检测委员会、市场委员会、欧洲事务委员会、网络委员会、财务委员会10个分部。下设非洲、美洲、亚洲、欧洲和大洋洲5个地区联合会。目前，WDSF每年举办的各大赛事主要有体育舞蹈世界大奖赛（标准舞、拉丁舞）、职业锦标赛（标准舞、拉丁舞）、十项舞锦标赛、世界表演舞锦标赛、世界青少年体育舞蹈锦标赛以及各洲际体育舞蹈赛事等，其中地方赛事的代表有德国GOC的公开赛。

三、体育舞蹈在中国的发展

20世纪30年代，交际舞传入中国，而竞技性舞蹈则在20世纪80年代中期开始在中国推行。经过二十多年的发展，我国的体育舞蹈已经成为国际体育舞蹈界一支不可忽视的主力军。

1986年10月，日本国际标准舞业内人士及有关组织通过中国对外友好协会联系到中国舞蹈家协会，将国际标准舞引入中国。日本业余舞蹈竞技协会会长——山口繁雄先生对中国的12对摩登舞学员，12对拉丁舞学员进行辅导。随后又邀请职业教师进行比赛组合的教学，10个舞种的教学仅用了32课时。1987年4月，在北京举办了首届“中国杯国际标准舞比赛”，以后每年举办一次。同年5月，举办了首届“中日国际标准舞友好杯比赛”。随后几年，在全国连续举办了二十多期的培训班，国际标准舞逐渐开始在我国得到普及与发展。

进入20世纪90年代，中国的国际标准舞进入了一个飞速腾跃的发展阶段，为了顺应国际形势，中国的国际标准舞改称为体育舞蹈。与此同时，在中国也成立了相应的组织机构。中国的各大相关组织每年聘请英国、德国、意大利、日本等国家的专家、教师来中国进行舞蹈技艺的传授，并组建教师、裁判队伍开展培训，这些举措有力地推动了中国国际标准舞和体育舞蹈的发展。

与此同时，中国的体育舞蹈也采取了“走出去”的发展策略，大量的国际标准舞和体育舞蹈选手赶赴国外的各大知名赛事，迅速让国际体育舞蹈界了解了中国体育舞蹈的发展现状，也迅速使我国的选手融入国际社会。1995年5月，中国体育舞蹈联合会首次派团参加第70届英国黑池舞蹈节；1995年，北京爱士舞蹈团首次参加在德国举办的世界队列舞比赛，获第15名；1996年5月，中国国际标准舞协会首次派团参加第71届英国黑池舞蹈节；同年6月，中国选手应邀参加了第17届国际标准舞锦标赛和“1996世界舞蹈节——泛太平洋国际标准舞锦标赛”。中国选手在这些比赛中取得了优异的成绩；在第13届曼谷亚运会体育舞蹈表演赛中，我国选手沈毅、黄文娟获职业组标准舞银牌，马骏、黄蕊获职业组拉丁舞铜牌。

1993年，北京舞蹈学院社会舞蹈系设立了国际标准舞专业，1994年，北京体育大学开设了体育舞蹈专选课程；1994年，第一所民办国际标准舞学院在北京成立。截至今日，各大体育类、艺术类以及师范类高等学校都相继成立了体育舞蹈专业，极大促进了体育舞蹈师资的培养和技术体系的发展。1995年，英国皇家舞蹈教师协会在上海组织了教师考核，有30多人通过准会员级考核，成为该协会首批中国籍准会员。1996年，国际舞蹈教师协会在北京组织了教师考核，有16人通过会员级考核，有34人通过了准会员级的考核。1998年12月，经中国文学艺术界联合会（以下简称“中国文联”）批准，将国际标准舞纳入“荷花奖”评奖项目，以此强调国际标准舞的艺术属性。从此，国际标准舞正式纳入专业舞蹈评奖行列。2007年，国际标准舞被纳入“桃李杯”舞蹈大赛。

目前，中国已有近3000万体育舞蹈爱好者，其中青少年占了很大比重。每年一届的青少年体育舞蹈锦标赛参赛人数达到3000多人。近十年来，我国体育舞蹈选手在一些国际赛事上露出锋芒，尤其在黑池的竞技舞池里，活跃着越来越多中国选手的身影。

第二节　体育舞蹈的定义与分类

一、舞蹈的定义

体育舞蹈是一种由男女双人配合，在界定的音乐和节奏范围内，正确展示和运用身体技术与技巧。包括身体姿势的控制能力、动作力量的表现能力、地板空间的应用能力等，能突显舞蹈质感的动作，并结合艺术表现力来完成的具有规范性和程序性的运动项目。在体育舞蹈的发展史上，体育舞蹈一直保持其观赏性、娱乐性和竞技特性共同发展，才得以使体育舞蹈像常青树一样保持活力。体育舞蹈具有舞蹈属性，而又不完全等同于舞蹈。通过对体育舞蹈进行剖析，不难发现其具备以下特性：体育舞蹈的根本属性是竞技性，它的本体是舞蹈，是通过竞技来表现不同民族和地域特色的舞蹈组合，加上能传情达意的拉丁舞舞蹈组合，具有某种抽象美感的标准舞舞蹈组合，表现某种技巧的舞蹈组合。因此，在欣赏体育舞蹈时，既要看它是否符合舞蹈艺术规律，又要看它是否遵循竞技体育的比赛原则，即要从竞技水平和艺术表现力两个方面进行欣赏。

二、体育舞蹈的分类

分类的关键问题是要有明确划分种类的依据，由于依据和标准不同，分类的方法就会不一样。在科学研究领域，学科的分类往往是以某个专业的特征作为划分标志。例如，艺术分类的标志就是强调各门艺术所使用的物质手段；体育分类则根据其目标的不同，分为竞技体育、学校体育和群众体育。体育舞蹈种类的划分只能是相对的，不是绝对的，体育舞蹈的分类标准首先要看动作练习的难度大小和身体练习效果的适应性与合理性，以此观察各种身体练习的目的、特点、作用及其规律；其次，体育舞蹈分类还要看各种竞赛项目特征的强弱。因此，可以根据体育舞蹈练习的目的和任务将体育舞蹈分为两大类：交谊舞（健身、娱乐体育舞蹈）和竞技性体育舞蹈（国际标准交谊舞）。

（一）交谊舞

早在中世纪的皇室贵族中，就流传着一种高雅的娱乐性舞蹈。这种舞蹈动作简单，男女成对，集体进行，主要用于社交和宫廷娱乐。其舞蹈的形式与服饰都有严格的规定，如宫廷舞、华尔兹舞等。这种舞蹈不仅给贵族们带来了欢乐，也成了他们行为举止的教育手段，成为上流社会的必修课。后来这种宫廷舞从上流社会流传至民间，得到了进一步的发展，演变成舞厅舞，也称交谊舞（社交舞、交际舞）。

交谊舞是人们的文化生活中流传最为广泛、最具有普及性的一类舞蹈。交谊舞的目的是进行社会交流、增进友谊、联络感情、强身健体。交谊舞活动的场面最大、气氛也最热烈。如今，在社区广场文化中，交谊舞依然扮演着重要角色。除此之外，还有其他类型的体育舞蹈，即包括在规范性、通用性交谊舞蹈的基础上派生出来的地方性社交舞蹈，如北京的平四步舞、武汉的休闲三步舞等，以及介于健身与社交舞之间的特殊性舞蹈，如街舞、迪斯科等。

（二）竞技性体育舞蹈

竞技性体育舞蹈也称“国际标准交谊舞”，它是一项很有发展前途的艺术性体育舞蹈项目。每年5月，英国举行规模盛大的世界体育舞蹈公开赛，即黑池舞蹈节，至2014年，国际上已举办了89届舞蹈节，而我国也举办了24届体育舞蹈全国锦标赛。竞技性体育舞蹈方兴未艾，它集舞蹈美、音乐美、服饰美、体态美于一体，以强烈的娱乐色彩赢得了人们的喜爱。1960年，拉丁舞成为世界锦标赛比赛项目，标志着体育舞蹈标准舞与拉丁舞两大系列正式确立。1964年，大赛中新增了集体队列舞的比赛，使国际标准交谊舞10个舞种的风格特点得到了更为鲜明的体现。近年来世界性的体育舞蹈公开赛、锦标赛及各类邀请赛频繁举行，得到了国际奥林匹克委员会的认可，为体育舞蹈进入奥运会赛场奠定了基础。

1. 摩登舞

（1）华尔兹。

华尔兹舞是标准舞中历史较为悠久的舞种，也是生命力最强的舞蹈。“华尔兹”一词最初来自古德文Walzl，意思是“滚动”“旋转”或“滑动”。3/4拍子的圆舞早在12世纪的德国巴伐利亚和奥地利维也纳地区的农民中流行，17世纪进入维也纳宫廷，18世纪被誉为“欧洲宫廷舞之王”，19世纪初传入美国波士顿，20世纪重返欧洲，并以新的“慢华尔兹”的形式席卷欧洲大陆。华尔兹的风格特点是音乐袅娜、舞态雍容、步伐婉转、曼妙大方。

（2）探戈。

探戈舞起源于非洲中西部的民间舞蹈探戈诺舞，16世纪末至17世纪初，随着黑人进入美洲，融合了拉美民间舞蹈风格，形成了舞姿优雅洒脱的墨西哥探戈，以及舞姿挺拔、舞步豪放健美的阿根廷探戈。随后传入欧洲，融合了欧洲民间舞蹈，尤其是受西班牙民间舞蹈的影响，在原有豪放洒脱的基础上，渗入了幽雅含蓄的情趣，形成了西班牙探戈、意大利探戈和英国皇家式探戈。

探戈舞是最早被英国皇家舞蹈教师协会肯定，是4个标准舞之一。它综合了世界各种探戈舞的精华，以其刚劲挺拔、潇洒豪放的风格和独有的魅力征服了舞坛。人们常说19世纪是华尔兹的时代，20世纪是探戈的时代。探戈舞舞步顿挫有力、潇洒豪放；身体无起伏、无升降；表情严肃，有左顾右盼的头部闪动动作。特点是音乐华丽、舞态刚劲、步伐顿挫磊落。

（3）狐步舞。

狐步舞起源于美国，是由美国舞厅舞专家维隆·凯萨模仿马在慢步行走时的脚步创编而来，后来福克斯在其基础上加入了美国黑人爵士音乐的元素，狐步舞更加受到人们的欢迎，迅速在全美风行。现在国际上跳的狐步舞是英国的约瑟芬·宾莉改编的。狐步舞的风格特点除了具有华尔兹的典雅大方、舒展流畅和轻盈飘逸之外，还具有狐步舞独有的平稳大方、悠闲自在、从容恬适的韵味。

狐步舞的舞步轻柔、圆滑、流畅，方位多变且不并步。在动作衔接中呈现出降中有升、升中有降的线行流动状。其特点是音乐恬愉、舞态潇洒、步伐行云流水。

（4）快步舞。

快步舞是摩登舞的一种，早期快步舞吸收了快狐步动作，后又引入芭蕾的小动作，使动作更显轻快灵巧。快步舞的风格特点是轻快活泼、富于激情，舞步洒脱自由，表现力十足。

（5）维也纳华尔兹。

维尔纳华尔兹起源于奥地利北部山区农民舞，是历史最悠久的舞蹈。维也纳华尔兹舞的风格特点是动作舒展大方、连绵起伏、节奏清晰、旋律活泼、动作优美、舞步轻快流畅。旋转性强音乐使维也纳华尔兹更为完美，莫扎特、肖邦、柴可夫斯基、施特劳斯等音乐大师都创作了不朽的华尔兹舞曲，尤其是施特劳斯，他使华尔兹成为“舞蹈之王”。

2. 拉丁舞

（1）桑巴。

桑巴舞是从巴西农村的摇摆桑巴舞传入城市演变而来的，后在里约热内卢狂欢节上公开表演后，以它微妙的节奏和强烈的感情倾倒了巴西人，逐步成为巴西的民族舞，是巴西音乐和舞蹈的灵魂。20 世纪 20 至 30 年代桑巴舞传入欧美。桑巴舞的风格特点是动作粗犷、起伏强烈，舞步奔放、敏捷、富有强烈的感染力。由于它在移动时沿舞程线绕场进行，因此它是拉丁舞中行进性的舞蹈。

（2）恰恰恰。

恰恰舞由非洲传入拉美后，在古巴获得很大地发展，它是模仿企鹅姿态创编的舞蹈。恰恰舞在动作编排上一反男子领舞的习惯，男女动作不求统一整齐，且多半是男子随后。它的舞步是由 4 拍跳 5 步构成，其中，第 4 拍跳 2 步，即为“恰恰”。恰恰舞由于名称简单，节奏欢快易记，加之邦伐斯鼓和沙锤的咚咚沙沙声与动作相吻合，舞蹈又有诙谐的风格，所以倍受欢迎，是拉丁舞中最流行的舞蹈。

（3）伦巴。

伦巴的舞蹈动作曾受雄鸡走路启发，20 世纪 20 至 50 年代又受美国爵士乐和舞蹈的影响。20 世纪 30 年代初，皮埃尔夫妇在英国表演和推广了古巴的伦巴舞，受到极大地欢迎并风行欧洲。伦巴舞的音乐缠绵、浪漫，舞蹈风格柔媚、抒情，是表现爱情的舞蹈，具有舒展优美，婀娜多姿的风格，尤为凸显女性婀娜多姿的美态。伦巴舞在拉丁舞中历史悠久，再加上它那异国情调的独特风格，被人们誉为“拉丁舞之魂”。

（4）斗牛舞。

斗牛舞起源于法国，是模仿西班牙斗牛士动作的一种拉丁舞。在舞蹈中，男士象征斗牛士，女士象征斗牛士手中的斗篷，因此舞蹈应表现出男子强壮英武和豪迈昂扬的气概。根据该舞的名称，又有两步行进舞的意思。斗牛舞音乐是 2/4 拍，音乐结构固定不变，共分三段，每段音乐之间有明显的停顿。竞技舞蹈中，常使用的是前两段音乐，但于 2015 年开始在重要组别的比赛中要求使用三段音乐。斗牛舞音乐雄壮、舞态威猛，步伐刚劲有力。

（5）牛仔舞。

牛仔舞源于美国西部，盛行于 20 世纪 20 至 30 年代，舞步带有踢踏动作。牛仔舞节奏快速兴奋、动作粗犷、带有举持舞伴和甩动的技巧，是表现牧人强健体魄和自由奔放情绪的舞蹈，具有独特的魅力。后经规范进入社交界和表演舞范畴。第二次世界大战期间传入英国，获得迅速推广。牛仔舞音乐为 4/4 拍，舞曲欢快、有跃动感，舞步丰富多变，其强烈的扭摆和连续快速的旋转，常使人眼花缭乱、亢奋热烈。

第三节　体育舞蹈的特点与功能

一、体育舞蹈的特点

（一）国际标准舞的特点

国际标准舞是在特定节奏的引导下，运用交际舞展示舞蹈风格和魅力的一种竞技性舞蹈。它既是以竞赛为目的，具有自娱性和表演观赏性的竞技舞蹈，又是一项老少皆宜，具有塑造形体、培养风度气质和怡情健体功能的新兴体育运动。它具有以下特点：

（1）律动性：在特定节奏风格的舞曲音乐引导下，翩翩起舞。时而端庄典雅，时而顿挫磊落，时而婀娜柔媚，时而奔放激越。这种用伴随着音乐节律的舞动来表现各舞种的风格，是国际标准舞的基本特征。

（2）规范性：国际标准舞之所以能成为世界性的竞技项目，在很大程度上得益于舞蹈自身的完整与技术动作的清晰规范。

（3）艺术性：体育舞蹈不仅具有一定的观赏价值，而且舞者可在优美动听的音乐伴奏下，自由地发挥想象力、创造力和表现力，使其动作能够表现出音乐的情感和意境，从而表现出更大的艺术感染力。

（4）娱乐性：体育舞蹈的本质属性就是娱乐。它使舞者愉悦身心，使观者赏心悦目。它是人们娱乐生活的产物，并在娱乐活动中得到丰富和发展。所以娱乐性是体育舞蹈的本质特性。

（5）健身性：表现在它作为现代体育手段而具有的塑造形体、培养风度气质、怡情健体等价值上。随着体育舞蹈逐步纳入各级各类学校的体育教学中，体育舞蹈的健身性会得到更充分地发展。

（二）健身性体育舞蹈的特点

健身性体育舞蹈除了具有娱乐性和健身性两个特点之外，还具有以下几个特点：

（1）时代性：具有两方面的含义。一是随着时代的发展、社会的不断进步，人们的健康观也更趋于科学化。人们在选择体育舞蹈作为健身手段时，不再过多地重视舞姿的展示和舞步的纷繁变化，而是更看重舞蹈过程中热量的消耗、体质的加强和情感的宣泄。二是不同时代的人更乐于接受具有时代特点的健身舞，如 20 世纪 50 年代的学生爱跳集体舞，80 年代的青年喜欢迪斯科，21 世纪的街舞成为青少年的宠爱。

（2）民族性：我国地域辽阔、民族众多，在数千年的历史发展中形成了丰富多样的民俗文化。民间舞蹈大多数是在传统节日和寿、婚、丧、祭等重大活动中进行，随着各族人民生活水平的提高，民族民间舞蹈也成为各族人民进行健身活动的重要内容。

（3）教育性：体育舞蹈在提高舞者欣赏美、鉴赏美和创造美等方面，特别是在提高舞者自身美的修养上有着不可代替的作用。早在古代我们的祖先就非常重视对其子弟进行舞蹈教育，如西周时期就规定了对贵族子弟进行乐舞教育的学习内容。目前，世界上许多国家都把舞蹈课列入学校体育教学中，舞蹈教育在世界上已受到广泛的重视。2007 年，教育部开始在全国中小学推广校园集体舞。

二、体育舞蹈的功能

（一）体育舞蹈的教育功能

世界卫生组织认为，“健康是人的生理、心理和社会适应能力的一种全面状态。”由于体育舞蹈具有美化人的思想、陶冶人的情操、培养人的团结友爱精神、增进人的身心健康、提高人的自身素质和素养、培养良好的社会交往和适应能力等作用，所以在我国中小学不仅将其列为重要的教学内容，而且在大课间操活动中，很多学校还将形式多样、内容丰富的体育舞蹈作为主要活动内容。部分学校还开展了“两舞（武）”的学校体育活动，将舞蹈和武术作为学校的重点和特色体育教学内容。

体育舞蹈在学校体育中的教育功能主要体现在以下几个方面：

第一，促进青少年身体的健康发育和形体的健美发展。

青少年时期是一个人成长发育的重要时期，青少年的身体生长发育迅速、新陈代谢旺盛，是发展人体运动素质、促进人体运动机能发展的最佳时期。众所周知，人体的运动系统包括三大部分：肌肉、骨骼、关节。适量的舞蹈运动可以使肌肉纤维变粗，供血条件改善，能增强骨骼的力度与韧性、关节的灵活与稳定。健身舞蹈多属于有氧运动，它对改善人体的心血管系统、调节呼吸系统和加强人体神经系统的功能等作用显著。青春期是人体生理发育的第二个高峰期，也是人的形体发生突变的时期。如果及时抓住这个时机，采用舞蹈这种有效的塑形手段，那么青少年的形体塑造将会有事半功倍的效果。

第二，有利于青春期的智力开发。

智力是一个人观察能力、记忆能力、分析能力、想象能力、理解能力、模仿能力和创造能力的综合体现。在舞蹈练习过程中，人们要按照音乐的节奏变化，采用固定或灵活的动作组合方式，充分调动和协调身体的各个部位和谐运动，在动作学习过程中包括初学动作的观察和模仿，对组合动作的分析和记忆，对音乐和舞蹈动作的理解、想象和再创造。这实际上是一个看似简单实为复杂的学习过程，是一个提高中枢神经支配运动系统能力的过程，是充分开发人的智力的过程。

第三，培养青少年的团队意识、合作精神，提高社会适应能力。

体育舞蹈经常采用集体舞形式，在完成动作的过程中需要动作配合得协调一致、整齐划一。因此，参加活动的学生容易形成与他人通力合作实现集体目标的团队意识和合作精神。另外，学生在健康、欢快的音乐伴奏下，与同学一起尽情地舞蹈，有助于放松心情，消除孤独感，逐渐形成与人交往的意识和习惯，使个性逐步得到改善。

第四，可开阔青少年的艺术视野，进行素质教育。

在开展体育舞蹈教学活动中，还要结合教学内容有意识地向学生介绍舞蹈和音乐知识，通过对国内外民族、民间舞蹈及伴奏音乐特点的讲解和利用现代化教学手段对多种形式舞蹈的展示，开阔学生的艺术视野，提高他们的艺术修养。

（二）体育舞蹈的社会功能

体育舞蹈活动形式多样、内容丰富。有在公园、广场等场所开展的，以社区居民为主要练习者的交谊舞、秧歌、健身球、迪斯科等社区舞蹈；有健身俱乐部经营开设的有氧健身舞蹈课；有职工之间开展的体育舞蹈、交谊舞比赛和活动；有广大农村和少数民族地区等开展的具有浓郁民族、民间特点的舞蹈欢庆活动等。无论是何种形式的舞蹈健身活动，人们在进行身体活动的同时，增加了人与人之间的交往与沟通，社区邻里之间建立了良好的人际关系，对社会安定产生了积极的影响。

在社会体育中的功能主要体现在以下几个方面：

第一，健身功能。

社会体育的健身功能是通过人们经常性地参加舞蹈锻炼而表现出来的。体育舞蹈不仅是一种运动，而且是一种比一般意义上的运动更为艺术化的运动，参加者在旋律优美和节奏鲜明的音乐伴奏下跳舞时，不仅提高了中枢神经系统的机能，还具有防病治病、延缓衰老的作用，而且可以调节人的心情，减缓生活和工作带来的压力，使人朝气蓬勃、充满活力、乐观向上。

第二，文化娱乐功能。

内容丰富、形式多样的体育舞蹈活动，是开展社会文化娱乐活动的良好形式，是人们度过余暇时间、培养高尚的生活情趣、完善人格的良好手段，在舞蹈活动中，通过与同伴的默契配合，使人产生交往、合作的满足感，从心理上产生快感，从而获得了不同程度的娱乐享受。

第三，社会情感功能。

生活节奏快、工作压力大、亲情淡化、感情空虚等都是现代社会的普遍问题，参加体育运动是人们克服这些问题的有效途径，而形式多样的体育舞蹈活动在调节人的心理压力、拉近人与人之间的距离、培养纯洁的友谊等方面具有突出的作用。

第十四章　体育舞蹈基础理论及练习

体育舞蹈基本理论是用来规范和指导体育舞蹈运动的具有最基础作用的原理或者常识。它主要形成于体育舞蹈运动规范进程中，并且能被实践应用。随着体育舞蹈运动的竞技性发展，又逐步增加了一些新的关于技术和竞赛的基础理论。

第一节　体育舞蹈基础常识

一、场地常识

体育舞蹈是一个在规范和标准的场地上进行的竞赛运动，场地大小通常为长 23 米，宽 15 米。为了每个技术动作的运行路线和度数能按标准执行，使舞者能按照规律在场地内流畅运动，特制定了一些基本规则。

（一）舞程向

在一个舞池中，为避免互相碰撞而严格规定舞者必须按逆时针方向行进，这个行进方向叫舞程向。

（二）舞程线和方向术语

舞者必须沿逆时针方向，围绕舞池中央行进的路线叫舞程线。通常由两条长线和两条短线构成。沿舞程线产生的 8 个常用方位如图 14-1所示。

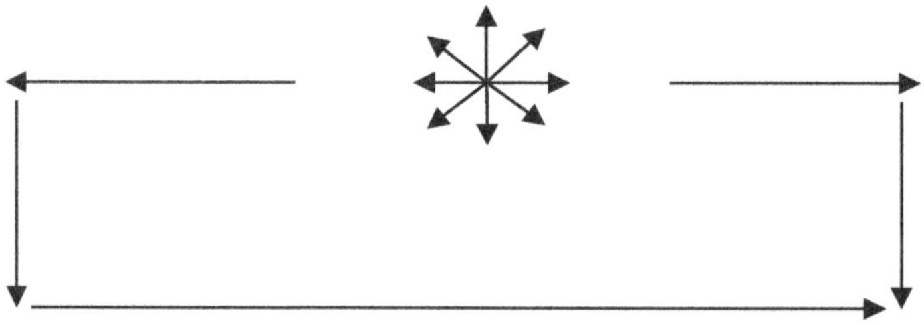

图 14-1　舞程线及方位图

（三）舞池中线

与舞池的两条长线相平行并穿过舞池的正中央即为舞池的中线，一般不允许选手在竞技时直接从长线上穿越中线。

（四）新舞程线

当沿着现有舞程线方向行进时，在接近场地的角落无法继续前行，现有舞程线需要被改变，但仍保持逆时针行进的大方向，则被视为进入到新舞程线。新舞程线上的 8 个不同方向同样存在。

（五）越过舞程线

指在舞蹈过程中，假想由起始位置，两脚平行状态延伸一条与舞程线平行的线，下一步出步需要向侧（侧前或侧后）穿越该假设的线，则被视为越过舞程线。

二、舞步转动与方向常识

（一）转动度数表述

旋转时以每转 360°为一周；旋转 45°为 1/8 周；旋转 90°为 1/4 周；旋转 135°为 3/8 周；旋转 180°为 1/2 周；旋转 225°为 5/8 周；旋转 270°为 3/4 周；旋转 315°为 7/8 周。在记录旋转动作时，应先标明旋转的方向，即左转或右转，再标明角度。见图 14-2。

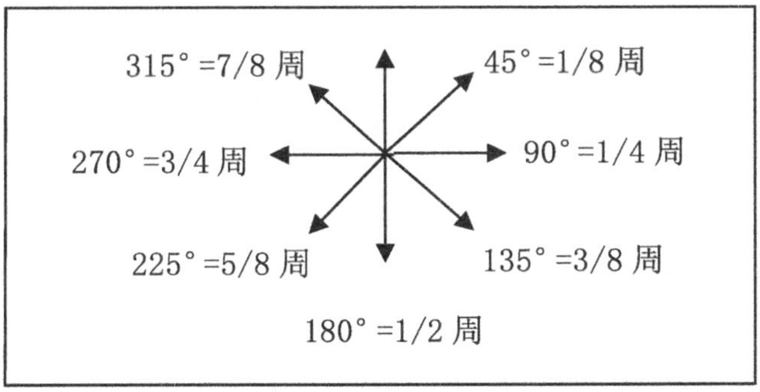

图 14-2　转动度数表述

（二）方位

指步子移动时指示的方向，两脚的位置和身体在舞池中的位置。常用表达术语为面向、背向和指向，其中指向，用于身体方向和脚的方向不一致时，用来表述脚的方向。如华尔兹的右转步，第五步的描述为，身体面向中央，脚指向斜中央。

（三）步位

在一个舞步结束时，脚在舞池中所做的方向上的改变。在体育舞蹈中一般习惯性地表述为脚的运动方向。

（四）转动方向表述

左转：身体转动过程中与时针方向相反。

右转：身体转动过程中与时针方向相同。

三、体育舞蹈的场地与设施

体育舞蹈的教学与训练对场地、设施的规格要求不是很高，只要符合以下几项基本条件即可。

（一）室内

体育舞蹈是一项标准的室内体育运动项目。在我国，以健康、娱乐、社交为目的的体育舞蹈活动，常在公园、街心花园、广场等地举行，而竞技性质的体育舞蹈教学与训练活动一般是在室内进行。

（二）木板地面或其他光滑、平整的地面

体育舞蹈最理想的地面以纯木质地板为最佳，复合地板次之。另外，平整的大理石地面或是水泥地面也能勉强使用，但与比赛场地差距较大，赛前需要较长时间适应。

（三）音乐播放器材

可根据自身条件选配音乐播放器材，如便携式或台式 CD 机、数码播放器以及音箱等。只要音量能够覆盖整个练习场地即可。

（四）大的落地镜

对于技术复杂、动作繁多的体育舞蹈项目来讲，练习时能够有一面大镜子是非常必要的，它对练习者正确掌握动作技术、及时纠正错误动作、尽快建立良好的动力定型起到很大的作用。

（五）其他辅助条件

如明亮的灯光、良好的通风条件、适宜的温度、换衣间和饮水机等。

第二节　体育舞蹈音乐常识

一、体育舞蹈比赛的音乐

体育舞蹈比赛除了队列舞、表演舞以外，其比赛所用音乐都由大赛组委会提供。其中，各单项舞曲的音乐速度和播放时间都有规则限定。一般淘汰赛音乐时间必须在 1 分 30 秒以上，不宜超过 2 分钟；少儿组比赛的音乐速度必须按照规则执行；职业组或老年组的比赛音乐可适当放慢，但不能超过规则限定的范围；队列舞各队使用的音乐由各代表队自己准备，但必须按照规则要求来制作整个比赛的音乐，超过或不足都是要被扣分的。

（一）拉丁舞节拍规定

拉丁舞的节拍规定如表 14-1 所示。

表 14-1　拉丁舞节拍规定

节拍	拉丁
2/4	桑巴舞（第二拍为重拍） 斗牛舞（第一拍为重拍）
4/4	伦巴舞（第四拍为重拍） 恰恰舞（第一拍为重拍） 牛仔舞（第二拍和第四拍为重拍）

（二）节奏

指强弱拍按照一定的规律反复出现，并且拍值均等，能赋予音乐以特点的节拍。

（三）音乐速率

即每 1 分钟内所演奏的节拍总数，见表 14-2、表 14-3。

表 14-2　标准舞音乐速率

舞种	速率（每分钟小节数）
华尔兹舞	28 ~ 30

续表

舞种	速率（每分钟小节数）
探戈舞	31~33
维也纳华尔兹舞	58~60
狐步舞	28~30
快步舞	50~52

表 14-3　拉丁舞音乐速率

舞种	速率（每分钟小节数）
桑巴舞	50~52
恰恰舞	30~32
伦巴舞	25~27
斗牛舞	60~62
牛仔舞	42~44

（四）拍值

赋予每一拍上所用的时长。

（五）旋律

是指一首曲子的曲调，由一系列有节奏的单个音符（音高或音调）组成。

（六）乐句

通常由 8 小节组成，并且呈现节奏强弱相间的特点。

（七）乐段

通常由 4 乐句组成，共 32 小节。

（八）动作时值

赋予每一舞步上所占的音乐拍数，见表 14-4。

表 14-4　常用动作时值表达

舞步	拍数
慢 S	两拍（在 4/4 中，如狐步舞），一拍（在 2/4 拍中，如桑巴舞）
快 Q	一拍（在 4/4 中，如狐步舞），一拍（在 2/4 拍中，如桑巴舞）
呃 a	1/4 拍
啊 & 或 and	半拍
1	一整拍

（九）编舞时值

指为了便于按照乐段来进行舞蹈段落的编排与训练，而引进的数拍节数的方法。一般有 1~8 组成一句，4 个 8 拍组成一个乐段。但是斗牛舞的编舞时值例外。

（十）切分节奏

指在音乐旋律进行中，由于音乐需要，改变常规的节奏规律，音符的强拍和弱拍发生了变化和强调，而出现的节奏变化，如恰恰舞中的第四拍。

（十一）拖拽时值

相比起固定拍值的音乐类型，在古典和爵士乐中，常常使用拖拽节奏原理。即在实际应用音乐拍值时，可以应用通过增加每拍的时值，如延长至双倍于拍值的方法来重新演绎，然后再通过缩短拍值的办法，在一定范围内赶回音乐的整体节奏。引入这种拖拽节奏的原理，使选手增加表演的艺术感。

（十二）音乐结构

一首音乐作品通常有 4 个小节的前序，紧接着是一组由 4 段乐句组成的乐段。乐段的前两句旋律通常都相似（A 和 A"），到第三句（B）发生变化，之后在结束句时又还原到开头（A 和 A"）的样式。

第三节　体育舞蹈腿部常识

一、足法描述

脚是指在每一步中，具体由脚的哪一部分与地板接触（可带或不带重心）。在舞蹈过程中，共有 9 种。

（1）脚跟（常用于脚滚动动作的开始或结束时）。

（2）脚尖（升到最高点时）。

（3）极限脚尖（抬至最高点时，脚尖与地板接触，无重量，主要用于展示艺术化线条）。

（4）全脚（平放于地板）。

（5）脚平伏（经过滚动至全脚，平放于地板）。

（6）脚掌（在脚滚动过程中，脚平伏和脚趾之间的位置）。

（7）脚趾内缘（脚趾着地，踝关节向内侧弯曲）。

（8）脚内缘（脚着地，踝关节向内侧弯曲）。

（9）脚趾外缘（脚趾着地，踝关节向外侧弯曲）。

二、作用腿的常识

（一）主力腿

承载身体重量，力量驱动时身体和脚部向地面施加压力，通过胯、膝、踝关节的屈伸作用使重心降低或上升，从而带动身体升降。

（二）动力腿

在主力腿的运动终极状态后，另一条腿保持动作惯性地产生出步行为，则为动力腿。动力腿在出步以后成为支撑腿。

（三）摆荡腿

一侧身体，包括肩部、胯部、腿部，做前后摆荡，一般应用在狐步中。

第四节　体育舞蹈基本步动作

一、伦巴

伦巴舞起源于古巴，音乐为4/4拍，舞蹈优美、抒情、缠绵委婉。

（一）伦巴舞基本步伐

（1）方形步：两小节，节拍形式1234。

第一小节（图14-3）：第1拍预备步，第2拍右脚经过左脚后退落脚跟，第3拍重心前进至左脚，第4拍右脚经过左脚横移至右方。

1　2　3　4

图14-3　第一小节

第二小节（图14-4）：第1拍预备，第2拍左脚经过右脚向前移动，第3拍重心向后至右脚，第4拍左脚经过右脚横移至左方。

1　2　3　4

图14-4　第二小节

（2）纽约步（图14-5）：一小节，节拍形式1234。

第1拍预备步法，重心在右脚，左脚点地。第2拍身体向右转90°，左脚经过右脚向右侧迈步，第3拍重心后退到右脚，第4拍身体向左转90°，左脚经过右脚向左侧迈步。

1　2　3　4

图14-5　纽约步

（3）手对手（图 14-6）：一小节，节拍形式 1234。

第 1 拍预备步法，重心在右脚，左脚点地。第 2 拍身体向左转，左脚后退落脚跟。第 3 拍重心前移至右脚。第 4 拍身体向右转 90°，左脚经过右脚向左迈步。

1 2 3 4

图 14-6　手对手

（4）男士曲棍步：两小节，节拍形式 1234。

第一小节（图 14-7）：第 1 拍预备步法，重心在右脚，左脚点地。第 2 拍左脚经过右脚向前迈步。第 3 拍重心后退至右脚。第 4 拍左脚回收至右脚旁，重心保持在右脚。

1 2 3 4

图 14-7　第一小节

第二小节（图 14-8）：第 1 拍原地切换重心至左脚。第 2 拍右脚后退。第 3 拍左脚向右前方移动小步。第 4 拍右脚经过左脚向右迈步。

1 2 3 4

图 14-8　第二小节

（5）女士曲棍步：两小节，节拍形式 1234。

第一小节（图 14-9）：第 1 拍接扇形步结束位置，重心在左脚，右脚点地。第 2 拍右脚收回至左脚，并同时切换重心至右脚。第 3 拍左脚前进。第 4 拍右脚经过左脚前进。

1　　2　　3　　4

图 14-9　第一小节

第二小节（图 14-10）：第 1 拍预备步。第 2 拍左脚经过右脚前进。第 3 拍右脚经过左脚前进。第 4 拍身体向左转 135°，左脚向左迈步，右脚点地。

1　　2　　3　　4

图 14-10　第二小节

（6）定点转（图 14-11）：一小节，节拍形式 1234。

第 1 拍预备步，重心在左脚，右脚点地。第 2 拍身体向左转 90°，左脚经过右脚向前迈步。第 3 拍脚不动，身体向左转 45°，右手自然伸出。第 4 拍身体向左转 45°，右脚经过左脚向右迈步，左脚点地。

1　　2　　3　　4

图 14-11　定点转

（7）男士扇形步：一小节，节拍形式 1234。

同方形步第一小节。

（8）女士扇形步（图 14-12）：一小节，节拍形式 1234。

第 1 拍预备步，右脚在前，重心在右脚，左脚点地。第 2 拍身体向右转，左脚经过右脚向前迈步。第 3 拍右脚经过左脚向前。第 4 拍身体向左转 90°，左脚向后迈步。

1　　2　　3　　4

图 14-12　女士扇形步

（二）双人位置

（1）预备位置，男士面向 9 点，重心在左脚，左脚在前，右脚点地；女士面向 2 点，重心在右脚，右脚在后，左脚点地。见图 14-13。

图 14-13　预备位置

（2）扇形位，男女都面向 6 点。成套组合中，第四小节舞伴之间呈扇形位。见图 14-14。

图 14-14　扇形位

（3）纽约步，男女呈镜面动作。女生身体以左腿为轴，向左旋转 90°，同时右脚通过左脚，到达旋转后身体的前方，并且重心落于右脚，右脚半脚掌落地。这个动作速度比较快，同时将左手向后上方伸直打开，手心向下，女士五指张开，中指和拇指压下，男士则手掌并拢手心朝下即可。而随后左腿做 check，膝盖紧贴右腿膝盖后侧，并且左侧胯部下压，随后身体转回，右脚回到起步时的位置。见图 14-15。

图 14-15　纽约步

（4）手对手，男女呈镜面动作。女生身体以左腿为轴，向右旋转 90°，同时右脚通过左脚，到达旋转后身体的后方，并且重心落于右脚，右脚半脚掌落地。这个动作速度比较快，同时将左手向后上方伸直打开，手心向下，女士五指张开，中指和拇指压下，男士则手掌并拢手心朝下即可。随后重心前进至左腿，身体转回，右脚回到起步时的位置。见图 14-16。

图 14-16　手对手

（5）定点转，男女呈镜面动作。主力腿是我们从一开始就不断强调的内容，主力腿是发力的腿，也是支撑重量的腿，在旋转中，尤其要用到主力腿。在定点转中，所谓的“点”就是要在主力脚这个“点”上去旋转，主力脚就像是圆规的针一样定在那里，围绕这个定点去旋转。整个主力腿到主力脚就要像一个稳定的轴一样扎在那里，只有这个轴稳固了，旋转才会稳定。见图 14-17。

图 14-17　定点转

（6）长步，男女呈影子位置。见图 14-18。

图 14-18　长步

二、华尔兹

华尔兹为体育舞蹈课程第二学期的主要内容，华尔兹又称圆舞，具有优美、柔和的特质，舞曲旋律优美抒情，节奏为 3/4 的中慢板，是以旋转为主，通过膝、踝、足底、跟、掌、趾的动作，结合身体的升降、倾斜、摆荡，带动舞步移动，其目的是锻炼学生的体能，提高身体的灵活性和控制性，培养学生的舞感和乐感，形成良好的外在气质与身体姿态，塑造形体美。华尔兹的舞姿华丽典雅，享有“舞中之后”的美称。

（一）华尔兹舞的基本步伐

（1）方形步：两小节，节拍形式 123。

第一小节（图 14-19）：预备步，双腿并拢，膝盖向前微弯，保持华尔兹舞的架型。第 1 拍下降前进时是用重心腿的腰胯和后腿向前把移动的腿推出去；后腿跟随。第 2 拍用主力腿给地板重量，带动后腿经过主力脚向旁推动；身体重心从低位转移到高空间位置的移动。

摆荡确定了运动脚的高点位置。第 3 拍大腿内侧夹紧时运动脚在身体摆荡的引带下横移至最远端，从而固位的定脚的位置，运动脚随着身体到位而停止，不要做多余滑动。

预备　　1　　2　　3

图 14-19　第一小节

第二小节（图 14-20）：第 1 拍后退时是把上半身的重心全部先留在支撑腿上，并向前顶住腰和胯部，然后把移动腿的大腿向后摆动，再用支撑腿的脚跟对地板发力向后推出去即可。第 2 拍用主力腿给地板重量，带动旁腿经过主力脚向旁推动；身体重心从低位移到高空间位置的移动。摆荡确定了运动脚的高点位置。第 3 拍运动脚到位后，运动脚同侧身体向上拉长，身体纵轴开始向另一侧方向倾斜，重心自然地转移至后到位并合的脚上，倾斜的目的之一就是为了交换重心。运动脚并合于支撑脚后，倾斜的技巧开始发挥作用，身体重力立即转移到运动脚上，使运动脚转换成支撑脚。随之，支撑脚开始下降。

1　　2　　3

图 14-20　第二小节

（2）左转步：两小节，节拍形式 123。

第一小节（图 14-21）：预备步，双腿并拢，膝盖向前微弯，保持华尔兹舞的架型。第 1 拍下降前进时用重心腿的腰胯和后腿把移动的腿向左前方推出去；后腿跟随。第 2 拍用主力腿给地板重量，带动后腿经过主力脚身体转动二分之一，右腿向旁推动；身体重心从低位转移到高位。第 3 拍大腿内侧夹紧时运动脚在身体摆荡的引领下横移至最远端，从而固位的定脚的位置，运动脚随着身体到位而停止，不要做多余滑动。接着，降重心，后退右腿。

预备　　1　　2　　3

图 14-21　第一小节

第二小节（图 14-22）：第 1 拍，后退时把上半身的重心全部先留在支撑腿上，并向前顶住腰和跨步，然后把移动腿的大腿向后摆动，再用支撑腿的脚跟对地板发力向后推出去。第 2 拍，用主力腿给地板重量，带动左腿经过主力脚身体转动二分之一向旁推动；身体重心从低位转移到高位。第 3 拍，摆荡确定了运动脚的高点位置；运动脚到位后，运动脚同侧身体向上拉长，身体纵轴开始向另一侧倾斜，重心自然地转移至后到位并合的脚上，倾斜的目的之一就是为了交换重心。运动脚并合于支撑脚后，倾斜的技巧开始发挥作用，身体重力立即转移到运动脚上，使运动脚转换成支撑脚。随之，支撑脚开始下降。

1　　2　　3

图 14-22　第二小节

（3）右转步：两小节，节拍形式 123。

第一小节（图 14-23）：预备步，双腿并拢，膝盖向前微弯，保持华尔兹舞的架型。第 1 拍下降前进时用重心腿的腰胯和后腿把移动的腿向右前方推出去；后腿跟随。第 2 拍用主力腿给地板重量，带动后腿经过主力脚身体转动二分之一，左腿向旁推动；身体重心从低位转移到高位。第 3 拍大腿内侧夹紧时运动脚在身体摆荡的引领下横移至最远端，从而固位的定脚的位置，运动脚随着身体到位而停止，不要做多余滑动。接着，降重心，前进左腿。

预备　　1　　2　　3

图 14-23　第一小节

第二小节（图 14-24）：第 1 拍，前进时把上半身的重心全部先留在支撑腿上，并向前顶住腰和跨步，然后把移动腿向前推动，再用支撑腿的脚跟对地板发力向前移动继而推出去。第 2 拍，用主力腿给地板重量，带动右腿经过主力脚身体转动二分之一向旁推动；身体重心从低位转移到高位。第 3 拍，摆荡确定了运动脚的高点位置；运动脚到位后，运动脚同侧身体向上拉长，身体纵轴开始向另一侧倾斜，重心自然地转移至后到位并合的脚上，接着，运动脚并合于支撑脚后，倾斜的技巧开始发挥作用，身体重力立即转移到运动脚上，使运动脚转换成支撑脚。随之，支撑脚开始下降。

图 14-24　第二小节

（二）双人位置

（1）预备步：男女士搭好闭式位华尔兹舞架型，中段连接，双腿贴近并放松（图 14-25）。

图 14-25　预备步

（2）男士是基本右转的侧行前进步，女士是基本左转的侧行前进步（图 14-26）。

图 14-26　第一步

（3）男士经过摆荡，左侧身体到达侧行位，左脚掌支撑；女士的动作则是向前的摆荡，形成右脚掌支撑（图 14-27）。

图 14-27　第二步

（4）男士借助左侧身体摆荡的惯性，提升重心并形成分式交叉步；女士随着男士的引领做出向右前方向交叉步（图 14-28）。

图 14-28　第三步

（5）男士在右脚接受重心后，进行相对于女士身体静止的原地右转动作，同时出左脚形成反身动作后以左脚掌接受重心，女士利用基本右转动作技法进行反身动作后的摆荡准备（图 14-29）。

图 14-29　第四步

（6）男士以外侧右转步动作进行身体重心的完全转换，与此同时利用右侧背部肌肉的强力收缩，引领女士进入转体动作（图 14-30）。

图 14-30　第五步

三、牛仔舞

牛仔舞起源于美国，音乐为 4/4 拍，舞蹈敏捷、跳跃、轻松、热情、欢快。

（一）牛仔舞基本步伐

（1）并退摇摆步（图 14-31）：共 6 拍，节拍形式 123&45&6。

第 1 拍左脚落在右脚正后方，落脚跟。第 2 拍重心前进至右脚。第 3 拍左脚经过右脚迈向左方。& 拍右脚收至左脚旁。第 4 拍左脚向左方迈步。第 5 拍重心转移到右脚。& 拍左脚收至右脚旁。第 6 拍右脚向右方迈步。

1　2　3　&　4

5　&　6

图 14-31　并退摇摆步

（2）美式疾转女步（图 14-32）：共 6 拍，节拍形式 123&45&6。

预备步，重心在左脚。第 1 拍右脚交过左脚退向左脚后方，落脚跟。第 2 拍重心向左脚移动，左脚脚掌支撑。第 3 拍右脚经过左脚落于右前侧，脚掌支撑。& 拍左脚收至右脚左斜后方。第 4 拍右脚向右斜前方出腿点地，并以右脚为轴向右转 360°；第 5 拍落左脚脚掌；& 拍右脚收至左脚旁；第 6 拍左脚向左后斜方移动。

预备　1　2　3　&　4、5、&、6

图 14-32　美式疾转女步

（3）登山步（图 14-33）：共 8 拍，节拍形式 12345678。

预备，第 1 拍左脚经过右脚后退落跟。第 2 拍重心向右脚移动。第 3 拍左脚向左出脚，脚尖点地；第 4 拍保持不动。第 5 拍右脚经过左脚向左出脚，脚尖点地；第 6 拍保持不动。第 7 拍重复第 6 拍动作。第 8 拍右脚收至左脚旁。

预备　1　2　3、4　5、6　7　8

图 14-33　登山步

（二）双人位置

（1）闭式预备位置（图 14-34）。

图 14-34　闭式预备

（2）并退摇摆步换方向位置（图 14-35）。

图 14-35　并退摇摆步换方向

（3）美式急转位置（图 14-36）。

图 14-36　美式急转

（4）登山步位置（图 14-37）。

图 14-37　登山步

四、恰恰舞

恰恰舞起源于非洲，后流入拉丁美洲，音乐为 4/4 拍或 2/4 拍，舞曲热情、奔放、诙谐风趣。

（一）恰恰舞基本步

（1）方形步：两小节，节拍形式 234&1。

第一小节（图 14-38）：预备步重心在右脚，左脚点地。第 2 拍左脚经过右脚向正前方出腿、落脚跟。右腿弯膝紧扣左腿，重心在两腿之间（此步法为“切克”步）。第 3 拍右腿落脚跟，膝盖伸直，重心回到右脚。第 4 拍左脚经过右脚向左出腿落跟。& 拍右脚收至左脚旁。第 1 拍运用右脚压地板转动的力量，推动身体和左腿向左移动，并出左脚落跟。

预备　　2　　3　　4　　&　　1

图 14-38　第一小节

第二小节（图 14-39）：第 2 拍右脚经过左脚向后退步，落脚跟，重心在右脚。第 3 拍重心移动至左脚。

2　　3

图 14-39　第二小节

（2）纽约步（图 14-40）：一小节，节拍形式 234&1。

预备重心在左脚，右脚点地。第 2 拍身体向左转 90°，右脚经过左脚向前出腿做“切克”步。第 3 拍重心向后至右脚。第 4 拍身体右转 90°，右脚经过左脚向左出腿，重心在右脚。& 拍收左脚。1 拍借助左脚转动力量，推动身体和右脚向右方移动并出腿落跟，重心在右脚。

预备　　2　　3　　4　　&1

图 14-40　纽约步

（3）手对手（图 14-41）：一小节，节拍形式 234&1。

预备重心在右脚，左脚点地。第 2 拍身体向左转 90°，左脚经过右脚后退落跟，重心在左脚。第 3 拍重心移动至右脚。第 4 拍身体向右转 90°，左脚经过右脚向左出腿落跟。

预备　　2　　3　　4

图 14-41　手对手

（4）定点转（图 14-42）：一小节，节拍形式 234&1。

预备重心在右脚，左脚点地。第 2 拍身体右转 180°，左脚经过右脚向右方出脚落跟，重心在左脚。第 3 拍身体向右转 90°，重心移动至右脚。第 4 拍身体向右转 90°，左脚经过右脚向左出腿落跟。

预备　　2　　3　　4

图 14-42　定点转

（5）女士曲棍步：两小节，节拍形式 234&1。

第一小节（图 14-43）：预备步重心在左脚，右脚点地。第 2 拍右脚收至左脚旁，并且同时切换重心至右脚。第 3 拍左脚前进。第 4 拍右脚经过左脚前进。& 左脚收至右脚后面做锁步。第 1 拍右脚向前迈步。

预备　　2　　3　　4　　&　　1

图 14-43　第一小节

第二小节（图 14-44）：第 2 拍转身。第 3 拍出右脚。第 4 拍通过右腿带动转身后出左脚。& 拍并脚。第 1 拍出左脚。

图 14-44 第二小节

（6）男士曲棍步：两小节，节拍形式 234&1。

第一小节（图 14-45）：预备步扇形位结束，右脚在前，重心在右脚，左脚点地。第 2 拍左脚经过右脚向前方做“切克”步。第 3 拍重心退至右脚。第 4 拍左脚经过右脚向后方点地。& 拍右脚原地抬起并迅速落下。第 1 拍左脚收至右脚旁。

图 14-45 第一小节

第二小节（图 14-46）：第 2 拍换重心并向后方退右脚。第 3 拍左脚向右斜前方移动迈步。第 4、&、1 拍做恰恰并步。

图 14-46 第二小节

（7）恰恰前进后退锁步：两小节，节拍形式 234&1。

第一小节（图 14-47）：预备重心在右脚，左脚点地。第 2 拍左脚经过右脚向前迈步做“切克”步。第 3 拍重心退至右脚。第 4 拍左脚经过右脚向后方出脚点地。& 拍右脚收至左脚前方，大腿、膝盖夹紧。第 1 拍利用右脚推动地板的力量，将身体和左腿推向后方，并退左脚落跟。

预备　2　3　4　&　1

图 14-47　第一小节

第二小节（图 14-48）：第 2 拍右脚经过左脚向后方退步并落跟。第 3 拍重心推至左脚。第 4 拍右脚经过左脚向前迈步并落跟，重心在右脚。& 拍左脚收至右脚后方，大腿、膝盖夹紧。第 1 拍利用左脚推地板的力量，将身体和右腿推向前方，并出右脚落跟，结束重心在右脚。

2　3　4　&　1

图 14-48　第二小节

第十五章　体育舞蹈套路实践

第一节　标准舞

华尔兹双人铜牌组合，见表 15-1。

表 15-1　华尔兹双人铜牌组合

序号	中文名字	动作时值	编舞时值
1	左脚前进并换步	123	123
2	右转步	123223	223323
3	右脚前进并换步	123	423
4	左转步	123223	523623
5	左脚前进并换步	123	723
6	右脚前进并换步	123	823
结束，可在第 6 步中进行左转 1/4 变向来换线循环组合，也可继续沿舞程线循环组合			

第二节　拉丁舞

一、伦巴双人铜牌组合

准备姿势：开式位，双脚分立，男士重心在左脚，女士重心在右脚。见表 15-2。

表 15-2　伦巴双人铜牌组合

序号	中文名称	动作时值	编舞时值
1	开式基本动作	2341	123456782234
2	扇形步	2341	5678
3	曲棍步	2341. 2341	32345678
4	纽约步	2341. 2341	42345678
5	手接手	2341	5234
6	向左定点转	2341	5678

续表

序号	中文名称	动作时值	编舞时值
7	三三步	2341. 2341. 2341	623456787234

二、恰恰双人铜牌组合

准备姿势：开式位，双脚分立，男士重心在左脚，女士重心在右脚。见表 15-3。

表 15-3　恰恰双人铜牌组合

序号	中文名称	动作时值	编舞时值
1	开式基本动作	234&1. 234&1. 234&1	123456782234
2	扇形步	234&1	5678
3	曲棍步	234&1	3234
4	纽约步	234&1. 234&1	56784234
5	手接手	234&1	5234
6	向左定点转	234&1	5678
7	三三步	234&1. 234&1. 234&1	623456787234

三、牛仔双人铜牌组合

准备姿势：闭式位，双脚并立。见表 15-4。

表 15-4　牛仔双人铜牌组合

序号	中文名称	动作时值	编舞时值
1	并退基本步	123a45a6. 123a45a6	123456782234
2	右至左换向步	123a45a6	567832
3	左至右换向步	123a45a6	345678
4	背后换手	123a45a6. 123a45a6	4234567852
5	美式旋转	123a45a6 123a45a6	3456786234
6	侧行走步 2 慢 4 快 （登山步）	1a23a4	5678723456
7	左至右换向步	123a45a6	7882
8	停和走步	123a45a6 123a45a6	34567892345678
9	风车步	123a45a6 123a45a6	10 2345678 11 234

第十六章　体育舞蹈审美与比赛

第一节　体育舞蹈的审美教育

审美教育又称美育或美感教育，它是指教师通过教育与教学手段引导学生感受美、领悟美，树立正确的审美观，提高学生对美的鉴赏能力和创造能力。

体育舞蹈的所有舞种都能体现出韵律、协调、柔美、优雅的健美气质，通过练习，既能锻炼身体，又能陶冶情操，还可以激发练习者对美的热爱和追求。因此，大力推广体育舞蹈运动的同时也发展了审美教育，这对于全面提高学生的各项素质具有极强的现实意义。

一、体育舞蹈审美教育的特征

体育舞蹈是以人体自身为对象，以舞蹈动作练习为内容，以艺术创造为手段，以健美与竞技为目标的新型体育运动项目。它具有体育、艺术和审美教育的综合特征。

按照难度性质划分，体育舞蹈分为竞技性和普及性两大内容，多元化的练习内容既能满足各类人的需求，又能在舞蹈中接受审美教育。体育舞蹈审美教育具有以下特征：

（一）本能性

本能性是指人们在追求美的过程中自发产生的需求。美无处不在、无处不有，追求美是人类生存的自然选择。

（二）普及性

体育舞蹈的审美教育具有较强的普及性，适合不同性别和不同年龄的人。体育舞蹈练习的场地、内容、运动量以及运动强度都可以根据个人的具体情况进行调节和选择，降低了户外运动潜在的危险性，突破了年龄的限制。从而使练习者真正达到锻炼身体、愉悦身心和陶冶情操的目的。

（三）娱乐性

普通人群仅是以娱乐的心情参与舞蹈，他们不需要进行严格规范的训练，也不追求高水平的专业技术，这部分人只要求借助舞蹈使精神与身体得到放松，找到一种适合自己的活动方式，寓健身于娱乐之中。体育舞蹈的参与者和旁观者都能受到美的感染和熏陶，参与者的个性风采、优美的姿态、朝气蓬勃的精神面貌都是美的象征，都会成为散发美的生动个体，人们借助情绪的感染，使审美教育寓教于乐。

总之，本能性、普及性、娱乐性等特征，贯穿在体育舞蹈审美教育的全过程中，当然，要依靠教师的引导和启发，才能提高学生感受美、鉴赏美、创造美的能力。

二、体育舞蹈审美教育的功能

体育舞蹈和其他体育项目一样，以人类社会创造健康的美为最终目的。而通常所说的健康美包括身体健康美、精神健康美和行为健康美三个方面。因此，体育舞蹈审美教育的主要功能就是通过教育的手段塑造身体健康美、精神健康美和行为健康美，从而实现其最终的目的。

（一）身体健康美

身体健康美必须按照塑造形体美的方法和规律进行系统练习。体育舞蹈是比较行之有效的锻炼方式，它既能使人的体格变得强健，又能使人的形体得以改善。体育舞蹈是在音乐的伴奏下进行身体活动，动作的快慢、力量的大小、肌肉的紧张与放松的有机结合，都能使人体的力量、协调性、柔韧性及灵敏性得到充分锻炼。

（二）精神健康美

精神健康美包含正确的人生观、美好的理想、高尚的道德情操、正直诚实的品质、集体的协作精神等。在追求身体健康美、动作美、音乐韵律美等的过程中，参与者会潜移默化地感受到审美教育，深刻地影响思想，使之爱美恶丑、从善拒恶，提高分辨美丑、善恶的能力，养成高尚的品德和情操。因此，体育舞蹈的审美教育具有净化心灵、陶冶情操、完善品德的教育功能。

（三）行为健康美

行为健康美就是人的行为举止美，它是思想、道德、情操、意志等心灵美的外在表现。选手呈现出的形体、衣着、举止、风度等外在美，胜不骄、败不馁的气度风范美，团结友爱的精神美，努力拼搏的意志美等，都会在直观的行为上表现出来。这些外在直观的表现就是行为健康美，会激发人们对美的追求和创造美的欲望。

三、体育舞蹈审美教育的任务与实施

体育舞蹈审美教育的基本任务是帮助人们树立正确的审美观，提高感受美和鉴赏美的能力，激发表现美和创造美的潜能。

（一）树立正确的审美观

审美观是人们在审美活动中所持的态度和看法。在人们的审美活动中，审美是多样化的。为了更好地引导学生树立正确的审美观，在体育舞蹈的审美教育中，教师可以在体育舞蹈的教学中以多样的美来感染学生，引导学生理解美的形象、美的动作，提高学生对美的认识。

（二）激发感受美、鉴赏美的能力

审美能力包括对美的感受能力、鉴赏能力。在体育舞蹈的审美教育中，为了培养人们（学生、选手、体育舞蹈爱好者）的审美能力，在教授技艺的同时，特别是在学习舞蹈的初始阶段，强调有关的基本知识与概念尤为重要。比如，体育舞蹈男女选手的形象特征是，男之壮美、女之柔美，各自失去了特征，就无美可谈。对美有了初步的感悟与理解后，才能领会不同类型、风格和层次的美。

（三）激发表现美、创造美的潜能

舞蹈美育的核心是对心灵的唤醒。我们不能仅仅停留在传授已有的东西上，而要站在可持续发展的生命力高度，改变受教育者被动接受知识的现状。也就是说，学生在形成正确的审美观之后，作为个体的学生要大胆地表现美、创造美。

当学生具备一定的技术技巧后，应把握好模仿性练习、独立性练习、创造性练习三个学习过程的特征，将自己的感受、观察、思考等心理发展过程有机结合起来。这是激发学生表现美、创造美的潜能的重要步骤。

总之，体育舞蹈审美教育的各项任务是有机联系、相辅相成的，其中，健康的审美观是核心。

第二节　体育舞蹈比赛

一、体育舞蹈比赛的特点

在我国，体育舞蹈是一个年轻的体育项目。随着经济的飞速发展和文化生活的日益丰富，各种级别、规格的体育舞蹈比赛已在全国蓬勃开展。自 1991 年首届全国体育舞蹈锦标赛举办以来，体育舞蹈比赛从规模到形式都有了飞速的发展。单从参赛人数上来讲，体育舞蹈项目堪称我国非奥运会项目之最。作为社会体育指导员，了解和掌握体育舞蹈比赛的特点，熟知比赛模式，对今后组织和参与体育舞蹈比赛活动具有很强的实践指导意义。由于最初的体育舞蹈比赛是从舞蹈节、艺术节类的形式演变而来的，因此既有文艺痕迹，又有体育特点，是文艺与体育的结合、交叉和兼容。

（一）主持人制

体育舞蹈比赛自始至终是在主持人的指挥和控制下运行的，主持人既是司仪广播员、宣传鼓动员，又是观众的代言人，是场上的中心角色。

（二）比赛和表演结合

体育舞蹈比赛之前、中间或结尾，经常穿插国内外优秀选手的表演，既可使比赛更加的丰富多彩、气氛热烈，也可使裁判、参赛选手和记分组等人员得以休息和准备。

（三）“淘汰”与“顺位”结合的比赛方法

体育舞蹈比赛从预赛到半决赛采用淘汰制比赛方法，即根据竞赛编排从参赛人数中按规定录取定量选手进入下一轮比赛，淘汰其余选手。按国际惯例，最后通常取 6 对选手进入决赛。在决赛中采用顺位法决定单项和全能的名次。

（四）评分特点

体育舞蹈评议时每个评委在 1 分 30 秒到 2 分 30 秒的时间内，要从 6 至 20 对选手中确定入选名单或名次顺序，这要求评委精力集中、业务熟练、眼光敏锐、反应迅速、判断正确。

二、体育舞蹈比赛的场地、音乐、服装。

体育舞蹈比赛场地长 23 米，宽 15 米。选手按逆时针方向运行，交换舞程线时应过中心线。

比赛音乐：决赛时每曲 2 分 30 秒，其他赛时还规定每曲不得少于 1 分 30 秒。

比赛服装规定：摩登舞男子穿燕尾服，女子穿不过脚踝的长裙；拉丁舞服装应有拉美风格，男女选手服装必须协调。专业选手背号为黑底白字，业余选手背号为白底黑字。

三、体育舞蹈比赛的评判

体育舞蹈比赛裁判的人数应由单数组成，这是因为在比赛时，选手能否进入下一轮比赛，是依据裁判员的2/3或3/5的比例选票决定出来的。

体育舞蹈比赛分团体赛和个人赛两种，按预赛（淘汰赛）、复赛（选拔赛）、半决赛（资格赛）、决赛（名次赛）的程序进行。

（一）体育舞蹈比赛的评判依据

（1）基本技术：基本动作；姿态；平衡稳定；移动。

（2）音乐运用：节奏；风格的理解和体现。

（3）舞蹈风格：区别各种不同舞种之间的风格上的差别；个人风格的展现。

（4）动作编排：动作流畅新颖，运用自如；体现舞种的基本风韵并有一定的技术难度；动作与音乐密切配合，发挥音乐效果；编排有章法，充分利用场地。

（5）临场表现：赛场上的应变能力；良好的竞技状态。

（6）赛场效果：舞者的风度、气质、仪表等总体形象。

在以上六要素中，前三项主要指选手的技艺品质，后三项是选手的艺术魅力。在预赛时裁判着重于前三条要素的评判，在半决赛后着重于后三条要素的评判。在决赛中应全面评价选手各项要素的完成情况。

（二）体育舞蹈比赛的评判通则

1. 技术质量

技术质量指运动技术的优劣程度，包含足部动作、姿态、稳定性、移动等方面。

（1）足部动作。

①各种步伐的方位、角度准确。

②脚和地面接触部位准确。

裁判必须评估选手正确表现舞步的脚法，如每一步的落脚是脚掌、脚跟或脚趾等，以及脚步移动的控制力和表达力。

（2）姿态。

①各个舞种的握法动作准确。

②运动过程中的姿态准确、漂亮。

在舞姿的评判上必须重点观测身体的线条。身体线条是指两位选手作为一个整体，在运动中身体各部位构成的整体效果，应表现出优美的舞姿。这包括手臂线条、肩部线条、髋部线条、腿部线条、颈部线条、身体右侧和左侧线条。

（3）稳定性。

①舞伴之间力的使用得当，动作能保持平衡、稳定。

②在完成高难度动作时能保持身体平衡、稳定。

裁判必须确定选手是否准确掌握该舞蹈的风格特点，并且评定选手动作的整体起伏、倾斜和平衡。在控制和平衡掌握良好的情况下，动作幅度越大，评分越高。在拉丁舞中，必须评估每种舞蹈典型的胯部动作。

（4）移动。

①移动是由身体带动的，不只是脚的动作。

②移动要流畅，根据不同舞种的移动特性，给予正确判断。

2. 动作的音乐性

动作的音乐性指动作在音乐表现方面的要求，包含节奏、时值、音乐结构与音乐表现力等方面。

（1）对不同舞种的节奏要求清晰，表现准确。

（2）对不同的音乐风格有很好地理解，并能很好地体现音乐的风格与情调。

（3）脚步应踩在节拍上，身体应流动在旋律里，要求舞者能跳出音乐的境界。

裁判必须确定选手是否按照时间值和基本节奏进行表演。“时间值”是指每一种舞步的时间正好与音乐节奏合拍。“基本节奏”是指舞步在规定的时间内完成并且保持舞步之间正确的时间关系。选手的时间值和基本节奏错误时，该项舞蹈的所得分数必须是最低的。这种错误不能通过其他评判内容的良好表现来弥补。

裁判必须评估选手的舞蹈节奏表现力。这揭示出选手对舞蹈节奏的感受、理解与适应能力，和在舞蹈中对音乐的理解与表现。但若表演与节奏不合，也要按违反基本节奏错误的规则来处理。

3. 合舞技能

合舞技能指舞伴之间为体现关系所运用的方法，包含连接方式、身体交流、反向平衡、动作一致性等方面。

（1）身体连接与握持使用得当，能很好地体现出力的传导与反作用力的效果，并保持各自的平衡。

（2）运动中舞伴间的连接协调性，以及舞蹈过程中舞者不在自身平衡点上，舞步的稳定性及身体线条的优美性。

（3）管理舞伴之间的空间，以及身体各部分依据时值和距离运动的同步性。

（4）舞者修改和管理不同位置、连接类型之间变化的能力。

4. 舞蹈编排与表现

舞蹈编排与表现是指组合的完整程度与表达方式，包含无语言交流、地板定位技巧、临场表现、舞蹈氛围等方面。

（1）动作编排的流畅新颖、运用自如，既能体现舞种的基本风韵，又含有一定的技术难度。动作编排有章法，并符合音乐的风格及结构。

（2）舞者的气质、风度、仪表、仪态、出场、退场的总体形象好。比赛现场遇到意外情况有应变能力。比赛时能保持良好的竞技状态，专注、自信并有控制，临场发挥。

参考文献

[1] 吴东方. 体育舞蹈 [M]. 北京：高等教育出版社，2016.

[2] 国家体育总局职业技能鉴定指导中心. 社会体育指导员国家职业资格培训教材——体育舞蹈 [M]. 北京：高等教育出版社，2012.

[3] 体育舞蹈运动教程编写组. 体育舞蹈运动教程 [M]. 北京：北京体育大学出版社，2016.

第五编　瑜　伽

第十七章　瑜伽概述

瑜伽是印度人民历经几千年，从实践中总结出的人体科学锻炼体系。它不只属于哲学，它还具有更为广泛的意义。本章介绍瑜伽的起源与发展，以及瑜伽的主要流派等，便于学习者更好地了解瑜伽这一运动项目。

第一节　瑜伽的起源和发展

一、瑜伽的起源

瑜伽起源于古印度，依据格奥尔格·福伊尔施泰因提出的瑜伽的七个阶段发展理论，瑜伽起源于前吠陀时代。大约8000年前，古印度人在喜马拉雅山上修炼秘术，他们将修炼的秘术传授给热情的追随者，并沿传至今。通过几千年的实践，总结出人体的科学锻炼方法。目前已经在全世界广为传播，发展成为今天的瑜伽。一直以来，瑜伽被称为“活化石”，它是印度文化遗产最早的展示之一。

瑜伽，梵文“Yoga”这个词源自“yujir”，意思是连接、结合、捆绑、附上等。“Yoga”也从“yuj”衍生而来，“yuj”的意思是限制，即一种贯注于冥想对象进而达成高度专一与平衡的精神状态。印度圣哲帕坦加利在《瑜伽经》第一章第二节中，描述瑜伽是对“心”的作用，约束心灵的变化即为瑜伽，也就是如果你能约束心灵不起涟漪，你就进入瑜伽理想状态。

B. K. S 艾扬格大师认为瑜伽是对全人类敞开的文化，无关宗教、肤色、种族、性别和年龄。瑜伽是一门现实哲学，而不是宗教信仰，不需要练习者对某个特定的理论体系忠贞不贰。长期练习瑜伽，会带给训练者心平气和、物我合一的感觉。

二、瑜伽的发展

目前，无论是在印度还是在其他地方，瑜伽已经进入了一个新的繁盛期。根据研究，现代学者将瑜伽的发展大致分为5个时期。

（一）原始瑜伽时期

原始瑜伽时期是根据印度河文明的出土文物和四吠院中赞歌描写推断的。印度河流域的出土文物有力地证明了瑜伽行法在印度源远流长。瑜伽的最早遗迹由莫蒂默·威勒爵于1922年在印度河谷的莫亨焦·达罗考古时发掘。其中一个上彩釉的印章陶器描绘了一位莲花式坐姿的男人，两位崇拜者伸展双手立于其两侧。此外，《梨俱吠陀》和《阿闼婆吠陀》中的有关描述说明了原始瑜伽的一些基本特征。但在原始瑜伽时期，瑜伽思想和行法尚未形成体系，因此，研究发现瑜伽在原始时期更多地体现为苦行。

（二）前古典瑜伽时期

前古典瑜伽自初期奥义书开始，是指包含在初期奥义书和印度史诗《摩诃婆罗多》，尤其是《薄伽梵歌》《解脱法》和《续神歌》中的瑜伽思想和行法。这一时期的瑜伽大部分建立在吠檀多不二论超验哲学基础上，瑜伽的观念和实践在与数论更紧密的联系中得到发展。因为这些发展大都记录在《摩诃婆罗多》中，因此前古典瑜伽又叫史诗瑜伽。

（三）古典瑜伽时期

古典瑜伽（自公元前200年始）来源于帕坦伽利的《瑜伽经》，在以后几世纪中随着众多注疏的出现而得到发展。它的哲学基础不再是吠檀多不二论，而是来自数论的二元论。公开宣称以严格的二元论立场来解释现实，因此，古典瑜伽是指由帕坦伽利的《瑜伽经》及其众多的注解文献发展而成的哲学体系。它又被称为“王瑜伽”，是印度哲学六大古典体系之一。

帕坦伽利虽然不是瑜伽的首创者，但他对瑜伽的体系化功不可没。他对瑜伽传统进行系统化时，引入了新的概念和术语。瑜伽行法至此形成了固定的八支，标志着这一修行体系的成形。

（四）后古典瑜伽时期

这一时期相当于公元200年到1900年。后古典瑜伽的一个重要特点是身体的修习成为核心，通过身体的修习可以直接达到解脱；另外就是，瑜伽与佛教、印度教合流，三者之间互相影响、互相融合。再者，在古典瑜伽的基础上以《瑜伽经》为中心出现派别林立的现象，具体有王瑜伽、河陀瑜伽、智瑜伽、坦多罗瑜伽、业瑜伽、赖耶瑜伽、军陀利尼瑜伽和奉爱瑜伽。在这一时期，印度瑜伽开始向域外传播，7至10世纪传入波斯，与此同时，中国内地和西藏也开始出现各种瑜伽派别。

（五）近现代瑜伽时期

近现代瑜伽时期是指从19世纪中后期至今的这一时期。在这一时期内，印度瑜伽传入西方并得到蓬勃发展。印度瑜伽是随着从英国殖民地撤回欧洲大陆的官员、士兵、旅行者和学者进入英国乃至整个欧洲大陆的。

瑜伽走出印度国门，传播到美国、中国乃至全世界，目前拥有众多的练习者。瑜伽学院和学校也发展迅猛，但大多是民间自发成立，教学质量参差不齐。瑜伽商业市场随着需求逐步扩大，包括瑜伽饮食、瑜伽服装、瑜伽辅具、瑜伽杂志、瑜伽旅游等。近几年，瑜伽在中国的发展相当快，专业的瑜伽俱乐部主要集中在北京、上海、杭州、广州、成都等大城市。

第二节　瑜伽的主要流派

作为修行和练功的方法，瑜伽也有多种体系，归纳起来主要有以下几种：智瑜伽、业瑜伽、信仰瑜伽、哈他瑜伽、王瑜伽、昆达利尼瑜伽等。现代社会又依据这些流派和体系派生出舞韵瑜伽、孕产瑜伽、空中瑜伽、亲子瑜伽、美容瑜伽、减肥瑜伽、热瑜伽、水中瑜伽等。下面对六种主要流派进行简要介绍。

一、智瑜伽

智瑜伽提倡培养知识理念，并认为寻常人与智瑜伽所寻求的知识有高等与劣等之别，阐述了两者之间的本质区别与获得途径，揭示了瑜伽师通过瑜伽实践，由外而内的修炼，最终获得真谛。

二、业瑜伽

业瑜伽也叫实践瑜伽。业是行为的意思，并认为人的行为受内在的控制。业瑜伽倡导通过内在的精神活动来引导更加完善的行为，通过极度克制的苦行，使自己的精神、情操、行为达到与梵合的最高境界。

三、信仰瑜伽

信仰瑜伽也称爱心瑜伽，专注于杜绝愚昧杂念，启发对梵的敬仰之心，以期与梵同在。信仰瑜伽认为智、业、信仰是相互联系的，知识是生活的基础，行为是生活的表现，三者相互联系，不可分离。

四、哈他瑜伽

“哈”指太阳，“他”指月亮，也称日月瑜伽。哈他瑜伽认为，人体包括两个体系：一为精神体系，一为肌体体系。因此哈他瑜伽主要通过对体式的练习、呼吸的配合以及身体的放松等达到健康身心的目的。

五、王瑜伽

如果说哈他瑜伽是打开瑜伽之门的钥匙，那么王瑜伽就是通往精神世界的一盏明灯。哈他瑜伽重在体式和制气，王瑜伽侧重意念和调息。王瑜伽提倡瑜伽的八支分法，并注重瑜伽冥想的修炼。

六、昆达利尼瑜伽

昆达利尼瑜伽又称蛇王瑜伽。昆达利尼认为人体周身存在 72000 条气脉、七大梵穴轮、一根主通道和一条尚未唤醒正处于休眠状态的圣蛇。昆达利尼瑜伽是瑜伽中较难练习的一种，练习者比较少。

第十八章　瑜伽体位法

瑜伽体位法即为体式，意思为做法和姿势。特指做出或保持某个姿势，并描述和定义这个姿势。体式练习能够保持身体的组织、细胞、循环、消化、呼吸、生殖、腺体系统处于健康平衡的状态。瑜伽的体式包括站立体式、坐立体式、前屈体式、后弯体式、扭转体式、倒立体式、恢复体式、流动体式等 8 种。

第一节　站立体式

我们从站立体式开始进入体式的学习，首先要学习双脚稳定的站立姿势，使重心均匀分配在双脚；其次，在做手臂和躯干的动作时，学习如何均匀分配重心，同时不改变体位。

一、山式

山式的梵文名称为“Tadasana&Samasthiti”，其体式见图 18-1。

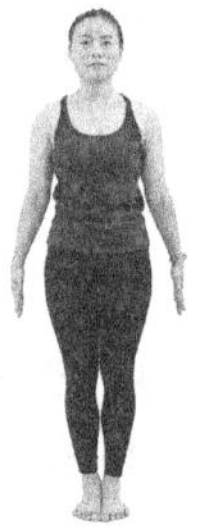

图 18-1　山式

（一）练习步骤

首先，站立姿势准备，双脚并拢，双脚大脚趾、脚踝和脚跟内侧靠拢。将身体重量均匀分于双脚掌。保持胫骨和股骨的端正，收紧大腿前侧肌肉并向后推，伸展腘绳肌，髌骨向上提。其次，伸直脊柱，胸腔扩张并上提，尾骨沉向下方。肩膀旋转向后，肩胛骨向内收紧。再次，手臂沿身体两侧伸直向下，五指伸展，力达指尖。最后，保持颈部、头部伸直，目视正前方，保持均匀呼吸。

（二）体式要点

山式中，伸展并张开脚底，身体重量均匀分配于双脚掌，小腿胫骨和股骨端正对位，伸展腘绳肌。大腿肌肉收紧并向后推，髌骨向上提。胸腔向上提，关注骨盆的端正。

（三）练习方法

（1）仰卧练习（图 18-2）：帮助身体感知正确的位置，形成正确的站姿。

图 18-2　仰卧练习

(2) 借助瑜伽砖练习（图 18-3）：两脚踝夹砖，激活大腿肌肉力量。

图 18-3　借助瑜伽砖练习

（四）体式功效

调整及改善弯腰、驼背等不良体态姿势，增加身体的平衡感和协调性，调整自主神经系统，让人心情愉悦等。

（五）学习建议

学习感知身体，感知身体每个部位之间的关系。学习对身体重心的控制，均匀分配力量，寻找其中的平衡。不能因为体式很简单，而忽略这个体式，实际上它是所有站立体式的基础，换句话说，所有瑜伽体式中都有山式的存在。

二、反转祈祷式

反转祈祷式的梵文名称为“Paschima Namaskarasana”，其体式见图 18-4。

图 18-4　反转祈祷式

（一）练习步骤

首先，山式站立；双臂置于身后，双手掌合十，手指指向下方。其次，稍拱背，转动手臂和手腕，使手指向上。再次，保持双手的姿势，滑动向上，使双手和肩胛骨在同一线上。伸展手指保持手掌心对推，转动肩膀向后，并沉肩向下，向两侧扩张胸腔，收紧背肌，使肩胛骨内收。最后还原时，放松手臂回到山式。

（二）体式要点

做动作时要保持高度专注，仔细体会大臂内旋过程中拉扯肩膀肌肉群的感受；始终保持胸腔扩张，收腹部，稳定脊柱。

（三）练习方法

(1) 靠墙练习：背部靠墙练习，帮助建立身体的端正姿态。

（2）身后互抱辅助练习：对于肩膀紧的人，可以用双手在身后相互抓握手肘关节，保持稍长时间，并左右交换练习。

（四）体式功效

灵活肩关节，改善肩膀的柔韧性。

（五）学习建议

如果不能完成完整体式，可以从双臂在背后互相抱肘关节或前臂开始练起。练习前应做好热身。

三、树式

树式的梵文名称为“Vrkasana”，其体式见图 18-5。

图 18-5　树式

（一）练习步骤

首先，山式站立；吸气，屈右膝并上提，右手握住右脚踝，将脚掌放于对侧大腿根部，脚跟靠近会阴，脚掌贴于大腿内侧，脚尖指向下，右髋打开，右侧臀肌收紧，膝盖向右侧展开。然后，吸气，双手上举至身体的正上方，双肩放松下沉，双眼平视前方，保持自然呼吸。最后，呼气，双手收回到胸前，并扶髋，右脚放下，回到山式。调整呼吸，左右交换练习。

（二）体式要点

体式中，弯曲腿的脚掌与支撑腿相互对抗；躯干两侧保持持续伸展向上，并沉肩；左右两侧髋保持一样高度。

（三）练习方法

（1）侧对墙练习（图 18-6）：用一手扶墙，帮助稳定重心。

图 18-6　侧对墙练习

（2）面对墙练习（图 18-7）：面对墙，双手指腹触墙，帮助稳定重心。

图 18-7　面对墙练习

（四）体式正误对比图

练习者在体式中，很容易左右两侧髋不一样高度，造成身体左右两侧不对称，屈腿一侧要主动下沉髋关节，使左右均衡，体式稳定。见图 18-8。

错误 1：脚掌不能放在膝盖内侧。

错误 2：两侧髋不在同一高度，髋关节过多向侧推，左右不均衡。

正确　　错误 1　　错误 2

图 18-8　树式正误对比

（五）体式功效

强健下肢力量，增强身体平衡能力。

（六）学习建议

对于平衡能力弱的同学，双手可以扶髋、合十、平行上举等。对于下肢和髋关节僵紧的同学，可以屈膝幅度小一些，多加强下肢的柔韧练习。

四、幻椅式

幻椅式的梵文名称为“Utkatasana”，其体式见图 18-9。

图 18-9　幻椅式

（一）练习步骤

首先，山式站立；手臂上举，保持手臂伸直。然后，弯曲双膝，臀部向下沉，使大腿与小腿夹角约 90°，双脚跟用力向下踩地，保持躯干挺直，胸腔上提，坐骨垂直向下，保持 5 到 10 个呼吸。最后，吸气，回到山式。

（二）体式要点

躯干保持伸展，胸腔上提；重心均匀分配在脚掌，初期练习时膝盖不要超过脚趾。

（三）练习方法

（1）面对墙练习（图 18-10）：面对墙，双手指腹扶墙，保持肩放松下沉。

图 18-10　面对墙练习

（2）背靠墙练习（图 18-11）：背部靠墙，大小腿的夹角不小于 90°，脚掌推地。

图 18-11　背靠墙练习

（四）体式正误对比图

体式中，躯干伸展不够，容易塌腰和颈部紧张。见图 18-12。

正确动作　　错误动作

图 18-12　幻椅式正误对比

（五）体式功效

增强背部肌肉和腹部器官，锻炼胸部的肌肉并伸展臀部肌肉，横膈膜在体式中得到提升，使心脏得到温和的按摩，强化下肢力量。

（六）学习建议

下肢力量不足的同学，先用辅助练习建立力量，再进入完整练习，下蹲的程度也应循序渐进。

五、三角伸展式

三角伸展式的梵文名称的“Utthita Trikonasana”，其体式见图 18-13。

图 18-13 三角伸展式

（一）练习步骤

首先，山式准备；吸气，双臂屈肘于胸前，双脚屈膝。然后，呼气，跳开或迈开呈四肢伸展式，双脚间距离约 100 厘米，保持双手侧平举，脚趾朝前。再次，吸气，右脚掌外旋 90°，大腿旋转朝正侧方，膝盖收紧，髌骨上提，整条腿保持在一条直线上，左脚尖稍内扣。最后，呼气，保持躯干和颈部的伸展，躯干向右倾，右手放在小腿胫骨上，靠近脚踝。手指向正上方，掌心朝前，躯干和头部向上方转动，眼睛看上方，保持 5 到 10 个呼吸；吸气，还原至四肢伸展式，进入左侧练习。

（二）体式要点

保持体式时，双脚掌有力推地；躯干和颈部保持伸展。

（三）练习方法

（1）利用墙壁辅助练习（图 18-14）：后侧脚跟抵住墙，前侧脚掌离墙约 10 厘米，身体背对墙，辅助身体停留在一个垂直面上。

图 18-14 利用墙壁辅助练习

（2）用砖辅助练习（图 18-15）：身体侧屈有限时，在下方手掌下垫砖支撑，帮助稳定体式。

图 18-15 用砖辅助练习

（四）体式正误对比图

上下手臂在一条直线上，双脚、膝盖、髋关节、躯干和头也应该在一个垂直面上。见图18-16。

图 18-16 三角伸展式正误对比

（五）体式功效

增强腿部肌肉力量，去除腿部和臀部的僵硬，纠正腿部畸形，使腿部能够均匀地发展，同时它还能缓解背部疼痛以及颈部扭伤，增强脚踝，强健胸部等。

（六）学习建议

三角伸展式是学习躯干侧屈的体式，重心点会偏移，对身体的控制需要很强的能力，初次学习可以将上方手臂先扶髋，注意力重点放在下肢和躯干，同时，双眼首先保持向前，当体式稳定后，双眼向上看，伸展上方手臂。

六、战士Ⅰ式

战士Ⅰ式的梵文名称为“Virabhadrasana Ⅰ”，其体式见图 18-17。

图 18-17 战士Ⅰ式

（一）练习步骤

首先，山式准备；吸气，双臂屈肘于胸前，双脚屈膝，呼气，跳开或迈开呈四肢伸展式，双脚间距离约 100 厘米，保持双手侧平举，脚趾朝前。然后，吸气，双臂上举，上提胸腔，右脚掌外旋 90°，大腿旋转朝正侧方，膝盖收紧，髌骨上提，整条腿保持在一条直线上，左脚尖向内旋转 60°，躯干转向右侧，左右两脚跟在一条直线上（初学者可以左右留出一定空间），骨盆中正，尾骨向下沉，保持身体正直。再次，呼气，蹬后方腿，屈前腿膝盖，膝盖与脚尖同方向，小腿与地面垂直，大腿与地面平行，并保持 5 到 10 个呼吸。最后，吸气，转回前方，练习左侧，然后回到山式。

（二）体式要点

在体式中，要保持躯干从髋部到头部垂直地面的控制，其中持续保持髋关节的端正是重点。

（三）练习方法

（1）脚跟蹬墙辅助练习（图 18-18）：身体背对墙，后侧脚跟抵住墙，辅助下肢的根基稳定。

图 18-18　脚跟蹬墙辅助练习

（2）用瑜伽砖和墙壁辅助练习（图 18-19）：面对墙练习，在前方屈膝腿和墙之间放一块砖，小腿垂直地面，手扶墙。

图 18-19　用砖和墙辅助练习

（四）体式正误对比图

由于该体式是一个左右两侧不对称的体式，骨盆不容易摆正，而且战士 I 式在一定程度上是后弯体式，很容易肋骨突出、塌腰，造成腰椎挤压的错误动作（图 18-20）。

正确动作　　错误动作

图 18-20　战士 I 式的正误对比

（五）体式功效

缓解肩颈和背部的疼痛和僵硬，加强脚踝和膝盖的力量，同时减少臀部脂肪。战士Ⅰ式是比较耗费体力的，建议心脏较弱的人不要做这个体式，或者双手上举后，胸腔不要充分打开，先把手放下来扶髋，与此同时加强背部力量和肩部力量。

（六）学习建议

初学者可以将脚跟抵住墙，将手扶髋进行练习，重点关注髋关节的端正，待控制能力增强后，可以将手上举至正上方。

七、战士Ⅱ式

战士Ⅱ式的梵文名称为“Virabhadrasana Ⅱ”，其体式见图18-21。

图18-21　战士Ⅱ式

（一）练习步骤

首先，山式站立；吸气，双臂屈肘于胸前，双脚屈膝。其次，呼气，跳开或迈开呈四肢伸展式，双脚间距离约100厘米，保持双手侧平举。再次，吸气，右脚掌外转90°，大腿旋转朝正侧方，膝盖收紧，髌骨上提，整条腿保持在一条直线上，左脚掌微内扣，右脚脚跟与左脚在一条直线上，膝盖骨上提，大腿外旋。接着，呼气，蹬左腿，屈右腿膝盖，膝盖与脚尖同方向，小腿与地面垂直，大小腿呈90°，右脚脚趾与膝盖保持在一条直线；转头看右手指尖的延长线，并保持5到10个呼吸。最后，吸气，蹬直右腿转回前方，练习左侧，然后回到山式。

（二）体式要点

体式中，要保持躯干从髋部到头部垂直地面。

（三）练习方法

（1）靠墙辅助练习（图18-22）：身体背对墙，后侧脚跟靠墙，沿墙面舒展身体，辅助身体控制身体在一个垂直面上。

图18-22　靠墙辅助练习

（2）用瑜伽椅辅助练习（图18-23）：将瑜伽椅放于瑜伽垫上，以侧弓步跨立在椅子上，辅助建立下肢力量。

图 18-23　用瑜伽倚辅助练习

（四）体式正误对比图

练习时容易出现躯干不端正、塌腰的错误动作。见图 18-24。

正确动作　　错误动作

图 18-24　战士Ⅱ式正误对比

（五）体式功效

通过练习这个体式，可以使腿部肌肉更为匀称和强健，它也可以缓解小腿和大腿肌肉痉挛，增强腿部和背部的肌肉弹性。

（六）学习建议

初期练习很难注意到双腿和双臂，可以双手扶髋，分别练习某一部分，比如：一脚抵墙，先注意屈膝腿的姿势和角度，再练习后侧腿的发力，最后将双臂伸展开，体会完整练习。

八、战士Ⅲ式

战士Ⅲ式的梵文名称为“Virabhadrasana Ⅲ”，其体式见图 18-25。

图 18-25　战士Ⅲ式

（一）练习步骤

从战士Ⅰ式开始，以右侧为例。

首先，呼气，进入战士Ⅰ式。然后，吸气，躯干和手臂在右腿上方向前伸展。呼气，躯干也随之向手臂的方向移动，右腿伸直并提起左腿向上使之与地板平行。向前伸直手臂和躯干，双手可以合掌，同时向后伸直左腿，整个身体、手臂、躯干和左腿在一条直线上，与地面平行，向内旋转左腿使左腿向正下方，右腿伸直并垂直于地面，保持 5 到 10 个呼吸。最后，屈右膝，左脚落地，躯干立直，回到战士Ⅰ式。伸直右腿并返回山式，练习另一侧。

（二）体式要点

体式中，身体的重心均匀分配在整个脚掌；背部和腹部的肌肉要收紧。

（三）练习方法

（1）用瑜伽砖辅助练习（图 18-26）：背对墙练习，后侧脚掌蹬墙，高度稍高于臀部，双手支撑在瑜伽砖上，辅助背肌收紧，稳定体式。

图 18-26　用瑜伽砖辅助练习

（2）用瑜伽椅辅助练习（图 18-27）：面朝瑜伽椅，双臂伸展向前，掌心相对，将手腕放于椅背上，保持身体稳定在体式中。

图 18-27　用瑜伽椅辅助练习

（四）体式正误对比图

练习体式时，很容易出现耸肩、驼背等错误动作，要练习好战士Ⅲ式，需逐步加强身体的肌肉训练。见图 18-28。

正确动作　　错误动作

图 18-28　战士Ⅲ式正误对比

（五）体式功效

这个体式传递的是和谐、平衡的力量。它能帮助练习者收缩和加强腹部器官，强健腿部肌肉力量，使腿部肌肉更为匀称和强健，提高身体的平衡能力。

（六）学习建议

初学这个体式的同学，不容易站稳，可以采取分解法练习，先利用辅助练习，建立局部力量，如果腿部不容易抬起，则从手臂向下的辅助支撑开始练习，逐步建立力量，最后完成练习。

九、侧角伸展式

侧角伸展式的梵文名称为“Utthita Parsvakonasana”，其体式见图 18-29。

图 18-29　侧角伸展式

（一）练习步骤

从战士Ⅱ式开始，以右侧为例。

首先，吸气，进入战士Ⅱ式。然后，呼气，身体在一个平面内向右移动侧弯，两侧腰部保持等长伸展，右手放于右脚掌外侧地面，右臂或肩头紧贴右膝外侧，左臂贴耳伸展，伸展身体的脊柱，整个身体的左侧在一条直线上，头转向上方，从大臂内侧向上看。保持 5 到 10 个呼吸。最后，吸气，蹬直右腿还原至四肢伸展式，再进入左侧练习。

（二）体式要点

体式中，双腿有力，胸腔充分展开，脊柱从髋部到颈部都在一条直线上。

（三）练习方法

（1）下方手屈肘放于膝盖上的辅助练习（图 18-30）：当练习者躯干做侧屈时，做不到手掌撑地或手掌撑地后胸腔不能舒展打开，这时可以手臂屈肘支撑在膝盖上练习。

图 18-30　辅助练习（一）

（2）借助墙壁和瑜伽砖辅助（图 18-31）：背部靠墙练习，后侧脚跟靠墙并稍内扣，练习时，下方手支撑在瑜伽砖上，上方手伸展向斜上方，辅助身体稳定在一个垂直面上。

图 18-31　辅助练习（二）

（四）体式功效

缓解坐骨神经痛和关节的疼痛，减少腰部和臀部的脂肪，增加肠道的蠕动，促进排泄。

（五）学习建议

初学的同学可以先将上方手臂扶髋，注意力放在下肢和躯干的正确练习上，熟练后再伸展手臂。

十、半月式

半月式的梵文名称为“Ardha Chandrasana”，其体式见图 18-32。

图 18-32　半月式

（一）练习步骤

首先，吸气，进入三角伸展式（以右侧为例）。其次，呼气，屈右膝，将右手放在右脚尖前方大概 30 厘米的位置，身体的重心移到右腿，右手撑地面或者瑜伽砖，同时，左脚跟向前移动半步，接近右脚，重心移至右脚掌和手掌之间。再次，呼气，左手扶髋，将左腿抬离地面，并使左脚平行于地板，脚尖向前，右腿垂直于地板，将髋打开向前。将左手臂向上伸直，与肩在一条直线上，指尖指向天花板。转头向上，眼睛看向手指尖的方向，保持 5 到 10 个呼吸。最后，呼气，屈右膝，回到三角式，再回到四肢伸展式，换另一侧练习。

（二）体式要点

胸腔左右两侧充分舒展，髋关节打开向前，整个身体舒展有力。

（三）练习方法

（1）利用墙和瑜伽砖辅助练习（图 18-33）。

图 18-33　利用墙和砖辅助练习

（2）借助瑜伽椅辅助练习（图 18-34）。

图 18-34　借助瑜伽椅辅助练习

（四）体式正误对比图

半月式是综合体式，需要很强的专注力，同时对髋关节的灵活性，对腿部、腹背部的肌肉力量要求很高，练习时很容易出现体式塌陷不稳定和髋关节不舒展的问题。见图 18-35。

正确动作　　　　错误动作

图 18-35　半月式正误对比

（五）体式功效

舒展胸腔，强健髋关节与腿部肌肉相连的神经，使腿部肌肉更为匀称，对腿部受过伤或者感染过的人非常有益，同时，这个体式有助于增强平衡力和专注力。

十一、门闩式

门闩式的梵文名称为“Parighasana”，其体式见图 18-36。

图 18-36　门闩式

（一）练习步骤

首先，跪立，双腿并拢，小腿向下推压垫子，双手扶髋；右腿向右侧伸展，伸展的右腿与左膝在一条直线上，右脚尖绷直。其次，吸气，双手向两侧平举。再次，呼气，躯干向右侧屈，右手臂顺右腿向下伸展至右脚踝，左手伸展向上，掌心朝右，转头看左上方。最后，吸气，提起躯干还原至第 1 步，再练习另一侧。

（二）体式要点

体式中始终保持屈腿侧的小腿、脚踝向下压。

（三）练习方法

（1）借助墙壁辅助练习（图 18-37）：侧对墙跪立，一脚掌蹬墙，辅助伸展腿一侧的肌肉力量启动。

图 18-37 借助墙辅助练习

（2）借助瑜伽砖辅助练习（图 18-38）：在伸展腿的脚掌下放置瑜伽砖，前脚掌踩在砖上，辅助腿部肌肉力量启动。

图 18-38 借助砖辅助学习

（四）体式说明

门闩式是瑜伽辅助体式，能改善三角伸展式和侧角伸展式的练习，门闩式伸展躯干两侧。避免在扭转三角式和扭转侧角伸展式练习中腹部痉挛。

（五）体式功效

强健脊椎及脊椎旁侧肌肉，按摩腹部及盆腔器官，强健各肌肉及手脚趾关节，减少腰、腿部脂肪，对于背部僵紧的人群有一定舒缓作用。

十二、加强侧伸展式

加强侧伸展式的梵文名称为“Parsvottanasana”，其体式见图 18-39。

图 18-39 加强侧伸展式

（一）练习步骤

首先，山式站立，跳开或走开进入四肢伸展式，双腿分开 90 到 110 厘米，双手扶髋；呼气，右腿向右转动 90°，左脚向内旋 60°到 70°，转身向右，骨盆端正。其次，吸气，提起胸腔、腹部、骨盆，抬头眼向上看；呼气，躯干向前伸展，并屈髋使之与地板平行。双手放下，双手指尖分别放到右脚两侧的地面上。吸气，保持背部肌肉收紧，挺直背部，眼看向正前方。再次，呼气，躯干向下，使腹部靠向与大腿。头部放在小腿胫骨上，双眼看向右脚跟。注意力放在双腿的持续发力和骨盆的中正，保持 5 到 10 个呼吸。最后，吸气，抬头眼看正前方。

（二）体式要点

练习中，注意力放在双腿的持续发力和骨盆的中正，这也是完成体式的难点。

（三）练习方法

（1）借助瑜伽砖辅助练习（图 18-40）：躯干前屈能力不够的人，可以双手支撑在瑜伽砖上辅助练习。

图 18-40　借助瑜伽砖练习

（2）借助瑜伽椅辅助练习（图 18-41）：双手臂放于瑜伽椅面或横杆上，可以帮助腹部、背部肌肉力量不足的人进行练习，增强肌肉力量和柔韧性。

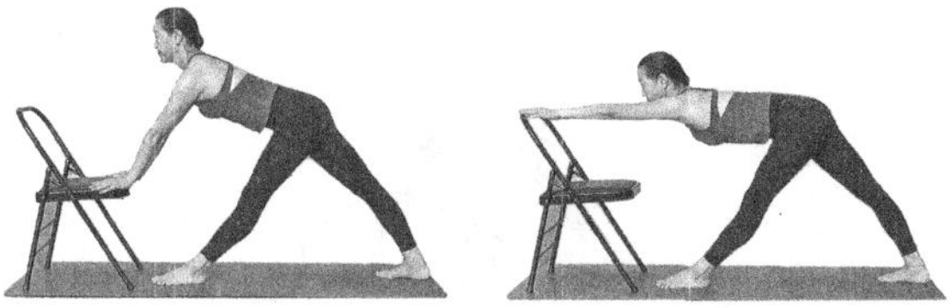

图 18-41　借助瑜伽椅练习

（四）体式正误对比图

练习加强侧伸展式时，要避免拱背低头，应该保持脊柱的伸展。不低头，保持颈部自然伸展，躯干靠向腿部时，首先是腹部贴向腿部，依次胸部、头部（图 18-42）。

正确动作　　　　错误动作

图 18-42　加强侧伸展式正误对比

（五）体式功效

缓解腿部和臀部肌肉的紧张和僵硬，使髋关节更灵活，使脊椎更有弹性。

（六）学习建议

建议分两步学习，首先学习身体与地面平行（背部凹陷），双手支撑地面；完全掌握后，才能练习将躯干靠向腿的完整练习。这样可以防止腿部肌肉受伤。

十三、双角式

双角式的梵文名称为“Prasarita Padottanasana”，其体式见图 18-43。

图 18-43 双角式

（一）练习步骤

首先，山式站立，吸气，双臂扶髋，双脚屈膝，呼气，跳开或迈开，双脚间距离约 100 厘米，脚趾朝前。其次，吸气，提起胸腔、腹部、骨盆，保持背部凹陷，抬头眼向上看；呼气，以腹股沟为支点前屈，保持背凹，身体向前向下，与地面平行，双手指腹支撑地板。再次，呼气，身体继续向前向下，弯曲手肘，头顶接触地面，身体的重量放在两腿上，双脚、双手以及头部在一个垂直面上（如果保持在一个垂直面上有困难，则将手和头向前移动一点），手肘内夹，保持胸腔舒展。停留 5 到 10 个呼吸。吸气，提起躯干，抬头看前方，停留 1 到 3 个呼吸。最后，吸气，双手扶髋，躯干直立，收回双脚，回到山式。

（二）体式要点

进入体式后保持双腿持续下蹬，大腿肌肉收紧，沉肩膀，放松脖颈。

（三）练习方法

（1）借助瑜伽砖的辅助练习（图 18-44）：练习时，头顶支撑在瑜伽砖上，稳定呼吸和头部。

图 18-44 借助瑜伽砖练习

（2）借助墙面的辅助练习（图 18-45）：面对墙练习，身体前屈后双手撑地，将重心前移，使肩膀靠在墙上，保持身体在最大伸展幅度，稳定呼吸。

图 18-45 借助墙练习

（四）体式功效

该体式可以缓解腿部和臀部肌肉的僵硬，使腿部肌肉和外展肌得到完全伸展。同时，体式有助于血液回流到躯干和头部。

十四、加强前屈伸展式

加强前屈伸展式的梵文名称为“Uttanasana”，其体式见图 18-46。

图 18-46　加强前屈伸展式

（一）练习步骤

首先，山式站立；吸气，双手扶髋，伸展胸腔、腹部、骨盆，抬头眼向上看。其次，呼气，躯干前屈，手指尖撑地，放于双脚掌两侧，保持背部挺直，侧腰伸展。停留 2 到 3 个呼吸；呼气，躯干靠向腿部，将头靠向小腿。眼睛注视鼻尖，大腿肌肉收向上，同时推向后，下腰部保持伸展，肩沉向腰，保持 5 到 10 个呼吸。再次，吸气，背部挺直。最后，双手扶髋，还原至山式。

（二）体式要点

进入体式后，躯干靠向腿部，将头靠向小腿内侧。眼睛注视鼻尖，双脚下蹬，大腿肌肉向上收，腰部保持伸展，肩下沉。

（三）练习方法

（1）借助墙面辅助练习（图 18-47）：身体面对墙进行练习，双手推墙，帮助端正脊柱。

图 18-47　借助墙练习

（2）借助瑜伽砖辅助练习（图 18-48）：练习时在手掌下方垫砖，辅助屈髋练习。

图 18-48　借助砖练习

（四）体式功效

练习倒立体式容易头部沉重、脸部充血或其他不适者，可以先练习加强前屈伸展式来适应。该体式还可以缓解胃部的不适，强健肝脏、脾脏和肾脏；减缓心跳，平定情绪。

十五、下犬式

下犬式的梵文名称“Adho Mukha Svanasana”，其体式见图 18-49。

图 18-49　下犬式

（一）练习步骤

首先，四角跪姿准备，双手双脚打开与肩同宽，双手在双肩的正下方，双膝在髋部的正下方。然后，呼气，双脚脚后跟向下踩，臀部向后向上，将坐骨推到最高点，身体呈倒“V”形。膝盖伸直，大腿肌肉收紧，髌骨向上提，脚后跟、膝盖窝到臀部坐骨一条直线，双手五指、掌根用力推地，均匀发力，手臂、躯干到坐骨一条直线，手臂由腋窝处向外转动，放松双肩和脖子，头部和脊柱在一条直线上，腋窝充分舒展。保持 5 到 10 个呼吸。最后，呼气，双膝落地，还原至四角跪姿。

（二）体式要点

体式中，手臂保持有力的向前下方推地，使力量沿着手臂和躯干向后传递到坐骨，使腋窝主动打开；另一个力量是双大腿肌肉收紧向身后推，使膝盖后侧被动打开，弱化脚跟向下踩的力，防止膝盖超伸（超伸是指关节超出正常伸展的结构）。

（三）练习方法

（1）借助墙壁辅助练习（图 18-50）：背对墙壁练习，双脚跟蹬在墙上，辅助脊柱伸展，稳定躯干的伸展。

图 18-50　借助墙练习

（2）借助瑜伽椅辅助练习（图 18-51）：面对瑜伽椅练习，双手掌放于瑜伽椅上，辅助躯干的伸展。

图 18-51　借助瑜伽椅练习

（四）体式正误对比图

练习下犬式时，如果大腿后侧腘绳肌和臀部肌肉僵紧，很容易拱背含胸，在练习时可以采用微屈膝，释放腿部的伸展压力，再慢慢伸展肩部和背部，逐步过渡到完整练习。见图 18-52。

正确动作　　错误动作

图 18-52　下犬式正误对比

（五）体式功效

增强手臂、腿部、躯干的力量，锻炼腰背部的肌肉，强化背部力量，矫正驼背等不良体态。

十六、站立手抓脚趾伸展式

站立手抓脚趾伸展式的梵文名称为“Utthita Hasta Padangusthasana”，其体式见图18-53。

图 18-53　站立手抓脚趾伸展式

（一）练习步骤

首先，山式站立；吸气，双手扶髋，屈右膝，用右手的食指、中指和大拇指勾住右脚大脚趾，保持身体的平衡。然后，呼气，慢慢地将右腿向前上方蹬，伸直膝盖，保持两侧髋在一个水平高度，身体稳定后，保持5到10个呼吸。最后，屈右膝，慢慢地将腿还原到山式，换另一侧练习。

（二）体式要点

支撑腿收紧向后侧推；上方腿的大腿肌肉收紧向上提；躯干挺直。

（三）练习方法

（1）借助墙壁辅助练习（图18-54）：面对墙面练习，一条腿站立支撑，另一条腿脚掌蹬墙，高度越高越好，但是髋部要保持端正。

图 18-54　借助墙练习

（2）手扶墙辅助练习（图18-55）：侧对墙练习，单手扶墙，辅助稳定体式，建立信心。

图 18-55　手扶墙练习

（四）体式正误对比图

练习时容易犯的错误是拱背、左右髋关节一高一低。练习站立手抓脚趾伸展式时，容易失去身体的线性，从正面看身体容易向支撑腿一侧倾斜，从侧面看身体容易被腿部向下拉。见图 18-56。

图 18-56　站立手抓脚趾伸展式正误对比

（五）体式功效

强壮腿部肌肉，提高专注力和身体的平衡感，同时灵活髋关节。

（六）学习建议

它是一个综合类的体式，对身体素质要求很高，初次学习这个体式，首先适应单腿的支撑和平衡，加强双腿的力量，同时增强大腿后侧肌群和髋关节周围肌肉的伸展性，逐步过渡到完整练习。

第二节　坐立体式

生活中，我们坐的时间越来越长，如果身体长时间处于坐的状态，那么身体的各个部位就会出现问题。瑜伽的各种坐立体式，可以激活双腿、脊柱，以及全身大小关节，可以增强肌肉力量，使身体恢复活力。

一、手杖式

手杖式的梵文名称为“Dandasana”，其体式见图 18-57。

图 18-57　手杖式

（一）练习步骤

首先，在瑜伽垫上坐下来，双腿向前伸直，双脚掌并拢，脚趾指向正上方，保持脚掌向前蹬，保持脚跟在地面，稳定双腿的位置。其次，大腿前侧肌肉收紧，并向下压，使膝盖充分伸直，后侧膝盖窝舒展。坐骨向下推地，脊柱伸展向上，骨盆、腹部和胸腔上提。再次，双肩向两侧舒展，并向后旋转肩部骨骼，肩下沉，双手放于髋部两侧的地面，双臂伸直。最后，头部和颈部正直，眼睛注视前方。

（二）体式要点

大腿前侧肌肉收向腿的根部，并向下推压；肩胛骨、骶骨要收进身体里；骨盆、腹部和胸腔向上提。整个身体从侧面看，呈 90°。

（三）练习方法

借助毛毯和伸展带辅助练习。

（四）体式功效

帮助身体打开横膈膜，缓解腹部胀气，减轻胃部疾患。这个体式收紧腰部，有助于消除腰部脂肪，强健肾脏。

二、束角式

束角式的梵文名称为“Baddha Konasana”，其体式见图 18-58。

图 18-58　束角式

（一）练习步骤

首先，手杖式坐立，两腿屈膝，脚跟靠向会阴，脚掌相对。脚跟靠近会阴，双膝远离髋部并下沉。然后，吸气，双手十指交扣环抱双脚，胸腔上提，肩旋转向后，呼气，躯干前倾，角度可以根据身体的状况而定，双眼注视前下方。保持一会儿，观察双腿的展开和躯干的上提。最后，吸气，躯干回正，伸直双腿，回至手杖式。

（二）体式要点

体式中，始终保持躯干上提、脊柱伸展、腹部收紧、双膝下沉。

（三）练习方法

（1）借助双手下压双膝打开腹股沟练习（图 18-59）：练习时，保持背部挺直，双手掌向下推压双膝向下，辅助灵活髋部。

图 18-59　辅助练习（一）

（2）借助墙壁辅助练习（图 18-60）：在体式中躯干伸展有困难的人用墙壁辅助，可以很好地舒展胸腔，背部挺直。

图 18-60　辅助练习（二）

（四）体式正误对比图

练习束角式时，当躯干向前送时，由于臀大肌及大腿肌肉的僵紧，背部容易向后拱出，含胸驼背，用吸气挺直躯干，胸腔向前上方送出，幅度可以稍小一点，使脊柱充分伸展，侧腰也伸展。见图 18-61。

正确动作　　　　错误动作

图 18-61　束角式正误对比

（五）体式功效

促进骨盆、腹部的血液循环，强化生殖系统，保持肾脏、前列腺和膀胱的健康，消除坐骨神经痛；缓解痛经，适合女生生理期练习。此体式不适合髋关节炎和膝关节炎患者练习。

三、坐角式

坐角式的梵文名称为"Upavistha Konasana"，其体式见图 18-62。

图 18-62　坐角式

（一）练习步骤

首先，手杖式坐立，依次向两侧伸出双腿，双腿的距离根据身体的状况而定。双腿伸直，脚趾指向正上方。其次，双手分别放在髋关节两侧，保持呼吸。再次，吸气，躯干伸展向上，骨盆、腹部和胸腔上提。呼气，躯干向前倾，双手向前伸展，也可以向两侧抓脚尖，保持呼吸，停留一会儿。最后，吸气，还原至手杖式。

（二）体式要点

体式中，大腿后侧、膝盖和小腿肌肉下压，躯干伸展向上，骨盆、腹部和胸腔上提。

（三）练习方法

（1）借助墙壁练习（图 18-63）：仰卧，双腿伸直向上，臀部紧贴于墙上，双腿向两侧分开，左右脚掌始终回勾，而且要调整至一样高度，保持这个姿势。

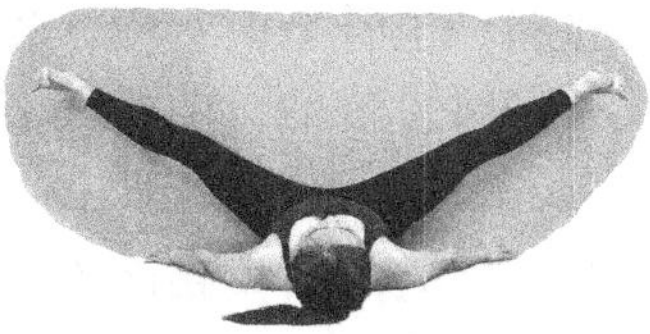

图 18-63　借助墙练习

（2）借助瑜伽椅练习（图 18-64）：手杖式分开双腿，双手伸展放在瑜伽椅上，保持这个姿势。

图 18-64　借助瑜伽椅练习

（四）体式正误对比图

练习坐角式时，由于臀腿部后侧僵紧，易出现含胸、骨盆后倾，可以通过靠墙练习逐步改善。见图 18-65。

正确动作　　错误动作

图 18-65　坐角式正误对比

（五）体式功效

促进骨盆区域的血液循环，缓解坐骨神经痛。

四、简易坐

简易坐的梵文名称为“Svastikasana”，其体式见图 18-66。

图 18-66　简易坐

（一）练习步骤

首先，手杖式坐立；屈右膝，右脚放于左大腿下方，屈左膝放于右大腿下方，脚背着地。然后，坐骨向下推，脊柱伸展，上提胸腔，侧腰伸展，头端正，双手放于膝盖上，自然屈肘，保持呼吸。最后，吸气，松开双脚伸直，还原至手杖式。

（二）体式要点

双膝尽量与髋部等高或略低于髋部；坐骨坐实垫面，骨盆微微向前转动，胸腔上提，脊柱向上立直，并垂直垫面，拱背或者身体过度伸直前倾，都是错误的，腹部微内收向上。

（三）练习方法

初学者在做这个体式的时候，如果坐立的时候腰部不适，可以先借助辅助练习，在臀部垫砖或者抱枕等，尽量让身体找到舒展的感觉，然后再进入深度练习。

（1）借助瑜伽砖辅助练习（图 18-67）：练习时，在双膝下方垫砖，辅助稳定体式。

图 18-67　借助砖练习

（2）借助墙壁辅助练习（图 18-68）：练习时，背靠墙，使躯干挺直，辅助端正体式。

图 18-68　借助墙练习

（四）体式功效

简易坐是瑜伽的基本坐姿之一，也用于呼吸法的练习。看起来很简单，但能够完全做正确也并不简单。简易坐常与瑜伽手印结合，被用来做瑜伽冥想，尤其是瑜伽初学者，通常采用这种坐姿形式。

五、英雄坐

英雄坐的梵文名称为“Virasana”，其体式见图 18-69。

图 18-69　英雄坐

（一）练习步骤

首先，金刚跪姿准备，吸气，双手前落，重心前移，将小腿分开，脚趾保持向后伸展。其次，头顶着地，双手掌心朝后，用手掌向后推小腿肌肉，再向外拨。再次，双手推压住小腿肌肉，等臀部坐于两小腿间后，双手抽出放于身体旁侧，指腹撑地。保持 5 到 10 个呼吸。最后，抬起臀部，回到金刚跪姿。

（二）体式要点

练习时保持双膝并拢，脊柱端正挺拔。

（三）练习方法

由于大小腿肌肉以及膝踝关节的灵活性不够，会有一部分人进入体式有一定问题，通过使用瑜伽毛毯、瑜伽砖辅助练习，可以很好地缓解不适，循序渐进地练习。

（1）借助瑜伽砖辅助练习（图 18-70）：将瑜伽砖支撑在臀部下方辅助，减少膝盖的压力。

图 18-70 借助砖练习

（2）借助瑜伽砖和毛毯辅助练习（图 18-71）：将瑜伽砖和毛毯平铺在臀部下方，辅助完成体式。

图 18-71 借助砖和毛毯练习

（四）体式功效

英雄式可以增加膝盖灵活度，消减双腿的脂肪；缓解两脚脚跟的疼痛，促使形成适当的足弓度；还可以缓解膝盖由于痛风和风湿症所引起的疼痛。

六、牛面式

牛面式的梵文名称为“Gomukhasana”，其体式见图 18-72。

图 18-72 牛面式

（一）练习步骤

首先，金刚坐姿准备；吸气，双手体前撑地，重心前移，抬起弯曲的左膝，与右膝交叉，双膝上下交叠在一条垂线上，小腿向两侧略微分开，伸展脚踝，臀部坐于两脚之间，左右坐骨均匀着地。然后，吸气，双手举至头顶，呼气，左手向上伸直，向外旋屈肘，右手向下落，做内旋屈肘手背贴背心；双手互相抓握，保持自然呼吸，停留 5 到 10 个呼吸。最后，呼气，还原双手上举，再练习相反方向。

（二）体式要点

左右两侧坐骨要一样高，臀部不离地；脊柱伸展，躯干两侧均匀伸展；肩胛骨下沉，双手相互拉扯，手肘向后向上伸展，上方手臂外旋，下方手臂内旋；脖颈自然伸展。

（三）练习方法

（1）借助伸展带辅助上肢练习（图 18-73）：双手分别抓紧伸展带进行练习。

图 18-73　借助伸展带练习

（2）借助瑜伽砖辅助练习（图 18-74）：双手放于膝关节两侧扶地面，将头放在瑜伽砖上，保持颈部放松。停留时间可以稍长，自然呼吸。

图 18-74　借助砖练习

（四）体式正误对比图

练习时，由于髋关节灵活性不够，坐骨会一高一低，双肩也会不一样高，身体姿态不端正。要克服这一点，必须先调整坐骨，左右端正，才能使躯干及手臂动作深入练习，见图 18-75。

正确动作　　　　错误动作

图 18-75　牛面式正误对比

（五）体式功效

改善身体的血液循环，灵活身体各个部位的关节，与之相关的肌肉也可以得到有效加强。肩关节、髋关节、膝关节或脚腕受伤者禁止练习。

七、金刚坐

金刚坐的梵文名称为“Vajrasana”，其体式见图 18-76。

图 18-76　金刚坐

（一）练习步骤

首先，跪立在垫面上，双脚双膝并拢，臀部坐在脚后跟上。然后，吸气延展脊柱，呼气双肩放松下沉。最后，双手合十放于胸前，或者大腿上，或自然放于身体两侧。保持 5 到 10 个呼吸。

（二）体式要点

脚背伸展紧贴地面，膝关节相互紧靠，脊柱伸展，胸腔舒展。

（三）练习方法

借助瑜伽毛毯辅助练习：练习该体式有困难的人，可以将毛毯卷放在膝关节窝处缓解，如果还困难，可以将瑜伽砖放在臀部和脚跟间辅助练习。见图 18-77。

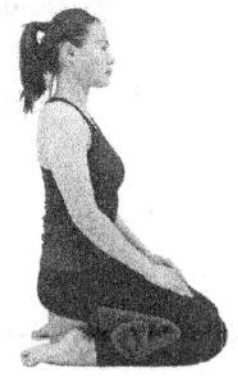

图 18-77　借助瑜伽毛毯练习

（四）体式功效

调理肠胃，促消化；伸展大腿、小腿肌肉，灵活踝关节。这个体式可以治疗膝关节风湿和痛风。脚踝的伸展，有助于形成正确的足弓。对于脚后跟疼痛的人，也可以起到缓解作用。

八、至善坐

至善坐的梵文名称为“Siddhasana”，其体式见图 18-78。

图 18-78　至善坐

（一）练习步骤

首先，手杖式坐立；弯曲左膝，用双手托住脚踝，将左脚后跟贴近会阴，左脚脚跟抵住右大腿。其次，弯曲右膝，托右脚踝，放于左脚踝上，右脚脚后跟抵着耻骨。右脚掌放于左腿大小腿之间。再次，双手臂向前伸，掌心朝上。拇指和食指并拢，头颈部挺直，视线向内仿佛在注视着自己的鼻尖，保持 10 个以上呼吸或更长时间。最后，松开双脚，放松一会儿，将脚的位置交换练习。

（二）体式要点

体式中，保持背部、颈部和头部伸展，视线向内仿佛注视鼻尖。

（三）练习方法

初学者可以借助瑜伽砖或毛毯垫在臀部下方辅助练习。

（四）体式功效

这个体式对于缓解膝关节和踝关节僵紧很有好处；这个体式也是呼吸控制和冥想的体式。

九、莲花式

莲花式的梵文名称为“Padmasana”，其体式见图 18-79。

图 18-79　莲花式

（一）练习步骤

首先，手杖式准备，屈左膝，将左脚放在右大腿的腹股沟处，屈右膝将右脚放在左膝的下方。然后，屈右膝将右脚放在左大腿的腹股沟处，身体向上，立直脊柱。最后，双手放在双膝上，掌心朝上（或掌心朝下），大拇指与食指轻触。

（二）体式要点

体式中，从身体的底部到头顶保持正直，胸腔舒展。

（三）练习方法

（1）借助瑜伽砖的辅助练习（图 18-80）：由于莲花式对髋关节和膝关节的灵活性要求高，通常会出现一侧膝盖高、髋部紧张等问题，可以将瑜伽砖支撑在高膝盖下，缓解紧张，辅助完成体式。

图 18-80　借助砖练习

（2）借助瑜伽抱枕辅助练习（图 18-81）：莲花坐姿，躯干向后躺在抱枕上，毛毯卷放在颈部下方。

图 18-81　借助瑜伽抱枕练习

（四）体式功效

该体式可以缓解肌肉紧张，降低血压。但对于瑜伽初学者来说，冥想时做这个体式比较难，前期的练习，建议使用简易坐。

十、船式

船式的梵文名称为“Navasana”，其体式见图 18-82。

图 18-82　船式

（一）练习步骤

首先，手杖式准备；呼气躯干向后靠，同时从地面抬起双脚，膝盖绷紧，脚趾朝前，身体的平衡仅靠臀部保持，脊柱的任何一个部分都不能接触地面，腿部与地板保持 60°到 65°的夹角，腿的高度要超过头部。然后，双手离开地面，双臂向前伸展，与地板平行，靠近大腿，肩部和手掌应该在一条水平上，手掌相对。最后，放下双手双腿，平躺放松。

（二）体式要点

坐骨压实地面，双腿伸展并拢，胸腔舒展上提，下腰背延展，双手臂向前有力伸展。

（三）练习方法

（1）借助瑜伽砖辅助练习（图 18-83）：练习时，在小腿间夹瑜伽砖练习，辅助启动腿部肌肉。

图 18-83　借助砖练习

（2）借助伸展带辅助练习（图 18-84）：一种方法是双手抓着套在脚掌的伸展带练习，另一种方法是用伸展带套住脚掌和躯干辅助练习，两种方法都可以提高体式的稳定性。

图 18-84　借助伸展带练习

（四）体式正误对比图

船式中最容易犯的错误是拱背，用挺胸腔、舒展脊柱来纠正，或者利用辅助工具练习，逐步纠正。见图 18-85。

正确动作　　　　错误动作

图 18-85　船式正误对比

（五）体式功效

这个体式可以增强腰腹部的核心力量，消除腰部脂肪，增强肾脏功能和消化系统的功能。

十一、半船式

半船式的梵文名称为“Ardha Navasana”，其体式见图 18-86。

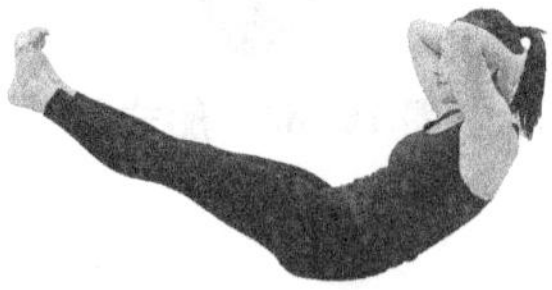

图 18-86　半船式

（一）练习步骤

首先，手杖式准备。然后，双手十指交扣放于脑后，呼气，躯干向后靠，同时从地面抬起双脚，膝盖绷紧，脚趾朝前，身体的平衡仅靠臀部保持，脊柱的任何一个部分都不能接触地面，腿部与地板保持 30°到 35°的夹角，脚趾的高度与头顶一样高；保持呼吸，保持的时间根据状态而定。最后，呼气，放下双手双腿，平躺下来放松。

（二）体式要点

不能屏息，体式中始终保持呼吸；躯干保持伸展，收紧腹部，双脚绷直。

（三）练习方法

（1）借助墙壁辅助练习（图 18-87）：练习时将脚尖抵墙壁，高度低于头部，辅助稳定体式。

图 18-87　借助墙练习

（2）借助双手辅助练习（图 18-88）：练习时，将双手支撑在臀部两侧，辅助稳定体式。

图 18-88　借助双手练习

（四）体式功效

船式和半船式都可以强健背部。这两个体式的腿部高度不同，所以带给内脏的功效不同，船式的功效主要是增强肠道的活力，而半船式的功效主要通过上腹部的收缩，带给横膈膜的收紧，充分激活肝脏、胆囊和脾脏。

十二、全神猴式

全神猴式的梵文名称为“Hanumanasana”，其体式见图 18-89。

图 18-89　全神猴式

（一）练习步骤

首先，山式站立在垫子前端；吸气，双手向上举至头顶，呼气，躯干前屈，双手落于双脚两侧撑地，将右腿向后迈开一大步，脚背贴地，脚尖指向正后方；双手移动位置放在身体两侧；尽量将右腿向后伸展，将右小腿和大腿慢慢靠近地面。然后，吸气，抬起左脚，慢慢地向前伸直左腿，直到左腿后侧以及右腿前侧全部贴实垫面，慢慢地挺直身体，保持呼吸，停留 5 到 10 个呼吸。最后，吸气，收回前方左腿屈膝，蹬回右脚，回到双腿并拢，短暂停留，再练习反方向。

（二）体式要点

体式中，保持髋部端正是体式的难点和要点。

（三）练习方法

（1）借助墙壁辅助练习（图 18-90）：练习时，髋部容易不端正，可以将后侧脚蹬墙，辅助髋部端正。

图 18-90　借助墙练习

（2）借助瑜伽砖辅助练习（图 18-91）：练习时，双手支撑在瑜伽砖上，辅助躯干向上挺直。

图 18-91　借助砖练习

（四）体式正误对比图

练习时，要注意将髋部端正朝正前。初学者或髋部过于灵活的资深练习者容易扭转向侧面，从而使脊柱和腿部不端正，长久练习会受伤。见图 18-92。

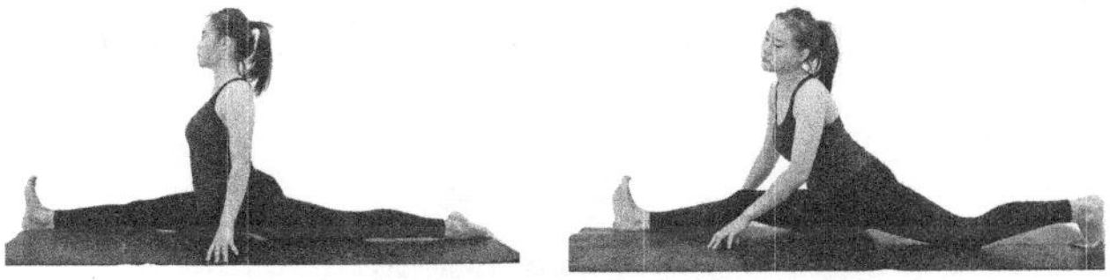

正确动作　　错误动作

图 18-92　全神猴式正误对比

（五）体式功效

伸展小腿、大腿、腹股沟，有利于塑造腿部线条，缓解坐骨神经痛，增强臀部肌肉。

第三节　前屈体式

前屈体式是通过前屈体位，伸展皮肤和肌肉，从而创造身体空间的瑜伽体式。从身体层面激活和理疗关节和肌肉，使身体保持健康。大部分的前屈体式都从手杖式进入和结束体式的，因此要练好坐立体式。有腰椎间盘突出的练习者，前屈时要确保脊柱挺直，避免受伤。

一、加强背部伸展式

加强背部伸展式的梵文名称为“Paschimottanasana”，其体式见图 18-93。

图 18-93　加强背部伸展式

（一）练习步骤

首先，手杖式准备；吸气，双臂上举至头顶正上方，掌心相对；呼气，上提胸腔向前伸展躯干，双手抓住大脚趾。然后，吸气，保持背部肌肉收紧，胸腔上提，侧腰伸展，大腿前侧肌肉收紧下压，双眼注视正前方；呼气，保持躯干延伸继续向前，屈肘向两侧，下巴放于下腿胫骨；保持该姿势，呼吸保持。最后，吸气，回到手杖式。

（二）体式要点

在体式中，不能出现拱背的前屈，躯干的各个部位要保持伸展，胸腔上提，腹部伸展，躯干的左右两侧同等伸展。

（三）练习方法

（1）借助伸展带辅助练习（图 18-94）：练习时，将伸展带套在双脚足弓处，双手抓住伸展带，辅助髋部屈髋的能力。

图 18-94　借助伸展带练习

（2）借助瑜伽砖辅助练习（图 18-95）：练习时，在双脚的前方放置一块瑜伽砖，双手向前伸展抓紧砖并保持动作。

图 18-95　借助砖练习

（四）体式功效

增强整个身体背面的肌肉和关节的伸展性，同时强健腹部器官，改善消化功能。

二、单腿头碰膝式

单腿头碰膝式的梵文名称为“Janu Sirsasana”，其体式见图 18-96。

图 18-96　单腿头碰膝式

（一）练习步骤

首先，手杖式准备；屈右膝，双手握脚踝，膝盖朝外，脚掌贴于左大腿内侧，脚跟靠近会阴；吸气，双臂经前上举至头顶，脊柱伸展，胸腔上提。其次，呼气，双手抓左脚前脚掌，保持背部挺直，保持一会儿。再次，呼气，躯干前倾，双臂向外屈，下巴放于小腿胫骨，保持呼吸，停留 5 到 10 个呼吸。最后，吸气，回至手杖式。停留一会儿，进入反方向练习。

（二）体式要点

体式中，双腿始终保持伸展，胸腔、腹部和侧腰保持伸展，脖子保持放松。

（三）练习方法

（1）借助伸展带辅助练习（图 18-97）：练习时，将伸展带套在双脚足弓处，双手抓伸展带，辅助髋部屈髋的能力。

图 18-97　借助伸展带练习

（2）借助瑜伽砖辅助练习（图 18-98）：练习时，在双脚的前方放置一块瑜伽砖，双手向前伸展抓紧砖并保持动作。

图 18-98　借助砖练习

三、半英雄面碰膝加强背部伸展式

半英雄面碰膝加强背部伸展式的梵文名称为“Trianga Mukhaikapada Paschimottanasana”，其体式见图 18-99。

图 18-99　半英雄面碰膝加强背部伸展式

（一）练习步骤

首先，手杖式准备；屈左膝，向后移动左脚，将左脚放在左侧臀部的外侧，贴于左侧臀部，保持身体的左右平衡，初学者可以在左侧垫毛毯或者瑜伽砖，右腿伸直，膝盖和脚尖呈一条直线。然后，吸气，延展脊柱，保持背部有力，侧腰伸展；呼气，身体向前向下，双手抓住前脚掌，或者套在脚后跟上，胸腔尽量靠近大腿，如果可以的话，依次把头、鼻子、嘴唇、下巴放在小腿胫骨上。保持肩部放松，自然呼吸。最后，吸气，还原到手杖式。停留一会儿，进入反方向练习。

（二）体式要点

体式中，胸腔、腹部和侧腰保持伸展，脖子保持放松。

（三）练习方法

（1）借助伸展带辅助练习（图 18-100）：练习时，将伸展带套在双脚足弓处，双手抓住伸展带，辅助髋部屈髋的能力。

图 18-100　借助伸展带练习

（2）借助瑜伽砖辅助练习（图 18-101）：练习时，在双脚的前方放置一块瑜伽砖，双手向前伸展抓紧砖并保持动作。

图 18-101　借助砖练习

（四）体式功效

这个体式可以延展背部，拉伸腿部后侧，治疗踝关节扭伤，减轻腿部的肿胀；强健腹部器官，保持腹部器官的健康和活力，促进肠胃蠕动，提高消化功能；改善膝关节的柔韧性；矫正扁平足。

（五）体式说明

腰椎间盘突出的人，请在专业老师的指导下练习这个动作。身体后侧比较僵硬的人，在练习这个体式的时候，可以先借助辅具。

四、半莲花手抓脚加强背部伸展式

半莲花手抓脚加强背部伸展式的梵文名称为“Ardha Baddha Padma Paschimottanasana”，其体式见图 18-102。

图 18-102　半莲花手抓脚加强背部伸展式

（一）练习步骤

首先，手杖式坐立；屈右膝，将右脚放在左大腿上，右脚脚后跟靠近腹部，脚趾伸展，右手臂绕过身体，握住右脚前脚掌（或脚趾），进入半莲花坐姿。然后，吸气，延展脊柱，侧腰伸展；呼气，前屈向下，左侧手臂尽量向前握住左脚，前额或者下巴在左大腿上，保持呼吸，停留一会儿（时间长短由自己控制）。最后，吸气，回到手杖式。稍停留，进入反方向练习。

（二）体式要点

体式中，胸腔、腹部和侧腰保持伸展，脖子保持放松；保持左右两侧坐骨一样高。

（三）练习方法

（1）借助伸展带辅助练习（图 18–103）：练习时，将伸展带套在双脚足弓处，双手抓伸展带，辅助髋部屈髋的能力。

图 18–103　借助伸展带练习

（2）借助瑜伽椅辅助练习（图 18–104）：练习时，可以将瑜伽椅放置在前方，手抓椅子最远端，头部放于椅子上，辅助灵活髋关节。

图 18–104　借助瑜伽椅练习

（四）体式功效

体式中伸展腿部和背部肌肉，可以使腹部的血液循环加快，按摩刺激到腹部和生殖器官。

（五）体式说明

膝盖疼痛或有腰椎间盘突出的人，建议在专业老师的指导下练习，女生在经期时建议不要做这个体式，因为有腹部挤压的动作。

五、玛里奇Ⅰ式

玛里奇Ⅰ式的梵文名称为“Marichyasana　Ⅰ”，其体式见图 18–105。

图 18–105　玛里奇Ⅰ式

（一）练习步骤

首先，手杖式准备；屈左膝，左脚靠近臀部，小腿垂直于垫面吸气，双臂上举；身体微向前屈，左手臂向前伸展，并内旋绕过左膝的外侧向后，右手臂向前伸展并外旋向后，双手交握。然后，吸气，延展脊柱，呼气，转躯干向右，保持 5 个呼吸，吸气，回正身体朝前，呼气，躯干向下，腹部靠近下方腿，左侧躯干前送，尽可能使躯干朝正前方，下巴落于小腿胫骨，保持呼吸，直至额头落于小腿胫骨，保持 5 到 10 个呼吸。最后，吸气，延展脊柱，呼气，松开双手蹬直右腿，回到手杖式。再练习另一侧。

（二）体式要点

腿部要有力，脊柱保持延展，配合呼吸。

（三）练习方法

借助瑜伽砖或瑜伽毯放于臀部下方辅助练习，见图 18-106。

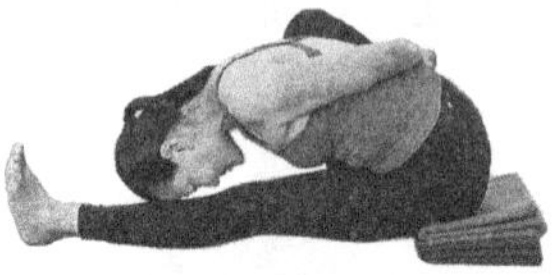

图 18-106 借助瑜伽毯练习

（四）体式说明

这个体式在练习初期，身体很难前屈，经过多次练习会使脊柱越来越灵活，练习会逐步深入。

（五）体式功效

这个体式可以促进腰腹部的血液循环，灵活脊柱，拉伸腿部，塑造良好的腿部线条。

六、花环式

花环式的梵文名称为“Malasana”，其体式见图 18-107。

图 18-107 花环式

（一）练习步骤

首先，山式准备；吸气，伸展双臂向前平举，掌心向下，呼气；吸气，屈膝下蹲，大小腿紧靠；保持躯干伸展向上，呼气；双膝向两侧分开，脚跟尽可能踩地，双手伸展向前带动躯干前移，直至肩膀超过膝盖，双手分开向两侧绕过小腿，在脚踝后侧互相抓握。然后，吸气，再次延展脊柱，呼气，俯身向下，额头点地，保持 5 到 10 个或者一分钟呼吸。最后，吸气，抬头延展脊柱，松开双手回至前平举，回正身体，双膝并拢，缓慢蹬地起立，回至山式。

（二）体式要点

体式中，脊柱始终保持伸展，脚跟踩实地面。

（三）练习方法

（1）借助瑜伽砖辅助练习（图 18-108）：如果蹲不下去，则双脚向外打开更多，蹲下去脚跟不能落地，在脚跟下方垫瑜伽砖辅助。

图 18-108　练习方法（一）

（2）借助瑜伽砖和毛毯辅助（图 18-109）：如果额头不能落地，可以在额头下方垫上瑜伽砖或毛毯。

图 18-109　练习方法（二）

第四节　后弯体式

后弯体式是指练习脊柱后弯的体式。后弯体式可以灵活和强化脊柱，其幅度由小到大，所以在练习时，应遵循循序渐进的原则，逐步深入后弯，避免受伤。在日常练习后弯体式之后，应马上练习中等幅度的前屈体式来平衡脊柱，这一点很重要。

一、四肢支撑式

四肢支撑式的梵文名称为“Chaturanga Dandasana”，其体式见图 18-110。

图 18-110　四肢支撑式

（一）练习步骤

首先，斜板支撑准备；吸气，身体从头到脚一条直线，不要塌腰翘臀，收紧核心部位，保持身体斜板的姿势不变。然后，呼气，慢慢地屈手肘向下，大小臂成 90°，大臂夹胸腔与地面平行，保持呼吸，稍停顿。最后，呼气，下落身体回到地面。

（二）体式要点

体式中，当屈肘向下时，身体的核心部位收紧，大小臂呈 90°，贴于胸腔两侧，脖颈部保持伸展。

（三）练习方法

（1）借助瑜伽砖辅助练习（图 18-111）：练习时，分别在腹部和头部下方垫砖，辅助腹肌和背肌的力量启动。

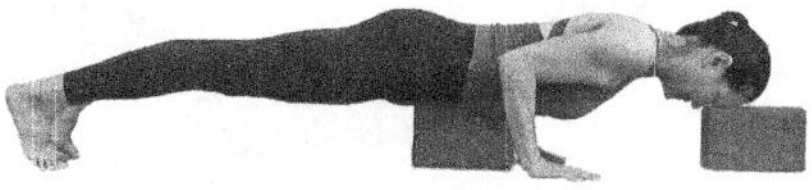

图 18-111　借助瑜伽砖练习

（2）借助伸展带辅助练习（图 18–112）：将伸展带套在手肘上方的部位，辅助手臂肌肉力量启动。

图 18–112　借助伸展带练习

（四）体式功效

加强身体的核心力量，同时也可以加强腿部以及手臂的力量。

（五）体式说明

核心力量弱的人，可以屈膝点地练习该体式。力量弱的人，在练习时容易憋气，如果有憋气的现象，则用辅具辅助练习，降低难度。

二、蝗虫式

蝗虫式的梵文名称为“salabasana”，其体式见图 18–113。

图 18–113　蝗虫式

（一）练习步骤

首先，俯卧在垫面上，额头点地，双手放在身体的两侧，双脚分开与肩同宽。然后，吸气延展脊柱，呼气的同时抬双腿双手向后向上。双腿从大腿的根部向上抬，而不是用双脚，尾骨卷向地面，利用背部的力量，打开胸腔，延展身体的前侧，肩胛骨向后向下，双肩远离耳朵。保持 5 到 10 个呼吸。最后，呼气，还原至俯卧。

（二）体式要点

背部肌肉收紧，胸腔打开，大腿从根部开始，离开地面并上抬，保持呼吸，不能憋气。

（三）练习方法

（1）借助瑜伽砖辅助练习（图 18–114）：在大腿间夹砖进行练习，辅助腿部肌肉力量启动。

图 18–114　借助砖练习

（2）借助伸展带辅助练习（图 18–115）：将伸展带套在两小腿脚踝处，辅助腿部肌肉力量启动。

图 18–115　借助伸展带练习

三、弓式

弓式的梵文名称为“Dhanurasana”，其体式见图 18-116。

图 18-116　弓式

（一）练习步骤

首先，俯卧准备。然后，吸气，屈双膝，双臂内旋向后，双手从脚背的外侧抓住脚踝，用小腿向后向上的力量，带动整个身体胸腔向后向上，呈“弓”的形状，保持呼吸，停留 5 到 10 个呼吸。最后，呼气，还原至俯卧。

（二）体式要点

体式中，双手和双脚相互拉扯对抗，同时双脚还有一个向上的力，牵引大腿和胸腔远离地面，使身体的后弯幅度增加，形成“弓”形。

（三）练习方法

（1）借助伸展带辅助练习（图 18-117）：练习时，将伸展带套在脚踝处，双手可以选择内旋手臂向后抓带子，也可以在头上方抓伸展带，目的是辅助脊柱后弯，完成体式。

图 18-117　借助伸展带练习

（2）借助瑜伽抱枕辅助练习（图 18-118）：练习时，将瑜伽抱枕放于腹股沟前侧，辅助身体后弯，完成体式。

图 18-118　借助抱枕练习

（四）体式正误对比图

在练习时，肩部僵硬的人容易耸肩，对脖颈造成挤压。见图 18-119。

正确动作　　　　　　错误动作

图 18-119　弓式正误对比

（五）体式功效

减轻肩部僵硬，缓解肩部疼痛，促进腹部血液循环，改善消化功能。

四、骆驼式

骆驼式的梵文名称为“Ustrasana”，其体式见图 18-120。

图 18-120　骆驼式

（二）练习步骤

首先，跪立准备；吸气，双脚打开与髋同宽，小腿脚背贴地，脚尖指向正后方，双手扶髋后侧，抬头挺胸，手肘内夹。然后，呼气，双小腿保持向下压地，大腿前侧肌肉收紧并向前推，肩向后倒，胸腔向上舒展，背部肌肉收紧，身体形成后弯，双手依次放在双脚跟上，手指朝后，手掌与脚掌贴合，头在脊柱的延长线上，髋部与膝盖在一条直线上垂直于垫面。保持呼吸，停留 5 到 10 个呼吸。最后，吸气，双手依次回至髋后侧，还原至跪立。

（二）体式要点

体式中，大腿前侧肌肉收紧并向前推的力是体式的重点，其次是胸腔向上舒展的力，这两个力是脊柱在后弯过程中的主要支撑。

（三）练习方法

（1）借助瑜伽砖辅助练习（图 18-121）：练习时，在双脚踝外侧准备好两块砖，后弯时双手支撑在砖上，辅助完成后弯。

图 18-121　借助砖练习

（2）借助墙壁辅助练习（图 18-122）：面对墙，身体紧贴墙，后弯时，大腿向前推墙，辅助腿部力量启动。

图 18-122　借助墙练习

（四）体式正误对比图

练习时，容易出现小腿不下压的情况，这使大腿没有向前推的支撑力，进而重心过度偏后，体式不稳定。见图 18-123。

正确动作　　错误动作

图 18-123　骆驼式正误对比

（六）体式功效

该体式可以伸展和强壮脊柱，促进血液循环，纠正驼背和两肩下垂的不良体态。

五、眼镜蛇式

眼镜蛇式的梵文名称为“Bhujangasana”，其体式见图 18-124。

图 18-124　眼镜蛇式

（一）练习步骤

首先，俯卧准备；双腿伸直并拢，双脚脚背贴地，脚背向下压，大腿收紧有力；双手放于肋骨最下缘的两侧，指尖朝前，手掌撑地。然后，吸气，双手掌推地，抬起躯干至胸腔向前，双肩向后，头部尽可能向后靠，保持颈椎伸展，大腿有力向下压，使耻骨贴地，保持呼吸，停留 5 到 10 个呼吸。最后，呼气，手肘弯曲，躯干回至俯卧，双手伸直回到身体两侧。

（二）体式要点

体式中，胸腔向前，双肩向后，头部尽可能向后靠，大腿用力向下压，使耻骨贴地，尽量创造身体后弯的空间。

（三）练习方法

（1）低位眼镜蛇练习（图 18-125）：肩部和胸部离开地面，腹部、髋部和腿部都贴着地面。

图 18-125　低位眼镜蛇练习

（2）高位眼镜蛇练习（图 18-126）：肩部、胸部、腹部都离开地面，髋部和腿部贴着地面。

图 18-126　高位眼镜蛇练习

（四）体式正误对比图

练习该体式，容易耸肩、大腿放松和臀部放松，使后弯的压力释放给腰椎，产生腰椎的不适。见图 18-127。

正确动作　　　　错误动作

图 18-127　眼镜蛇式正误对比图

（五）体式功效

该体式可以伸展腹部肌肉，加强并延展脊柱，扩展胸腔。正确的练习，对腰椎间盘突出和脊柱受过伤的人都有很好的康复作用。

（六）体式说明

学习该体式，一定要从低位的眼镜蛇式开始，保持正确发力姿势，逐步体会身体的舒展度、脊柱的灵活度，再决定后弯的幅度，坚持练习一定的时间，逐步进入高位眼镜蛇式。另外，每次保持体式的时间，也要从停留 5 个呼吸，逐步过渡到 10 至 20 个呼吸。

六、上犬式

上犬式的梵文名称为“Urdhva Mukha Svanasana”，其体式见图 18-128。

图 18-128　上犬式

（一）练习步骤

首先，俯卧，双手放于胸部两侧的垫面上，张开手掌和十指，手肘夹向身体中央，双脚分开与髋同宽，绷脚尖保持伸展。然后，吸气，抬起头和胸腔，伸直手臂，固定住肘关节，转动双肩向后，延展颈部，带动头部向后，眼睛看向上方。双脚背向下压，大腿肌肉收紧，髋关节伸展并保持内收，保持呼吸，停留 5 到 10 个呼吸或更长时间。最后，呼气，双手臂屈肘，躯干落回到俯卧。

（二）体式要点

体式中，抬起头和胸腔向上；伸直手臂，手掌向下压，固定住肘关节；转动双肩向后，延展颈部，带动头部向后，眼睛看向上方；双脚背向下压，大腿肌肉收紧，髋关节伸展并保持内收；保持呼吸。

（三）练习方法

（1）借助瑜伽砖辅助练习（图 18-129）：双手支撑在砖上，辅助胸腔舒展，完成体式。

图 18-129　借助砖练习

（2）借助瑜伽椅辅助练习（图 18-130）：双手支撑在瑜伽椅上，辅助身体完成后弯。

图 18-130　借助椅子练习

（四）体式功效

强化双臂力量及大腿肌肉力量，使脊椎恢复活力，背部僵直的人可以多做这个体式。

（五）学习建议

当练习者后弯的能力还不够时，先用瑜伽椅辅助练习，让脊柱小幅度的后弯。借助椅子练习时，双手抓握椅子的边缘，大拇指向前，其他四指向外，这样双肩更容易旋转向后。另外，在练习中，髋关节要打开，要加强大腿前侧肌肉的收紧力度，同时将腹部收紧，耻骨前送，尾骨端正。

七、上弓式

上弓式的梵文名称为“Urdhva Dhanurasana”，其体式见图 18-131。

图 18-131　上弓式

（一）练习步骤

首先，仰卧准备；吸气，双腿打开与肩同宽，屈双膝，双脚靠近臀部，双小腿与地面垂直，脚尖指向正前方，保持脚掌的下压，拓展双肩，打开胸腔，双手向头顶伸展，屈手肘，双手指尖朝向脚尖的方向，放在双耳两侧的地面，张开十指和手掌，两手掌间的距离和肩同宽，保持呼吸 2 到 3 次。其次，呼气，抬起臀部和背部，抬头部，使头顶向下着地，重量保持在双手和双脚上，胸腔上提，停留 1 到 2 个呼吸。再次，呼气，手掌和脚掌推地，抬起臀部、躯干和头，身体形成拱形，推胸腔向前，肩胛骨内收，头部放松，保持 5 到 10 个呼吸。最后，呼气，屈肘屈膝，身体落回地面，平躺。

（二）体式要点

体式中，双手双脚要持续向下压；胸腔向上打开，肩胛骨内收。

（三）练习方法

（1）借助瑜伽椅辅助练习（图 18-132）：练习时，用椅子支撑在躯干下方，辅助身体完成后弯。

图 18-132　借助椅子练习（一）

（2）借助瑜伽椅辅助练习（图 18-133）：用椅子支撑在躯干下方，双手双脚蹬地，手推地，初步完成体式。

图 18-133　借助椅子练习（二）

（四）体式正误对比图

练习时，如果练习者手臂力量弱或肩膀僵紧，容易造成含胸、手臂伸不直等错误动作。

见图 18-134。

图 18-134　上弓式正误对比

（五）学习建议

学习该体式时，要按照步骤练习，让身体逐步建立后弯的空间，使体式练习安全有效。

第五节　扭转体式

扭转体式是以脊柱为轴心的身体扭转，因此在扭转发生前，一定要确保身体端正。扭转体式不是所有的人都可以练习，眼疲劳或眼压高的人、患有偏头痛或压力性头疼的人、有睡眠障碍或特别疲劳的人，都不能练习；还有女性生理期时应避免练习扭转体式，有腹泻症状的人也不能练习。

一、扭转三角式

扭转三角式的梵文名称为“Parivrtta Trikonasana”，其体式见图 18-135。

图 18-135　扭转三角式

（一）练习步骤

山式站立准备，吸气，双臂屈肘于胸前，双脚屈膝，呼气，跳开或迈开呈四肢伸展式，双脚间距离约 100 厘米，保持双手侧平举，脚趾朝前；吸气，右脚掌外转 90°，大腿旋转朝正侧方，膝盖收紧，髌骨上提，整条腿保持在一条直线上，左脚掌向内扣 60°，右脚脚跟与左脚在一条直线上，膝盖骨上提，大腿外旋，右脚脚趾与膝盖一条直线；呼气，保持骨盆中正，以右侧腹股沟为折点，身体向右侧弯，身体以脊柱为轴，向右扭转，右手指向天花板，左手落于右脚外侧的垫面，保持 5 到 10 个呼吸；吸气，蹬直右腿转回前方，练习左侧，然后回到山式。

（二）体式要点

在体式中，脊柱扭转是从骨盆开始发生，并非腰部，下腹部肌肉群要主动收紧，带动骨盆的转动，使得脊柱扭转更充分。

（三）练习方法

（1）借助瑜伽砖辅助练习（图 18-136）：练习时，在落手掌的位置用砖支撑，辅助扭转完成。

图 18-136　借助砖练习

（2）借助瑜伽椅辅助练习（图 18-137）：在支撑手掌的地面放置瑜伽椅，支撑手屈肘支撑在椅子上，辅助扭转。

图 18-137　借助椅子练习

（五）学习建议

该体式可以分成两个步骤学习，先将手落于脚的内侧练习，熟练后再将手放于脚的外侧。

二、巴拉瓦伽Ⅰ式

巴拉瓦伽Ⅰ式的梵文名称为“Bharadvajasana Ⅰ”，其体式见图 18-138。

图 18-138　巴拉瓦伽Ⅰ式

（一）练习步骤

手杖式坐立；屈双膝，双脚放于身体左侧，右脚掌贴于左臀外侧，脚背贴地，脚趾尖朝外，左脚掌放于右脚掌上，呈“十”字形，右手在背后抓住左臂肘关节处；吸气，提起躯干和胸腔，呼气，转向右侧，左手掌放于右大腿外侧，保持胸骨上提，推动左肩胛骨收进背部，颈部伸展向上，眼睛看向右后方的远点，保持呼吸，停留 5 到 10 个呼吸；呼气，回正身体，练习反方向。

（二）体式要点

体式中，扭转发生之前，左右两侧坐骨必须一样高，如果坐骨一高一低，则需要在低的一侧垫砖或毛毯才能完成体式；保持胸骨上提，推动左肩胛骨收进背部，颈部伸展向上，眼睛看向右后方的远点。身体不往后倾斜，保持头部、颈部在一条直线上。

（三）练习方法

（1）借助瑜伽砖和毛毯辅助练习（图 18–139）：练习时，将瑜伽毯垫在臀部下方，后侧手掌支撑在瑜伽砖上，辅助完成体式。

图 18–139　练习方法（一）

（2）借助伸展带辅助练习（图 18–140）：练习时，将伸展带套在肘关节处，身体后侧的手抓握伸展带，辅助肩胸部舒展。

图 18–140　练习方法（二）

（四）体式功效

该体式可以缓解颈部、肩膀和背部的疼痛；有助于保持脊柱和肩膀的柔韧性；消除腰椎的疼痛和僵紧；提高髋关节的灵活性。

（五）学习建议

初次学习时，一般不使用辅具，一手放于身后，另一手放于大腿上辅助扭转，当身体扭转能力加强后，再使用辅具，完成完整练习。

第六节　倒立体式

站立和扭转体式可以让身体的肌肉、骨骼以及心理做好学习倒立体式的准备。练习倒立体式，可以为大脑供给新鲜的血液，延长专注的时间，增强记忆力。初学倒立体式，可以先学习半体式状态，比如双脚落在桌子、凳子或靠在墙壁上。

一、犁式

犁式的梵文名称为“Halasana”，其体式见图 18-141。

图 18-141　犁式

（一）练习步骤

仰卧准备。首先吸气，呼气时，双腿并拢，抬双腿向上向后，双脚脚趾触地，双腿伸直，坐骨在身体的最高点，臀部向上，脊柱延展，胸腔舒展，背部立直，双肩向后展开，双臂在背后屈肘支撑，双肘向中线夹，双手推入背部，双眼锁定胸部，保持呼吸，停留 5 到 10 个呼吸；吸气，双手从侧摆至头上方贴地，掌心朝上，抬头，眼睛向上看；呼气，身体回到仰卧，双手回至身体两侧，调整呼吸 3 到 5 个，也可以稍长时间。

（二）体式要点

挺胸、立腰、展肩。进入体式后，将胸腔舒展打开，背部肌肉收紧，肩胛骨推入背部，脊柱伸展向上，推坐骨向上，挺直背部，

（三）练习方法

（1）借助瑜伽毯辅助练习（图 18-142）：将毛毯垫在肩下，辅助舒展胸腔，舒展脊柱。

图 18-142　借助毯子练习

（2）借助伸展带辅助练习（图 18-143）：练习时，将伸展带套在手肘处，防止双手向外侧滑动，辅助打开肩胸部，完成体式。

图 18-143　借助伸展带练习

（四）体式功效

练习犁式，可以缓解疲劳，控制高血压，改善消化功能，练习中分开双脚，可以辅助治疗痔疮和疝气。

（五）学习建议

对于初学者，首先练习双脚放在椅子上或蹬在墙上，然后学习双腿下落地面的犁式。

二、海豚式

海豚式的梵文名称为“Ardha pincha mayurasana”，其体式见图 18-144。

图 18-144　海豚式

（一）练习步骤

金刚跪姿准备；手臂伸直向前，屈手肘，双手肘左右距离不能超过肩宽，十指交扣握拳或双手掌心向下；手肘压向地面，双腿伸直，向前伸，坐骨伸展向上，腿保持伸直，膝关节稳定，双脚伸至身体明显有向上的力量感时，停留 5 到 10 个呼吸；始终保持颈椎后侧皮肤的伸展；呼气，双脚先后退，回到金刚跪姿。

（二）体式要点

进入体式后，手肘压向地面，整个前臂下压，双腿伸直，向前伸，坐骨伸展向上，腿保持伸直，膝关节稳定，双脚伸至身体明显有向上的力量感。

（三）练习方法

（1）借助瑜伽砖辅助练习（图 18-145）：练习时，双手虎口张开，握住瑜伽砖边沿，辅助手臂力量启动。

图 18-145　借助砖练习

（2）借助伸展带辅助练习（图 18-146）：练习时，将伸展带套在肘关节处，辅助手臂力量启动。

图 18-146　借助伸展带练习

（四）体式功效

坚持规律练习，可以强化腿部肌肉群，增强手臂和肩膀力量，提高肩关节的柔韧度，缓解肩颈、腰背部不适等问题。

（五）体式说明

患有青光眼、高血压和中风的人，不要练习该体式。

三、支撑头倒立

支撑头倒立的梵文名称为“Salamba Sirsasana”，其体式见图 18-147。

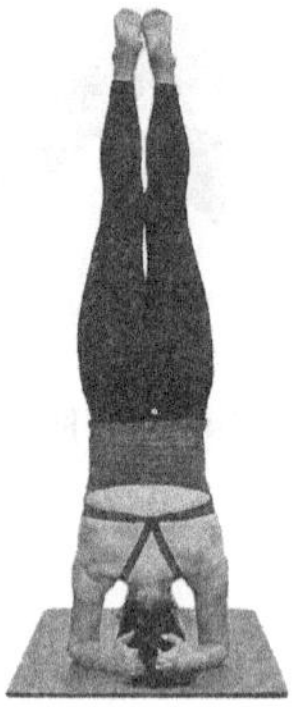

图 18-147　支撑头倒立

（一）练习步骤

跪立在垫面上，双手肘在双肩的正下方，双手打开五指交握，两手臂与手肘的连线形成一个“等边三角形”，牢牢地压在地面上，将头顶稍偏前侧放在“三角形”顶点中，双手掌护住头部，抬起臀部向上，双腿伸直。吸气，脚尖点地，身体慢慢地向上向后伸，呼气，屈右膝，靠近腹部，抬起左腿向上，慢慢地伸直双腿，直到身体与双腿呈一条直线，进入头倒立体式。保持双腿向上蹬，双手臂向下压，压力均衡，稳定重心，保持呼吸，停留 3 分钟左右；呼气，稳定头部和双肘的力量，将双腿还原到地面上，屈双膝，臀部向后坐到脚后跟，双手放在身体的两侧，还原至跪立，放松。

（二）体式要点

保持双腿向上蹬，保持双手臂向下压，稳定重心，保持呼吸。

（三）练习方法

（1）借助墙壁辅助练习（图 18-148）：练习时，可以背对墙练习，脚跟靠在墙上完成倒立；也可以面对墙壁，一条腿蹬墙，一条腿伸展向上。

图 18-148　借助墙练习

（2）借助瑜伽砖辅助练习（图 18-149）：大腿间夹瑜伽砖辅助大腿肌肉收紧。

图 18-149　借助砖练习

（四）学习建议

初学者可以先将双腿搭在椅子上练习，掌握后再练习单腿上举的倒立，最后完成双腿上举。患有高血压、颈椎关节强直、背痛、头痛的人不能练习这个体式，一次完整的瑜伽练习只能做一次头倒立，请不要重复练习。

四、支撑肩倒立

支撑肩倒立的梵文名称为"Salamba Sarvangasana"，其体式见图 18-150。

图 18-150　支撑肩倒立

（一）练习步骤

犁式准备进入；吸气，双手支撑在背部，手指推向背部，双肘向中间夹，呼气，双腿向上伸直，脚趾朝上，眼睛锁定胸部，保持 3 分钟左右，均匀呼吸；呼气，缓慢收回双腿，松开双手，平躺在地面上，放松 3 到 5 个呼吸；

（二）体式要点

双腿向上伸直，脚趾朝上，大腿后侧夹紧，脚跟去向后侧，髋关节向前，始终保持双腿向上的力是体式的关键点。

（三）练习方法

（1）借助瑜伽毯辅助练习（图 18-151）：练习时，在肩部下方垫上毛毯，辅助颈椎和胸椎的舒展。

图 18-151 借助毯子练习

（2）借助瑜伽椅和瑜伽抱枕辅助练习（图 18-152）：练习时，在肩部下方垫上抱枕，臀部支撑在瑜伽椅上，挺胸立腰，双手抓紧瑜伽椅两侧，辅助身体倒立。

图 18-152 借助椅子和抱枕练习

（四）学习建议

练习该体式，一定要先将肩关节的柔韧性增强，因为体式的根基在双肩、颈部后侧和上臂，肩关节的柔韧性直接影响倒立质量。初次学习者，先将双腿落在椅子上练习，掌握后再练习单腿上举的倒立，最后双腿上举完成练习。如果处于生理期，避免练习；高血压练习者先在犁式停留至少 3 分钟后，才能练习该体式。

五、膝碰耳犁式

膝碰耳犁式的梵文名称为“Karnapidasana”，其体式见图 18-153。

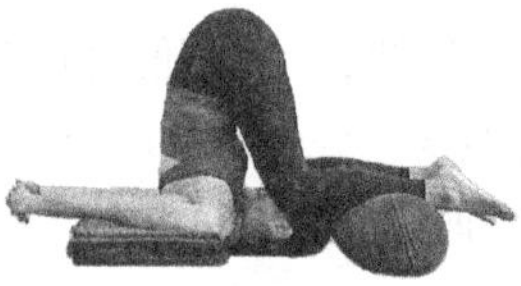

图 18-153 膝碰耳犁式

（一）练习步骤

从仰卧开始，双手放在身体的两侧；吸气，屈双膝，抬起双膝，并顺势抬臀部向后进入犁式。呼气，依次向后落下双腿，脚尖点地，双手臂伸直，五指交握，手臂压向地面，进入犁式。慢慢地屈膝靠近身体，膝盖贴近耳朵，双小腿落在地面上，脚背贴地，脚趾指向正前方，保持呼吸，停留 5 到 10 个呼吸。吸气，蹬直双腿回到犁式，稍停留；吸气，还原至仰卧。

（二）体式要点

保持脊柱延展、胸腔舒展。

（三）练习方法

（1）借助瑜伽抱枕和毛毯辅助练习（图 18-154）：练习时，在肩部下方垫上毛毯，辅助颈椎和胸椎的舒展，在小腿下方垫上抱枕，辅助体式稳定。

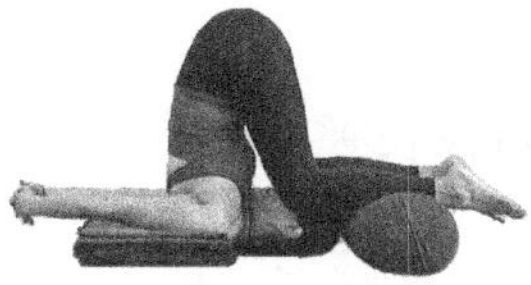

图 18-154　练习方法（一）

（2）借助瑜伽椅和毛毯辅助练习（图 18-155）：练习时，在肩部下方垫上毛毯，双腿微屈，脚背搭在瑜伽椅上，辅助躯干的舒展。

图 18-155　练习方法（二）

（四）体式功效

拉伸和延展整个脊柱，缓解颈部和背部的压力，促进血液循环，同时有助于镇静神经，提高专注力，缓解压力。

（五）体式说明

在该体式停留时，有意识地放松面部肌肉，眼睛看向胸部，放松眼球，不要向上看。颈部也放松，确保呼吸正常。保持脊柱伸展，胸腔舒展。

第七节　恢复体式

恢复体式的目的是放松全身。在放松的过程中，全身放松并柔软，以获得更多的氧气。恢复体式保持的时间相对较长，一般有 5 到 10 分钟。

一、仰卧英雄式

仰卧英雄式的梵文名称为“Supta Virasana”，其体式见图 18-156。

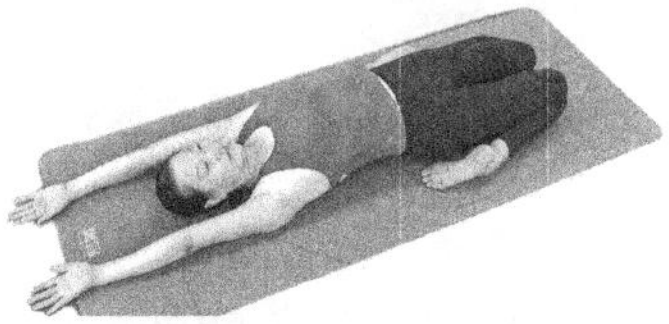

图 18-156　仰卧英雄式

（一）练习步骤

金刚跪姿准备；吸气，双手放在身体的前侧，双脚打开，脚背贴地，脚尖指向正后方，头顶着地，双手小腿肌肉向后向外，每个脚趾头都是舒展开的，臀部向后坐于双脚之间；呼气，身体倾斜慢慢向后，手肘放在脚掌上，身体落在弯曲的双肘上，依次将手肘伸直，双手放在身体的两侧，掌心向上，身体完全躺在垫子上，双手伸展至头顶，保持腹部、腰部和背部的伸展，保持深长呼吸，停留 10 个呼吸以上；吸气，双手肘推地，微收腹部，回至金刚跪姿。

（二）体式要点

进入体式后，保持脊柱伸展，保持深长呼吸。

（三）练习方法

（1）借助瑜伽抱枕和毛毯辅助练习（图 18-157）：练习时，在背部下方垫上抱枕，在头下方垫上毛毯，辅助完成体式。

图 18-157　练习方法（一）

（2）借助瑜伽砖辅助练习（图 18-158）：练习时，在肩胛骨下方支撑瑜伽砖，在头下方也支撑一块砖，辅助舒展胸腔。

图 18-158　练习方法（二）

（四）学习建议

患有腰椎间盘疾病和脚踝有炎症的人避免直接练习，可以使用辅具进行练习，练习时，有意识地将臀部和腰部伸展向膝关节的方向，使脊柱贴地。经期的女性也同样使用辅具练习。除了腰椎有疾病和膝关节有炎症的人群练习需要辅具，建议初学者也从借助辅具开始练习，专注身体的细微感觉。

二、仰卧束角式

仰卧束角式的梵文名称为“Supta Baddha Konasana”，其体式见图 18-159。

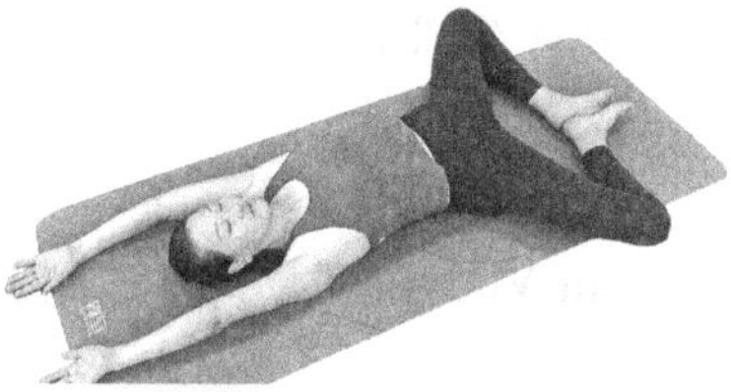

图 18-159　仰卧束角式

（一）练习步骤

手杖式坐立准备；吸气，依次屈双膝，膝盖朝外，双脚掌相互合掌，双手在臀部后侧撑地；呼气，身体向后倾，双臂屈肘，直至身体完全仰卧，双手伸展在身体两侧放松，双膝放松向下沉，髋关节放松，保持呼吸，停留 5 分钟左右；吸气，双手扶着两侧大腿，双膝并拢，转身向右，推地还原至手杖式。

（二）体式要点

进入体式后，保持双膝的放松、下沉，脊柱伸展。

（三）练习方法

（1）借助瑜伽抱枕辅助练习（图 18-160）：根据腰背部和双膝的感受，将抱枕分别放于脊柱和双膝的下方，也可以仅垫在背部或双膝。

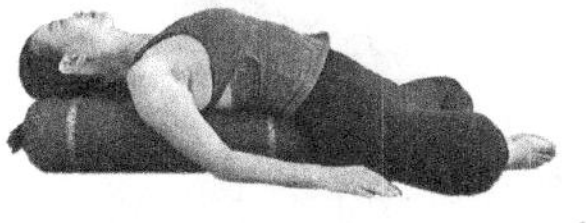

图 18-160　借助抱枕练习

（2）借助瑜伽砖辅助练习（图 18-161）：练习时，在头部下方支撑瑜伽砖，横向和纵向都可以，辅助肩膀和胸腔的舒展。

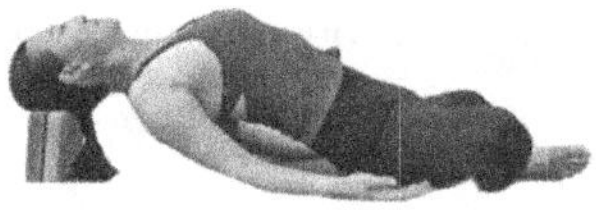

图 18-161　借助砖练习

（四）体式说明

练习中有任何的压力，请用抱枕辅助，如果腹股沟有压力则在膝关节下方垫砖或毯子。

三、桥式肩倒立

桥式肩倒立的梵文名称为“Setubandha Sarvangasana”，其体式见图 18-162。

图 18-162　桥式肩倒立

（一）练习步骤

仰卧准备；屈双膝，脚跟靠向臀部，双手指尖可以触摸到脚跟；吸气，抬起臀部，将一块瑜伽砖放于臀部下方，砖沿着髋部中线放置，高度由腹股沟的柔韧度决定，双手抓握砖或在砖前方互扣手指，上提胸腔，肩膀旋转向后；呼气，蹬直双膝，双脚趾回勾，大腿肌肉收紧，保持呼吸，停留 10 个呼吸以上或 5 到 10 分钟；吸气，屈双膝抬起臀部，将砖取出，将脊柱缓慢放下，蹬直双脚，仰卧放松。

（二）体式要点

进入体式后，双手抓握砖，上提胸腔，肩膀旋转向后，形成一种对抗力。双脚趾回勾，大腿肌肉收紧，稳定体式。

（三）体式说明

腰部有疾病或生理期禁止练习。

四、倒箭式

倒箭式的梵文名称为“Viparita Karani”，其体式见图 18-163。

图 18-163　倒箭式

（一）练习步骤

首先躺在瑜伽垫上，使肩、颈部和头后侧落在地上，双臂侧开 60°；吸气，屈膝到胸前，伸直双腿向上，朝正上方回勾脚趾，大腿前侧肌肉收紧，胸腔上提，保持呼吸，停留 10 个以上的呼吸；呼气，屈双膝，双脚落地，向头部方向滑动身体，使臀部落在地上，转动身体向右，还原坐立。

（二）练习方法

（1）借助瑜伽抱枕辅助练习（图 18-164）：练习时，首先屈膝，在腰下方垫上抱枕，挺胸腔，双腿伸展向正上方。

图 18-164　借助抱枕练习

（2）借助瑜伽砖辅助练习（图 18-165）：练习时，首先屈膝，在腰下方垫上瑜伽砖，挺胸腔，双腿伸展向正上方。

图 18-165　借助砖练习

（三）体式功效

倒箭式可以缓解双腿疲劳，有助于治疗小腿静脉曲张，镇静神经系统，让心脏放松。

五、挺尸式

挺尸式的梵文名称为“Savasana”，其体式见图 18-166。

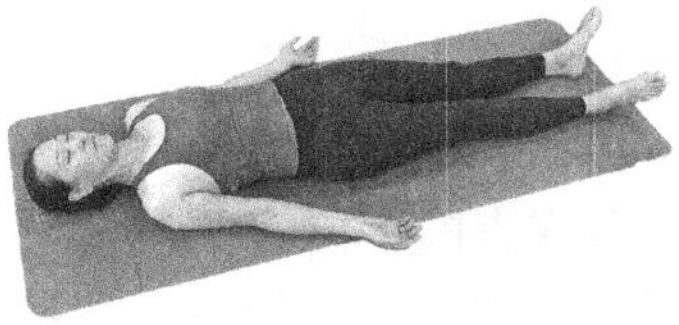

图 18-166　挺尸式

（一）练习步骤

屈膝坐立，双手在臀后撑地，身体向后倾，屈肘落地，直至身体平躺，确保后脑勺正中着地。全身放松，双手在身体旁自然伸展，掌心朝上，双眼闭上，保持缓慢呼吸，停留 5 到 15 分钟；吸气，保持双眼紧闭，屈双膝，转身向右，推地还原至坐立。

（二）体式要点

体式中要释放全身的紧张感，架构起体式和调息之间的桥梁。

（三）练习方法

（1）如果咽喉有紧张感，则借助瑜伽毛毯练习（头下有支撑的挺尸式）。见图 18-167。

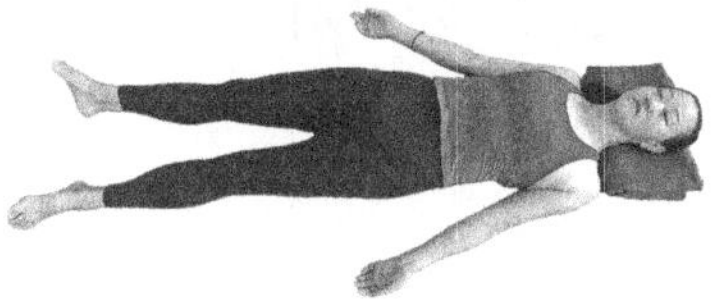

图 18-167　练习方法（一）

（2）如果腹股沟有紧张感，则借助瑜伽抱枕辅助练习（在膝盖下方有支撑的挺尸式）。见图 18-168。

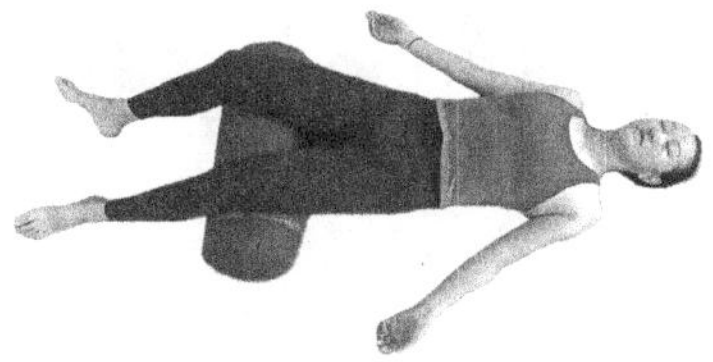

图 18-168　练习方法（二）

（四）体式功效

放松身体，使大脑平静，从而恢复精力，为调息做准备。

（五）学习建议

挺尸式在练习时避免直接吹风，最好处于光线柔和、安静的环境里。它与普通的睡眠有着本质区别，瑜伽休息术练习过程中，是完全有意识的放松身体，用意识来控制进入，并有控制的收回意识。

第八节　流动体式

一、拜日式 A

拜日式 A 的梵文名称为“Surya Namaskara A”。

（一）动作步骤和要领

山式站立准备；吸气，双眼或凝视点随手向上，进入手臂上举式；呼气，身体以腹股沟为轴前屈，头颈部放松，进入加强前屈伸展式，凝视点在鼻尖；吸气，稍抬头，保持伸展脊柱，胸腔前送，呈背部凹陷，进入半加强前屈伸展式，凝视点在眉心；呼气，双脚依次迈向后侧，身体呈斜板，并继续屈肘向下进入四肢支撑式；吸气，双手推地，双脚尖蹬地，大腿收紧，腹股沟展开，身体呈反弓形，胸腔展开，进入上犬式，凝视点在眉心；呼气，双手推地，臀部向后上方，进入下犬式，初学者凝视点在双脚掌间，熟练后凝视点在膝盖或肚脐，停留 3 到 5 个呼吸；吸气，抬头，双脚迈回，延展脊柱，进入半加强前屈伸展式；呼气，躯干前屈，进入加强前屈伸展式；吸气，手臂上举，躯干回至站立姿势；呼气还原至山式。

（二）体式序列

预备，山式；第 1 个动作，手臂上举式；第 2 个动作，加强前屈伸展式；第 3 个动作，半加强前屈伸展式；第 4 个动作，四肢支撑式；第 5 个动作，上犬式；第 6 个动作，下犬式；第 7 个动作，半加强前屈伸展式；第 8 个动作，加强前屈伸展式；第 9 个动作，手臂上举式。见图 18-169。

图 18-169　体式序列

（三）体式要点

体式过程中，呼吸与动作的协调配合，需要长时间有意识的配合练习。

二、拜日式 B

拜日式 B 的梵文名称为“Surya Namaskara B”。

（一）动作步骤和要领

山式站立准备；吸气，双臂上举，进入幻椅式，凝视点随手向上；呼气，身体以腹股沟为轴前屈，双手指腹撑地，头颈部放松，进入加强前屈伸展式，凝视鼻尖；吸气，稍抬头，保持伸展脊柱，胸腔前送，呈背部凹陷，进入半加强前屈伸展式，凝视点在眉心；呼气，双脚依次迈向后侧，身体呈斜板，并继续屈肘向下进入四肢支撑式；吸气，双手推地，双脚尖压地，大腿收紧，腹股沟展开，身体呈反弓形，胸腔展开，进入上犬式，凝视点在眉心；呼气，双手推地臀部向后上方，进入下犬式，凝视双脚间；吸气，外旋左脚尖约 45°，迈右腿向前，落于两手间，双臂上举，进入战士Ⅰ式，凝视眉心；呼气，回至斜板，屈肘向下，进入四肢支撑式，凝视鼻尖；吸气，双手推地，双腿蹬地，身体形成反弓，进入上犬式，凝视眉心；呼气，双手推地，伸展脊柱向后上方，进入下犬式，凝视双脚间；吸气，外旋右脚尖约 45°，迈左腿向前，落于两手间，双臂上举，进入战士Ⅰ式，凝视眉心；呼气，回至斜板，屈肘向下，进入四肢支撑式，凝视鼻尖；吸气，双手推地，双腿蹬地，身体形成反弓，进入上犬式，凝视眉心；呼气，双手推地，伸展脊柱向后上方，进入下犬式，凝视双脚间或双膝间，保持 5 个呼吸；吸气，抬头，双眼注视两手之间，双脚迈回，延展脊柱，进入半加强前屈伸展式，凝视眉心；呼气，躯干向下贴向腿部，进入加强前屈伸展式，凝视鼻尖；吸气，双手伸展过头顶，躯干回至幻椅式；呼气，还原至山式。

（二）体式序列

预备，山式；第 1 个动作，幻椅式；第 2 个动作，加强前屈伸展式；第 3 个动作，半加强前屈伸展式；第 4 个动作，四肢支撑式；第 5 个动作，上犬式；第 6 个动作，下犬式；第 7 个动作，战士Ⅰ式；第 8 个动作，四肢支撑式；第 9 个动作，上犬式；第 10 个动作，下犬式；第 11 个动作，战士Ⅰ式；第 12 个动作，四肢支撑式；第 13 个动作，上犬式；第 14 个动作，下犬式（5 个呼吸）；第 15 个动作，半加强前屈伸展式；第 16 个动作，加强前屈伸展式；第 17 个动作，幻椅式；最后，回到山式。见图 18-170。

图 18-170 体式序列

（三）体式要点

呼吸和体式间的配合会随着练习逐步协调。练习拜日 B 式之前，最好先练习拜日 A 式，这样练习拜日 B 式会更流畅。

第十九章　瑜伽专项素质训练

身体素质训练是瑜伽运动不可缺少的重要部分，一位成熟的瑜伽练习者必须具备良好的身体素质。瑜伽专项训练的主要目的是发展练习者的专项身体素质，为练习者掌握高一级的瑜伽运动技术服务。

第一节　力量素质训练

一、基础练习

（一）瑜伽爬行练习

练习方法：双手双脚着地，身体前屈，然后向前依次爬行，爬行时双腿和双手尽可能伸直，保持 3 到 5 分钟。见图 19-1。

图 19-1　瑜伽爬行练习

（二）跪姿支撑静态练习

练习方法：桌面式准备，吸气，双膝离地 2 到 5 厘米，保持双手和双腿持续推地，腹部和背部肌群收紧，脊柱中正稳定，保持 5 到 10 个呼吸为 1 组，每次练习 2 到 3 组。见图 19-2。

预备　　膝盖抬离地面练习

图 19-2　跪姿支撑静态练习

（三）卷腹动态练习

练习方法：仰卧屈膝姿势准备，双脚掌稍分开，与髋同宽，双手放于大腿上，吸气，胸腔扩张，呼气，将背部缓慢抬起离开地面，腰部着地，双手顺着大腿向上触碰膝盖，10 到 15 次为 1 组，每次练习 2 到 3 组。见图 19-3。

预备　　卷腹练习

图 19-3　卷腹动态练习

注意：力量稍弱的练习者，可以适当降低次数，但要保持动作幅度；容易耸肩的练习者，可以将手放在大腿两侧进行练习。

（四）平板支撑静态练习

练习方法：俯卧姿势准备，双手互扣手指，双肘支撑，双脚勾脚尖，吸气，腹部和髋部离开地面，双腿蹬直，整个身体在一个平面上，保持腹部和大腿肌群持续收紧，脖颈部伸展，通常保持 1 到 2 分钟，每次练习 2 到 3 组。见图 19-4。

图 19-4　平板支撑（肘支撑）

注意：力量弱的练习者可以从双膝落地的练习入手，逐渐建立力量，最后过渡到标准练习。

（五）单腿猫式和虎式的动态练习

练习方法：双手支撑，双膝跪地准备，吸气，抬头向前，右腿向后伸直，胸腔向前送，腰部下沉（不是塌腰），脊柱前侧伸展，背部肌肉收紧，身体形成后弯状态，进入虎式；呼气，收紧腹部，低头拱背向上，右腿屈膝，膝盖收向胸腔，进入猫式，再吸气，进入虎式。如此循环，连续完成 8 到 12 个循环为 1 组，每次练习 2 到 5 组。见图 19-5。

预备　　虎式　　猫式

图 19-5　单腿猫式和虎式练习

（六）靠墙半蹲静态练习

练习方法：背部贴墙，双腿分开与肩同宽，呼气，屈膝重心下移，使大小腿保持 90° 到 120°。保持呼吸，每次练习 2 到 3 组，每组 1 到 2 分钟，也可以根据力量的强弱调整练习的时间和组次。见图 19-6。

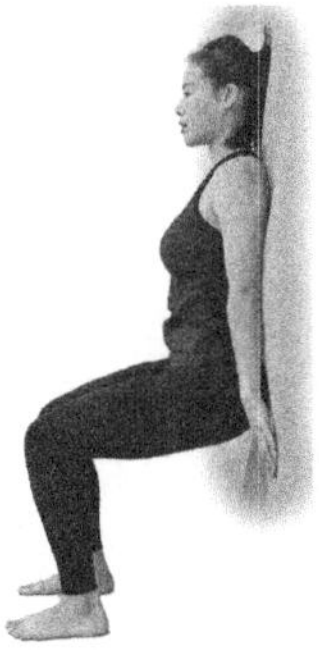

图 19-6　靠墙半蹲静态练习

（七）单腿下犬静态练习

练习方法：下犬式准备，吸气，抬右腿向后，保持右腿在身体的延长线上，稳定身体左右两侧，保持均匀呼吸，停留 5 到 10 个呼吸，收回右腿还原至下犬式，吸气，抬左腿向后停留，呼气，收回左腿，回至下犬式。见图 19-7。

图 19-7　单腿下犬式

（八）蝗虫式动态练习

练习方法：俯卧准备，吸气，腿部和胸部同时离开地面，双臂保持向后伸展，停留 10 个以上的呼吸。见图 19-8。

预备　　　　蝗虫式

图 19-8　蝗虫式动态练习

二、进阶力量素质练习

（一）反向卷腹动态练习

练习方法：仰卧姿势准备，双手放于身体两侧，掌心向下，吸气，双腿屈膝向后收，随后向上蹬，双腿带动身体向上抬起，双臂、双肩和头部支撑在地面，呼气，双腿还原至仰卧姿势，10 到 15 次为一组，每次练习 3 到 5 组。见图 19-9。

准备　　　　反向卷腹练习

图 19-9　反向卷腹练习

（二）侧板支撑静态练习

练习方法：斜板支撑准备，保持腿部伸直，吸气，转身向左，左手臂指向正上方，保持身体舒展，重心稳定，眼睛可以看正前方，也可以看向正上方，保持 10 到 20 个呼吸，再转身至反方向为一组，每次练习 2 到 3 组。见图 19-10。

预备　　　　侧板支撑（手扶髋）　　　　侧板支撑（手臂伸展）

图 19-10　侧板支撑练习

（三）斜板-四肢支撑式-上犬式-下犬式动态练习

练习方法：共四个体式依次练习并循环。吸气，斜板支撑准备，呼气，双臂屈肘，重心向下，进入四肢支撑式；（身体可以选择落地或不落地）吸气，脚蹬地，手推地伸直，胸腔向前送，进入上犬式；呼气，臀部向后，双手推地，进入下犬式；再进入斜板，依次循环练习，每次循环练习 8 到 12 次，速度不宜过快。见图 19-11。

斜板式　　　　四肢支撑式　　　　上犬式　　　　下犬式

图 19-11　四体式循环练习

（四）平板式和海豚式动态练习

练习方法：吸气，手肘支撑地面，保持腹部和大腿肌肉收紧，进入平板式；呼气，双腿直腿向前走，臀部向上顶，直至身体获得明显向上的力，双腿不能再移动为止，进入海豚式，在此停留 10 秒以上；呼气，双腿直腿走回平板式。每次循环练习 2 到 3 次，速度宜慢不宜快。见图 19-12。

平板式　　　　　　海豚式

图 19-12　平板式和海豚式练习

第二节　柔韧素质练习

在进行柔韧素质练习时，尽可能将注意力放在呼吸上，呼吸的深长有助于练习者保持关节与肌肉的放松，练习效果加倍。

一、肩胸部柔韧练习

（一）肩部静态练习

练习方法：跪立在椅子前，双臂屈肘放于椅子上，双手指互扣，手指向上，手肘向下压，刺激肩部肌肉群，保持呼吸均匀缓慢，放松肩膀，停留 10 个以上呼吸。见图 19-13。

图 19-13　肩部静态练习

（二）肩部屈肌的柔韧练习

练习方法：此练习是静态练习，练习者屈膝坐立，双手落于身体后侧，双臂与躯干的角度根据肩膀的肌肉伸展幅度来确定，伸展性越好，双手掌的位置越远离臀部；指尖朝前，吸气，伸展手臂，挺胸立腰，保持 10 个以上的呼吸。见图 19-14。

图 19-14　肩部屈肌的柔韧练习

（三）鸟王式手臂练习

练习方法：双臂在胸前交叉，前臂相互缠绕，双肘向上抬起，伸展背部后侧肌群，收缩胸部肌群，保持 10 个以上的呼吸，再左右侧交换练习。见图 19-15。

图 19-15　鸟王式手臂练习

（四）牛面式肩关节柔韧练习

练习方法：金刚坐姿准备；吸气，双手举至头顶，呼气，右手向上伸直，向外旋屈肘，左手向下落，做内旋屈肘，手心朝外；双手互相抓握，停留 5 到 10 个呼吸。见图 19-16。

图 19-16　牛面式

二、髋腿部柔韧练习

坐角式（图 19-17）：手杖式准备，双腿向左右分开 90°到 150°，可以根据髋关节灵活的程度调整幅度；躯干挺直，骨盆端正，双手在身体两侧辅助支撑，保持 10 个以上的呼吸。

图 19-17　坐角式

新月式（图 19-18）：双膝跪地，双手撑地准备，吸气，一脚前迈至双手之间，大小腿保持约 90°夹角，髋部下沉，身体回正，保持 3 到 5 个呼吸。

图 19-18　新月式

如果掌握后，还可以练习新月式进阶 1、进阶 2，将后方腿屈膝，同侧手握住脚尖，将脚跟缓慢收向臀部，保持髋部端正，保持 5 到 10 个呼吸，再练习反侧。见图 19-19。

新月式进阶 1　　新月式进阶 2

图 19-19　新月式进阶

（三）全神猴式（劈叉）

练习方法：双膝跪地，双手撑地准备，一脚前迈至双手间，后侧脚尖抓地，前侧脚继续向前移动，直至臀部落地，伸展后侧脚踝，平铺脚背，过程中始终关注髋关节端正朝前，停留 10 个呼吸以上。见图 19-20。

图 19-20　全神猴式

注意：全神猴式练习之前，一定要充分热身，可以将新月式作为铺垫，这样既顺畅又可以避免受伤。

（四）天鹅式

练习方法：斜板支撑准备，吸气，一腿屈膝前放，在靠近两手的位置，使小腿尽可能横放，后侧腿落地保持伸展，并保持膝盖朝下方，保持胸腔向前，双臂在身体两侧，指腹撑地，保持 10 个以上的呼吸；双臂伸展至前方地面，胸腔向下，紧贴小腿，尽可能保持长的时间，再练习反方向。见图 19-21。

天鹅式（胸腔向前）　　天鹅式（胸腔向下）

图 19-21　天鹅式

三、脊柱柔韧练习

（一）眼镜蛇式

练习方法：俯卧准备，双臂屈肘落于胸腔两侧，吸气，双腿下压，躯干抬起，双手撑地，保持肩胸舒展，背部肌肉主动收紧，带动脊柱完成后弯，停留 5 至 10 个呼吸。见图 19-22。

图 19-22　眼镜蛇式

（二）哈巴狗式

练习方法：跪立，双手在体前撑地准备，吸气，双手前移伸直，双肩舒展稳定，腹部适度内收，呼气时，双肩和胸腔放松下沉，直至下巴和胸部着地，保持 10 个以上的呼吸。根据练习者的脊柱伸展幅度，可以选择哈巴狗式 1 或哈巴狗式 2 练习。见图 19-23。

哈巴狗式 1：伸展脊柱的幅度小，胸腔不着地，呼吸顺畅。

哈巴狗式 2：伸展脊柱的幅度大，胸腔着地，呼吸顺畅。

哈巴狗式 1

哈巴狗式 2

图 19-23　哈巴狗式

（三）站立前屈背靠墙

练习方法：山式面对墙准备，呼气，躯干向前屈，头顶朝下，双手指腹撑地，双脚依次向前移动，使背部靠墙，双腿可以根据身体的感受，继续向前移动靠近墙，直至身体不能继续向前，保持双腿蹬直，大腿有力，脊柱伸展，保持 10 个以上的呼吸。见图 19-24。

图 19-24　站立前屈背靠墙

（四）脊柱扭转

脊柱扭转的所有体式都可以，比如简易坐扭转。见图 19-25。

简易坐姿扭转右侧

简易坐姿扭转左侧

图 19-25　脊柱扭转

第三节　耐力素质练习

一、基础练习

（一）平板支撑

练习方法：俯卧姿势准备，双手互扣手指，双肘支撑，双脚勾脚尖，吸气，腹部和髋部离开地面，双腿蹬直，整个身体在一个平面上，保持腹部和大腿肌群持续收紧，脖颈部伸展，保持 3 分钟以上，每次练习 2 到 4 组。见图 19–26。

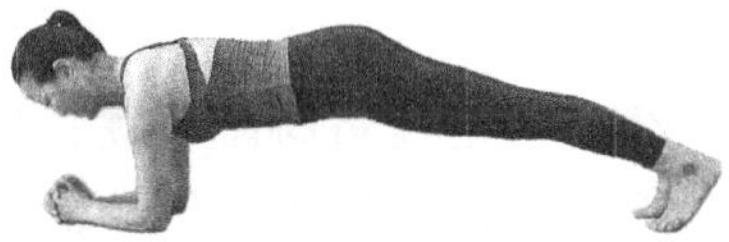

图 19–26　平板支撑

注意：力量弱的练习者，屈膝点地完成。

（二）下犬式单腿屈伸动态练习

练习方法：下犬式准备，吸气，单腿向后伸展，呼气，屈膝向前伸向胸腔，吸气，单腿再向后伸展，如此循环，保持 15 到 20 次，再交换另一侧，练习 2 到 4 组。见图 19–27。

预备　　单腿下犬（伸）　　单腿下犬（屈）

图 19–27　下犬式练习

（三）上犬式和下犬式的流动

练习方法：下犬式准备，吸气，身体前送并抬头至上犬式，呼气，重心后移，流动至下犬式，每组流动 15 到 20 次，练习 2 到 4 组。见图 19–28。

下犬式　　上犬式

图 19–28　下犬式与上犬式练习

二、进阶耐力素质练习

进阶耐力素质练习可以在基础动作的练习上，增加练习的次数和时间来促进耐力素质的提高，比如长时间保持幻椅式、上犬式等单个体式。

第四节　灵敏素质练习

灵敏素质练习可以通过教师发出指令，练习者快速做出动作。

一、脚趾操

练习方法：教师喊“锤子”，练习者迅速将脚趾合拢；教师喊“剪刀”，练习者则将大脚趾翘起；教师喊“布”，练习者则将所有的脚趾张开。通过以上的练习训练练习者快速反应的素质。

二、蛇击式

蛇击式练习一共分为四个步骤。见图 19-29。

准备：婴儿式；

步骤 1：吸气，双手伸展向前，双手掌保持下压；呼气，控制胸腔尽可能低，身体重心前移，顺势屈手肘；

步骤 2：胸腔经过双手后，迅速向上抬起；

步骤 3：进入眼镜蛇式，完成身体由前屈到后弯的大幅度转换。

准备　步骤 1　步骤 2　步骤 3

图 19-29　蛇击式

蛇击式作为灵敏素质练习时，三个步骤要连贯起来练习，要专注脊柱周围各个关节与肌肉的协调配合，这一过程就是不断调动身体素质的过程，练习的节奏要遵循循序渐进的原则，关注身体各个部位的感受，切不可操之过急，避免受伤。

第二十章　瑜伽调息法

瑜伽调息法由各种不同的方法组成，它是一种使呼吸器官有意识的、有节奏的呼吸方法。《希瓦本集》将调息法叫做气息的修习。帕坦加利的《瑜伽经》认为调息法是一种在稳定的姿势中有控制地吸气和呼气。艾扬格的《调息之光》认为，瑜伽调息法是人类通过特定的修习，去完全控制自身的能量，旨在保持人体自主控制系统处于一种健康和完美的平衡状态，它探索身体和心灵的密切联系，因而是身心的科学。瑜伽调息法由吸气、呼气和屏息组成。吸气令呼吸系统得到刺激，呼气将浊气和毒素排出体外，屏息将能量均匀分配到全身。

第一节　瑜伽调息法的功效

瑜伽调息法也称瑜伽呼吸控制法，通过控制身体形成特定的姿势，达到控制呼吸的目的。瑜伽调息法的功效有以下几点：

（1）调息法使双肺有节奏地扩张，可以帮助保持双肺洁净，提高新鲜血液流量。

（2）调息法有节奏的使用横膈膜和腹部肌肉，这样直接刺激了大小肠的蠕动，促进肠内循环。

（3）调息法帮助保持血液纯净，调和神经、大脑、脊髓和心脏肌肉，保障身体平衡健康。

（4）有规律地练习调息法可以预防和治愈疾病。

（5）调息法净化身体，保护内脏器官，中和引起疲劳的乳酸，使人体能快速恢复。

调息法可以提升消化力、精力、生命力、感知力和记忆力，使思维更敏捷。但是不当的调息练习会引起哮喘、咳嗽、血压升高等问题，所以正确的学习和练习调息法很重要。

第二节　瑜伽调息法的学习

在学习瑜伽调息法之前，首先要学习最为基础的瑜伽呼吸法。

一、瑜伽呼吸法

瑜伽呼吸法一共有三种方式：腹式呼吸、胸式呼吸和完全式呼吸。三种不同的呼吸，在促进身体健康、对练习者进行更深层次的瑜伽训练起着重要作用。这主要体现在三个方面：第一，按摩内脏。进行瑜伽呼吸时，横膈膜上下及放松和收紧的运动，会使腹部和胸腔的脏器被动按摩，加速内脏的毒素快速排出，洁净身体。第二，增进身体机能。瑜伽呼吸与自然呼吸相比，瑜伽呼吸的程度更深，能有效促进血液循环，提高肺部机能，增强呼吸系统的免疫能力。第三，控制情绪。研究表明，深呼吸可以降低心率。当一个人处于焦虑、愤怒、紧张的情绪时，呼吸会快速而短浅；当处于沮丧、抑郁时，就会呼吸紊乱。瑜伽呼吸可以有效控制情绪。

（一）腹式呼吸

练习方法：坐立姿势，脊柱端正挺直，四肢放松，下巴靠近锁骨，颈椎有困难则稍低头，闭上双眼，呼气准备。吸气，所有的气体由鼻子缓慢吸入，有意识地将气体向下沉，腹部缓慢扩张，直至不能再吸入气体；呼气，所有的气体再通过鼻子排出体外。这一过程就是腹式呼吸，初学者只有吸气和呼气两个步骤，不要屏息。

（二）胸式呼吸

练习方法：坐立姿势，脊柱端正挺直，四肢放松，下巴靠近锁骨，颈椎有困难则稍低头，闭上双眼，呼气准备。吸气，所有的气体通过鼻子缓慢吸入胸腔（腹部适度控制），直至不能再吸入；呼气，所有的气体通过鼻子排出体外，完成一次呼吸。这一过程就是胸式呼吸，同样初学者只有吸气和呼气两个步骤，不要屏息。

（三）完全式呼吸

练习方法：坐立姿势，脊柱端正挺直，四肢放松，下巴靠近锁骨，颈椎有困难则稍低头，闭上双眼，呼气准备。吸气，鼻子缓慢吸入气体，气体首先填满腹部，再逐步填满胸部区域，直至整个腹部和胸部扩张至最大；呼气，首先将胸部的气体排出，再是腹部的气体排出。

瑜伽呼吸的练习，旨在训练呼吸肌群，激活横膈膜、肋间肌等肌肉，在教学安排时，宜安排在体式练习之后。

二、瑜伽调息法

（一）圣光调息法

练习方法：坐立姿势，脊柱端正挺直，四肢放松，下巴靠近锁骨，颈椎有困难则稍低头，闭上双眼。缓慢地吸气，强有力的收缩腹肌和横隔肌，被动的呼气，每个呼气之后有一个短暂的屏息。每次练习可以 4 次、8 次或 16 次呼吸，或者 10 分钟左右。圣光调息法能锻炼并强化肝脏、脾脏、胰腺和腹部肌肉，帮助消化。

练习时如果感觉有任何不适，就立刻停止。有中耳炎、高血压、低血压、眼压高的人群不适合练习圣光调息法。

（二）太阳式调息法和月亮式调息法

在练习太阳式调息法时，所有的吸气都用右鼻孔，所有的呼气都用左鼻孔。所以，在太阳式调息法中，要用手指控制气流。

练习方法：以任何坐姿做好，深长地呼气，用右手的手指控制两侧鼻孔，但是不能干扰中间的鼻中隔。准备吸气，首先用右手关闭左鼻孔，缓慢、仔细、深长地用右鼻孔吸气，不要用蛮力，直至肺部被填满。准备呼气，完全关闭右鼻孔，释放左侧鼻孔，稳定、缓慢、深长地呼气，直到感觉肺部被清空。这是一个循环，重复练习 8 个或更多个循环，然后挺尸式仰卧放松。

在月亮式调息法中，所有的吸气都是通过左鼻孔，所有的呼气都是通过右鼻孔。月亮式调息法的方法与太阳式调息法的方法反过来进行练习，做完后挺尸式放松。

太阳式调息法和月亮式调息法的练习不要在同一天，而且太阳式调息法适合在清晨练习，月亮式调息法适合在晚上练习。

（三）经络清洁调息法

练习方法：以任何一种坐姿坐好，同样用右手控制左右两侧鼻孔，完全关闭左鼻孔，通过右鼻孔缓慢、仔细、深长地吸气，胸部同步扩张，不要改变鼻道的宽度，直至肺部完全填满。完全关闭右鼻孔，屏息 1 秒，同时调整手指，为呼气做准备，再通过左鼻孔缓慢、稳定的呼气，感觉肺部被清空，屏息 1 秒，调整手指，通过左鼻孔吸气，感觉肺部被填满后，完全关闭左鼻孔，屏息 1 秒，通过右鼻孔呼气，同样肺部排空后，屏息 1 秒，再调整手指，这样完成一个回合，重复 10 到 15 分钟，最后由右鼻孔吸气结束。然后进行挺尸式。

（四）乌伽依调息法

乌伽依调息法在任何时间都可以练习。如果感觉心脏沉重或疼痛时，可以仰卧练习。屈腿和直腿都可以，以身体的感觉为准。

练习方法：将身体仰卧在折叠好的毯子上，闭上双眼，静静地躺 1 至 2 分钟，放松身体及面部。首先完全的呼气，深长而稳定的呼吸。有意识地观察气息地流动，吸气后，确保两肺被均匀填满，感觉胸腔向上向外扩张，感受从会阴到肋骨的整个腹部向后靠向脊柱；再静静地呼气，均匀排空双肺。保持练习 10 分钟左右，再回至自然呼吸。如果是熟练的练习者，可以加上屏息，屏息的时间由短逐步到长。

（五）间断调息法

间断调息法中，吸气和呼气不是连续的，而是被几个停顿打断。

练习方法：仰卧，呼出所有的气体，吸气两秒或三秒，然后停顿，屏息两秒或三秒，然后再吸气；停顿的时候，横膈膜保持不动，直至肺部被填满，这个过程可以有多次停顿；呼气时，保持缓慢、深长，渐渐放松横膈膜。这是一个回合，练习 5 到 10 分钟，或者根据身体的感觉为限，完成后以挺尸式放松。

第三节　瑜伽调息法的注意事项

（1）练习调息法之前，必须经过一定程度的体式练习，如果直接练习调息法，对于身体的功效达不到预期。

（2）练习调息法前先排空大肠和膀胱。

（3）练习调息法要选择安静、通风、干净的地点练习，远离蚊虫。

（4）每天要在固定时间、同一坐姿中练习。如果同一套调息法带来不舒服的感觉，更换另一套调息法练习。

（5）最佳的练习时间是早晨，空气质量最佳，身体和大脑最清醒，其次是傍晚时间。

（6）练习调息法最好坐在地板上，垫上一张折叠的毯子。最佳坐姿是莲花坐，因为莲花坐中身体的各个部位处于平衡状态。

（7）所有的调息法都从呼气开始，以呼气结束。

第二十一章　瑜伽练习的注意事项和场地设备

充分了解瑜伽这项古老的运动项目，是为更好地学习做准备。

第一节　瑜伽练习的注意事项

面对任何一种运动，我们都应该了解该项目的特点，练习瑜伽也一样，首先要了解瑜伽的注意事项，以便更好地开始学习。

（1）瑜伽练习前应该排空膀胱，清空肠胃，至少保持一小时空腹。一些倒立或半倒立的体式有助于膀胱活动，经常便秘或者无法在练习前排空的练习者，可以从倒立或半倒立体式开始，促进排空。

（2）瑜伽练习前要去除身体的一切束缚，比如腰带、手表、饰物等。着装以宽松或有弹力的运动服即可。瑜伽练习时，保持赤足练习。

（3）瑜伽练习时，始终保持鼻吸鼻呼，不能用嘴呼吸，练习时保持呼吸的节奏和长度，不要抑制呼吸。

（4）关于疼痛：练习瑜伽时，会产生肌肉的伸展牵拉和肌肉收缩时的疼痛感，尤其是初学者更加明显，这种疼痛感是温和伸展后的疼痛，属于正常疼痛。还有的疼痛是姿势不正确导致的，要及时调整姿势，协调关节和肌肉，直至疼痛感消失。

（5）瑜伽练习过程中间出现体力不支或者身体颤抖明显，则降低幅度或者强度，或者直接回到舒适的姿势。

（6）肩部、颈部、腰部以及膝盖等关节，有严重压迫神经者，一定要告知教练，并咨询医生才可以进行瑜伽的练习。

（7）瑜伽练习时，如果身体的关节发出“咔咔”的声音，属于正常的现象，但是同一关节反复发出声音，而且伴随有疼痛感，请停止练习并及时告知教练。

（8）瑜伽练习后，会出现肌肉酸疼，属于正常现象，请给予身体适当的按摩舒缓，随着练习的次数增加，酸痛感会慢慢减轻消失。

（9）女性在生理期时可以根据身体的状况，适当练习瑜伽，但是要避免倒立、挤压或者伸展腹部的练习。

（10）练习者如果发生骨折，在三个月内不提倡练习瑜伽。

（11）瑜伽练习要持之以恒，每周保持练习 3 至 5 次，尽量在相同的时间和地点。

第二节　瑜伽的场地与设备

一、瑜伽场地

一般情况下，瑜伽练习需要一个通风、安静的场地。

（1）场地。场地要保持通风，确保空气清洁，光线适中，场地的面积大小由上课的人数决定。瑜伽教学和学生练习所需的专业辅具较多，场地内应该配备瑜伽辅具收纳柜，以便妥善保管辅具，并及时清洁。

（2）地板。由于瑜伽教学中，学生和教师都是赤足练习，对地板的清洁要求较高。因此，瑜伽教室最好铺设木制地板或复合地板。

（3）镜子。瑜伽教室要至少安装一面墙的镜子，保证瑜伽学习初期，可以通过镜子观察自身的动作，避免一些易犯错误。

二、瑜伽设备

（1）瑜伽专项设备。瑜伽学习过程中，需要瑜伽垫、瑜伽砖、瑜伽椅、瑜伽毛毯、伸展带等瑜伽专用设备。当然，还可以根据个性教学增加，比如空中瑜伽，需要空中吊床等。

（2）音响设备。瑜伽教学中不建议过多使用音乐，这样容易分散注意力，在放松休息时，可以用音乐放松身体。

（3）供暖设备。瑜伽练习因为是赤足练习，所以在寒冬之际，建议使用供暖设备，使练习者不会受凉。